权威·前沿·原创

皮书系列为
"十二五""十三五"国家重点图书出版规划项目

黔南蓝皮书
BLUE BOOK OF QIANNAN

黔南文化发展报告（2019）

ANNUAL REPORT ON CULTURE OF QIANNAN
(2019)

主　　编／王　芳　方　林　莫才军
执行主编／周保东
副 主 编／雷　翔　杨胜雁

社会科学文献出版社
SOCIAL SCIENCES ACADEMIC PRESS (CHINA)

图书在版编目(CIP)数据

黔南文化发展报告.2019/王芳,方林,莫才军主编.--北京:社会科学文献出版社,2019.12
（黔南蓝皮书）
ISBN 978-7-5201-5846-6

Ⅰ.①黔… Ⅱ.①王… ②方… ③莫… Ⅲ.①地方文化-文化发展-研究报告-黔南布依族苗族自治州-2019 Ⅳ.①G127.732

中国版本图书馆CIP数据核字（2019）第278947号

黔南蓝皮书
黔南文化发展报告（2019）

主　　编／王　芳　方　林　莫才军
执行主编／周保东
副 主 编／雷　翔　杨胜雁

出 版 人／谢寿光
责任编辑／宋　静

出　　版／社会科学文献出版社·皮书出版分社（010）59367127
　　　　　地址：北京市北三环中路甲29号院华龙大厦　邮编：100029
　　　　　网址：www.ssap.com.cn
发　　行／市场营销中心（010）59367081　59367083
印　　装／天津千鹤文化传播有限公司
规　　格／开　本：787mm×1092mm　1/16
　　　　　印　张：19.5　字　数：290千字
版　　次／2019年12月第1版　2019年12月第1次印刷
书　　号／ISBN 978-7-5201-5846-6
定　　价／128.00元

本书如有印装质量问题，请与读者服务中心（010-59367028）联系

▲ 版权所有 翻印必究

《黔南文化发展报告（2019）》
编委会

顾　　问　魏明禄

主　　任　王　芳

副 主 任　方　林　莫才军

编　　委　（排名不分先后）
　　　　　　杨　眉　黄　胜　周保东　雷　翔　杨胜雁
　　　　　　胡礼贵　潘培光　葛明义　叶志敏　杨再波
　　　　　　陈长秀

编　　辑　王　伟　曹志才　胡金华　唐　力　谢黔宗
　　　　　　李小罗　刘又溦　李泽军　杨　蛟　王恩银
　　　　　　张玉华

英文翻译　王　英

主要编撰者简介

王　芳　公共管理硕士，政工师。中共贵州省黔南州委常委、宣传部部长、统战部部长、黔南州社科联主席。曾任贵州省委宣传部研究室副主任，省委宣传部网络新闻宣传管理处处长，互联网信息办公室网络新闻协调处处长，多彩贵州网有限责任公司党委委员、纪委书记、监事会主席等职。长期从事党委、政府决策研究和重大文稿起草工作，致力于决策服务，多次组织参与党代会、全会等工作报告撰写，参与重大课题研究。

方　林　工商管理硕士，黔南州社科联党组书记，曾任黔南州发展和改革委员会副主任、州投资促进局局长、州质量技术监督局局长等职。曾多次荣获州、省、国家级先进工作者、先进个人、优秀科技人才等奖励。

莫才军　现任黔南州社科联、社科院党组书记，在职研究生学历，历任县市宣传部部长、组织部部长及州文化局、文物局、新闻出版局局长等职，曾主持编辑出版《说茶论道》《黔南茶论》《香茗本是凤揣来》《歌从茶山来》《水族舞蹈研究》《水族民间禁忌解读》《神秘的建设人生》《刺藜花开别样红》等文化专著。

周保东　主任编辑。先后担任《黔南日报社》总编辑、黔南州社科联党组书记，长期从事《黔南日报》《黔南宣传》《黔南社会科学》编辑工作，获全国和省级一、二、三等奖作品30余件，曾获全国优秀社科工作者称号。

雷　翔　中共贵州省委党校经济学研究生，黔南州社科联党组成员、副主席。主要研究方向为哲学、社会学、经济学等。曾在县、乡工作，有地方党委、人大、教育教学等工作履历，曾在《贵州日报》《黔南日报》《今日黔南》《黔南人大》《西部开发报》等刊物发表《开放创新，包容吸纳，加快推进黔南城镇化步伐》《创新观念，传承接力，纳故吐新以创新和特色取胜》《创新开拓奋发有为抓好社科工作》等文章，撰写的多篇文章获省州各类奖项十余项。主持撰写省、州重要课题，诸如"培育积极健康的党内政治文化——以黔南州为例"。

杨胜雁　黔南州社科联党组成员、秘书长。1995年贵州省委党校研究生班毕业，主要从事社会主义市场经济理论研究。主要研究成果有：《论社会主义市场经济与法制建设的关系》等。撰写的文章获省州各类大奖近十项。完成黔南州"三实三创、推动跨越"解放思想《推进社会主义核心价值体系建设研究的理论思考》调研文章。2011~2012年，撰写《构筑贵州想干事、能干事、干成事工作气场》《打造贵州南部红色旅游经典品牌案例》《借助社科普及宣传　倾力打造工作平台》等论文和工作创新方案书。2013年撰写的《构筑贵州精神高地　推动跨越发展》论文入选贵州省社科联"培育和践行社会主义核心价值观"研讨会论文集。2014~2016年，参加贵州省《民族志》（土家族篇6个章节）撰写，为州领导拟写"农村生活垃圾治理对策研究开题报告"，编写《黔南州社科联史志》及《黔南州社科联年鉴》等。

摘 要

本书是黔南州社科联（院）推出的"黔南蓝皮书"的第一本。由总报告、分报告、专题篇、调查篇和附录五个部分组成。

总报告《把握机遇　推进黔南文化繁荣发展》分析和归纳了黔南州在"十三五"时期文化发展中的情况和亮点，如重视顶层设计政策支撑，民族文化繁荣发展，竭力打造文化精品，强力推进文化产业发展，文化遗产保护和利用卓有成效，公共文化服务日臻完善，民族村寨脱贫攻坚有力助推。围绕新时代"举旗帜、聚民心、育新人、兴文化、展形象"的新要求，对黔南州文化发展的趋势做了积极探索。

分报告由7篇报告组成，内容包括黔南州民族文化产业发展、非遗文化及产业发展、新时代融媒体发展、民族文化旅游产业发展、公共文化服务体系建设、影视文化事业发展、文艺创作发展，从文化产业和文化事业的角度出发，深挖黔南文化资源，从民族文化、非遗文化、文化品牌等多个侧面进行深入研究。其中《黔南州非遗文化及其产业发展研究》《黔南州民族文化旅游产业发展研究报告》两篇报告以黔南州非遗文化、民族文化旅游为切入点，阐述了黔南州在文化产业发展中的资源禀赋、内在优势及发展瓶颈，对民族地区文化产业发展进行了有益的探索。《新时代黔南州融媒体发展报告》《黔南州影视文化事业发展研究报告》《黔南州文艺创作发展报告》三篇报告分别从融媒体、影视发展、文艺创作展示了黔南州文化发展的底蕴和潜力。《黔南州公共文化服务体系建设发展报告》阐述了黔南州农村公共文化的发展现状及存在的问题。

专题篇由7个报告组成，对黔南州民族文化资源产业化、茶文化、文产企业、"文军"扶贫实践、新时代贵州精神的黔南实践、"好花红"文化品牌、"中国天眼"契机下的科普小镇发展,从学理和工作实践的视野进行了研究和探索。其中《后发赶超的内生动力》用历史的视野和辩证的思维论述了黔南州大关精神、背篼干部精神、大射电精神、麻怀干劲和新时代贵州精神内在联系,对构建黔南人民共同的精神家园提出了可行的建议。《黔南州文化品牌"好花红"研究》围绕黔南州"好花红"这一社会知名文化品牌的背景和发展现状、"好花红"品牌的物质特征和精神特征、品牌发展存在的问题及发展的策略进行了研究。

调查篇由2个报告组成,《黔南州农村文化阵地建设情况调研报告》以"乡村振兴"战略为主线,对黔南州农村文化阵地建设提出可行性建议和策略。《黔南州非物质文化遗产申报实践研究报告》立足长年的非物质文化遗产申报工作实践,对黔南州非遗申报的成果、非遗文化申报的困境与路径进行了一定分析研究。

附录为"黔南州文化发展大事记",主要以时间为坐标,记录了2015～2017年黔南州文化事业和文化产业不断发展进步的轨迹,彰显了文化对黔南州全面建设小康社会的突出贡献。

关键词: 民族文化　产业经济　公共服务　黔南

Abstract

The Qiannan Culture Development Report, one of the first Qiannan Blue Books, was launched by Qiannan Federation of Social Science Circles. It consists of four parts: the General Report, Sub Reports, the Special Subjects, Investigation and the Appendix.

The general report "seize opporunities promoted the development of Qiannan culture" rationally analyzes and summarizes the importance of top-level design and its policy support, the prosperity of national culture, the cultivation of cultural excellence, the strong incentive of cultural industry, the effective utilization and protection of cultural heritage, the approaching perfection of public cultural services, the powerful boost of poverty alleviation for ethnic villages in the cultural development during the "13th Five-Year Plan" period. Focusing on the new requirements of Xi, "holding high the banner of Marxism and socialism with Chinese characteristics, uniting of thinking and gathering strength", active explorations have been made on the trend of culture development in Qiannan.

Sub Reports, consisting of 7 reports, demonstrates the development of ethnic cultural industries from the perspective of Qiannan. It also covers "Non-legacy" culture and industry development, the evolution of convergent media in the new era, the blossom of ethnic cultural tourism industry, film and television culture and literary and artistic creation. From the perspective of cultural industry and cultural businesses, it deeply explores the cultural resources of Qiannan to make a further research of the ethnic culture, "non-legacy" culture. Besides, Two of these reports, with Qiannan's ethnic culture, non-legacy culture and ethnic cultural tourism as the starting point, expound the resource endowment, internal advantages and development bottlenecks of Qiannan in the development of cultural industry. Useful explorations have been carried out on the development of the cultural industry in Qiannan ethnic areas as well. Three of the reports demonstrate the deposit and potential of the construction of cultural industries in Qiannan from the cultivation and creation of the following three cultural industry brands: convergent media, film and television culture as well as literature and art creation. And one of them is a description of the current situation and problems of rural public cultural services in Qiannan during the development of cultural businesses.

The special-article part, consisting of 7 reports, explores Qiannan's culture development from the perspectives of academic theory and work practice. These 7 reports demonstrate the following 8 themes: demonstrates the development of ethnic cultural resources industry in Qiannan, the blossom of Qiannan tea culture, the prosperity of cultural enterprises, the practice of Wen Jun's poverty alleviation, Qiannan's practice of Guizhou spirit in the new era, the cultural brand "Hao Huahong". Most importantly, all these 8 reports provide us with certain directions and valuable pieces of advice to establish special cultural brands and spirits of Qiannan.

The Investigation part has 2 reports. The "Investigation Report on the Construction of Rural Cultural Positions in Qiannan" takes the "Rural Revitalization" strategy as the main line and proposes suggestions and strategies. The "Study Report on the non-legacy Cultural Application of Qiannan" is based on the practice of non-legacy cultural declaration for a long time, and has carried out analysis on the dilemma and path of the non-legacy declaration.

The appendix is the "Memorabilia of Qiannan's Culture Development". It mainly records the trajectory of the continuous development and progress of Qiannan's culture and cultural industries from 2015 to 2017. In addition, it highlights the outstanding contribution of culture to build a well-off society in an all-round way in Qiannan.

Keywords: Ethnic Cultural; Industrial Economy; Public Service; Qiannan

目 录

Ⅰ 总报告

B.1 把握机遇　推进黔南文化繁荣发展 …………………… 001
  一　黔南文化发展的基本现状 …………………………… 002
  二　黔南文化发展的要素分析 …………………………… 009
  三　黔南文化发展的主要措施 …………………………… 013
  四　黔南文化发展的对策建议 …………………………… 017

Ⅱ 分报告

B.2 2019年黔南州民族文化产业发展研究报告 …………… 020
B.3 黔南州非遗文化及其产业发展研究
  ——以马尾绣、牙舟陶、枫香染为例 ………………… 030
B.4 新时代黔南州融媒体发展报告 ………………………… 056
B.5 黔南州民族文化旅游产业发展研究报告 ……………… 069
B.6 黔南州公共文化服务体系建设发展报告 ……………… 084
B.7 黔南州影视文化事业发展研究报告 …………………… 096
B.8 黔南州文艺创作发展报告 ……………………………… 111

001

Ⅲ 专题篇

B.9 黔南州民族文化资源产业化发展报告 ……………… 125

B.10 黔南州茶文化发展报告 …………………………… 141

B.11 黔南州文产企业发展报告 ………………………… 159

B.12 "志、智"双扶脱贫研究
　　　——黔南州"文军"扶贫实践探索 …………… 178

B.13 后发赶超的内生动力
　　　——新时代贵州精神之黔南溯源 ……………… 193

B.14 黔南州文化品牌"好花红"研究 ………………… 211

B.15 "中国天眼"契机下的科普文化小镇发展报告 …… 228

Ⅳ 调查篇

B.16 黔南州农村文化阵地建设情况调研报告 ………… 244

B.17 黔南州非物质文化遗产申报实践研究报告 ……… 257

Ⅴ 附录

B.18 黔南州文化发展大事记 …………………………… 276

总 报 告

General Report

B.1
把握机遇　推进黔南文化繁荣发展

樊　敏*

摘　要： 本报告全面呈现了黔南州近年来把握机遇、改革创新，重视顶层设计，打造活动载体，实施"五大工程"，文化事业健康有序发展的基本状况；系统分析了新时代文化发展面临的脱贫攻坚、乡风文明、全面小康、"十三五"规划和文化多样性的现实需要，思想意识、基本保障、工作方法、意识形态、对外交流的严峻挑战和国家高度重视、经济快速增长、信息技术变革、文化资源丰富、对外开放战略的利好机遇；详细梳理了进一步抓好公共文化服务体系建设、文物和民族民间文化的保护和利用、文化产业发展、文化安全等主要工作措施，并深刻阐述提高政治站位，牢牢把握文化工作方向；

---

* 樊敏，黔南州民族宗教工作研究中心主任，副研究员，主要研究方向为民族政策、民族文化。

重视宣传引导，全面提升文化发展水平；立足脱贫攻坚，谱写文化惠民大文章；抓住利好机遇，大力发展文化产业；积极放眼世界，促进对外文化交流互动。

关键词： 繁荣发展　文化产业　文化惠民　黔南

黔南是一个以布依族、苗族为主体的多民族自治州，成立于1956年，至今走过了63年的风雨历程。全州面积2.62万平方公里，辖2市、9县、1自治县和都匀经济开发区，自治州首府都匀市。州内居住有汉、布依、苗、水、瑶、毛南族等43个民族，总人口420万，其中少数民族人口占59%，享有"地球腰带上的绿宝石"之美誉。在贵州南部这片丰饶的土地上，喀斯特地貌铺展出神奇瑰丽的山水长卷，各民族描绘出绚丽多姿的风情画廊。这里，积淀有远古的传奇，也烙下了深深的红色印记。

一　黔南文化发展的基本现状

黔南州把民族团结进步作为奋斗目标，全州联动，示范创建圆满成功。五年接力推进，创建工作结出硕果，民族团结进步示范单位数量居全省之首，正式获得"全国民族团结进步示范州"称号。在培塑文化品牌中成功展示和塑造了一批以"好花红"为引领的黔南区域文化品牌，文化产业增加值占生产总值比重达4.4%，位居全省第一。通过"出政策，重激励，建平台，强引导"，文化事业稳步发展。《木楼古歌》入选第八届长江流域戏剧节展演项目，仅2018年就有31项文艺作品获省级以上奖项，创历史新高。成功举办第六届"好花红"文化旅游节系列活动、黔南州民族服饰创意设计大赛，打造"六月六""四月八""端节""卯节"等少数民族传统节庆，民族特色村寨保护与发展八大工程有序实施。一批影视剧在黔南选景拍摄，《星火云雾街》在央视播出，《无名之辈》《斗破苍穹》等热播影视剧催生一批黔南网红景点。成功举办中国足协国际足球锦标赛。精心组织参加贵州省第十届运动会、贵州省第六届残疾人运动会、第九届贵州省少数民族传统体育运动会，金牌数和奖牌数均实现了历史性突破。展现了黔南独特的文化魅力和黔南人的精神风貌，催生了一批反映地方民族特色及时代风貌的精品文艺节目，唱响了"好花红"民族绚歌。

（一）重视顶层设计，促进文化事业健康有序发展

习近平总书记在党的十九大报告中指出："文化是一个国家、一个民族的灵魂。文化兴国运兴，文化强民族强。没有高度的文化自信，没有文化的繁荣兴盛，就没有中华民族伟大复兴。要坚持中国特色社会主义文化发展道路，激发全民族文化创新创造活力，建设社会主义文化强国。"黔南州始终坚持以此作为自治州文化建设、文化强州的指导思想，着力法律依据和政策支持，通过广泛深入的调查研究、多方数次的分析研讨、科学系统的规划论证，以制定出台、全面实施《黔南布依族苗族自治州自治条例》《黔南布依族苗族自治州促进茶产业发展条例》《黔南布依族苗族自治州旅游发展条例》《黔南布依族苗族自治州水书文化保护条例》《黔南州"十三五"文化事业和文化产业发展规划》《黔南州体育发展"十三五"规划》《黔南州"十三五"基本公共服务体系规划》《黔南州全民健身实施计划（2016~2020年）》《黔南州少数民族特色村镇保护与发展规划（2016~2020年）》《黔南州民族民间文化传承与发展行动方案（2017~2020）》《黔南州民族特色村寨保护与发展三年行动方案（2018~2020年）》《黔南州推进文化产业发展三年行动方案（2018~2020）》《黔南州培育发展民间文艺团队推动民间文艺活动蓬勃发展工作方案》《黔南州关于进一步完善公共文化服务体系推动文化事业加快发展的行动方案》《黔南州公共图书馆中心馆+总分馆制建设实施方案》《黔南州文艺创作扶持奖励办法》《黔南州非物质文化遗产传承人队伍建设方案》《黔南州全面加强文物工作的实施方案》等为抓手，不断创新思路，采取一系列有力举措，推动文化事业和文化产业"两业"繁荣发展，实施文化助力脱贫攻坚和乡村振兴两大战略，促进文化事业健康有序发展。

（二）打造活动载体，丰富群众精神文化生活

一是精心打造"好花月月红·百姓大舞台"群众文化活动品牌，深入实施"幸福进万家"文化惠民工程。结合宣传党的十九大、庆祝民族传统节日等，全州各级共策划活动150余项。二是开展"我们的中国梦·文化进万家——精准扶贫在黔南"送文化下乡活动。与州扶贫局联合深入贫困乡村开展送文艺演出、送书、送电影等活动50余场，充分发挥文化惠民、文化为民、文化励民作用，激发了贫困群众脱贫致富的内生动力。三是开展乡村文艺秀匀城系列活动，激发民间文艺团队活力。开展文化遗产秀匀城、山歌"唱响六月六"、"美丽乡村"农民书画摄影作品展、草根文艺大荟萃等系列活动，为市民提供了一个月的丰富文化大餐。四是开展全国广场舞展演黔南赛区展演活动。通过层层选拔，推选了都匀琦云博艺舞蹈队《刺梨花开》、瓮安县文化馆《搓梗仔采阿诗》及贵定县苗姑娘舞蹈队《最美的你》参加了省级展演，获三个优秀展演奖、一个优秀组织奖。

（三）创新扶持机制，促进文艺精品创作

坚持以人民为中心的创作导向，不断激发各类人才特别是乡土文化人才的创作活力，推出一批群众喜闻乐见的文艺作品。通过创新机制，采取签约扶持的方式，共签约作品24个，其中：舞蹈类7个、音乐类12个、小品曲艺类5个。2018年，全州共有135个集体和个人的文艺类作品获得国家、省、州级的表彰。其中，获国家级奖项3个，省级奖项33个，州级以上奖项105个。国家级奖项中，都匀市文化馆被授予"第七届全国服务农民、服务基层文化建设先进集体"称号；瓮安县文化馆被授予"第七届全国服务农民、服务基层文化建设戏曲进校园和进乡村工作先进集体"称号；平塘县原生态舞蹈《咕噜跳月》在参加第九届舞向未来全国校园舞蹈展演中获"校园之星"和"创作奖"两项大奖。黔南电视台《"一户一马"·"一户一码"》获中国新闻奖三等奖。大型水族舞剧《木楼古歌》在2018中国长江文化艺术节暨第八届长江流域戏剧艺术节上荣获"优秀展演剧目"奖。

（四）实施"五大工程"，推动优秀传统文化活态传承

1. 实施民族民间文学抢救工程

启动了黔南十套文艺集成编撰，完成《黔南州民间故事集成》《黔南州民间谚语集成》《黔南州民间歌谣集成》《黔南州民间舞蹈集成》收集编撰工作，同时编纂出版《中国少数民族古籍总目提要·水族卷》；抓好水书申遗工作，建立了水书档案资源数据库，提交《亚太记忆遗产名录》申报文本及专题片——《档案的记忆——水书》。

2. 实施非物质文化遗产发掘工程

全州共有非遗项目381项，其中，国家级、省、州、县四级项目分别为14项、96项、68项和203项；国家、省、州、县四级非遗项目代表性传承人1024人，其中国家级9人、省级37人、州级187人。通过项目订单式培训，依托浙江理工大学等高校办班，开展民族民间文化进校园，非遗文化秀匀城，非遗进景区活动，参加贵州省文化艺术节非遗周末聚，组建"浙江理工大学——黔南州非遗推广与文化创意设计中心"，举办"黔南州非遗保护与文化产业助推脱贫攻坚交流研讨会"等，探索发展壮大传统工艺产业带动非遗"活态"传承新路子，推介全州非遗项目和传统手工艺资源，扩大黔南非遗影响力，以文促旅。

3. 实施民族节庆品牌培塑工程

建立黔南州民族节庆品牌培塑专班，州级重点培塑布依族"六月六"、苗族"四月八"、水族端节等民族节庆，并争取少数民族发展资金扶持，传承弘扬民族文化，展现绚丽多彩的民族风情。

4. 实施民族民间音乐舞蹈传承工程

各县市开展黔南州经典优秀音乐舞蹈复排工作，并进行展示展演，促使《秀色黔南》《木楼古歌》《花漫黔南》等经典音乐舞蹈重获新生。

5. 实施民族民间戏剧曲艺振兴工程

组织黔南州民间戏剧曲艺家协会开展戏曲传承人调查工作，推动优秀传统文化活态传承。

（五）提升保护水平，强化文物的活化利用

1. 强化文物工作领导

成立全州文物工作领导小组，出台《全面加强文物工作的实施方案》，落实文物保护责任，加大文物案件的查办力度，提升各县市文物保护意识。

2. 创新文物保护手段

厘清项目实施前的文物勘查保护工作思路，在黔南州开展大型建设项目文物调查试点，并对贵定县沿山镇、昌明镇康养园、都匀经济开发区9号路等建设项目进行前期文物调查工作，有效避免项目建设对文物的破坏。强化风险排查，完成了全州城市和景区建设文物风险点排查，并建立工作制度，实施台账管理，文物安全做到心中有数。

3. 加大文物保护项目的申报力度

国保惠水仙人桥洞葬、省保荔波水浦古建筑群完成项目申报，瓮安、独山、惠水申报省保设施设备购置项目，资金达1010万元。

4. 加强考古挖掘

完成瓮安飞练湖湿地公园建设古墓葬考古勘探，并在央视10套进行了36分钟的专题报道。

5. 加强重要革命遗址保护

开展重要革命遗址摸底调查，并针对每个区域点制定保护利用整改计划，积极组织条件较好的革命遗址申报国家级、省级爱国主义教育基地。建立健全国家、省、州、县四级文物保护体系。

（六）注重招商引资，推动文化产业提质增效

1. 积极抓好文化产业招商

完成招商项目库编制，积极开展对外招商。2018年以来，邀请了10余家企业赴黔南投资考察，组团赴杭州、深圳开展了考察招商推介。通过招商引资、整合部门资金、企业融资等形式，13个文化产业园区累计完成投资250多亿元。

2. 加强文化产业园区建设

以全州 13 个文化产业园区为重点，围绕解决好文化产业园区业态不足、管理不善、人气不旺等问题，加强调研，制定"一园一策"，促进文化产业园区提质增效。

3. 抓好传统文化娱乐业转型升级

通过对全州 2300 余家传统文化娱乐业企业加强分类管理指导，新增规模以上文化体育娱乐企业 22 家，总数达到 85 家，营业收入 7 亿余元，增速 20.6%。

4. 积极举办文化赛事

成功举办首届"好花红"杯文化创意设计大赛和黔南州民族服饰创意设计大赛，在此基础上组织参加首届多彩贵州民族服饰设计大赛，获一等奖 1 个、二等奖 1 个、三等奖 2 个、优秀奖 8 个，名列全省第一方阵。大赛的成功举办，真正让"指尖技艺"转化为"指尖经济"，助推旅游文化产业发展和脱贫攻坚。

（七）坚持改革创新，推进五大体系建设

1. 围绕满足群众阅读需求，创新图书馆管理体系

探索以州图书馆为中心馆，以各县市图书馆为辖区总馆，以乡镇文化站和社区街道文化中心为分馆，农家书屋和社区图书室作为服务点的"中心馆+总分馆"管理服务模式。

2. 围绕满足群众看文艺需求，构建文化馆数字化管理体系

总结推广瓮安县文化馆经验，利用国家公共数字文化云服务工程和数字资源配送项目，将各地特色文化活动、文艺表演团队、文化品牌活动等纳入数字资源体系，实现各级平台数据互联互通、资源共建共享，逐步达到"网上预约、互联互通、百姓点单、政府配送"的有效供给目的。

3. 围绕满足群众赏文物知历史需求，积极构建多元化博物馆管理体系

积极推动建立以州博物馆为主体、以民办博物馆为补充的新型博物馆体系。

4. 围绕满足群众看电视听广播看电影需求，积极构建广电影视服务体系

制定黔南州数字 IP 应急广播工程技术方案，筹集资金 74 万余元在三都、平塘、长顺和瓮安县进行了试点建设；多彩贵州"广电云"户户工程新增 12 万用户；实施农村每村每月放映一场电影的农村电影公益放映工程，2018 年全州共播放公益电影 1.4 万余场，观影人数达 72 万余人次，组织大型主题展映活动 4 次，专场放映 1000 余场；争取到贵州省乡镇影院试点建设项目在长顺县广顺镇落地。

5. 围绕满足群众多元化文化需求，积极构建文化志愿服务体系

开展"阳光工程"文化志愿服务和"三区"人才支持计划。目前，全州共发展文化志愿组织 129 个，志愿者 2000 余人，选派专业骨干 190 名。特别为提升基层群众自我服务能力，在总结平塘通州经验的基础上，研究出台《黔南州培育发展民间文艺团队推动民间文艺活动蓬勃发展工作方案》，目前，全州共发展民间文艺团队近 900 支，服务体系建设趋于完善。

（八）加强基础建设，补齐公共文化短板

党的十九大报告指出，要完善公共文化服务体系，深入实施文化惠民工程，丰富群众性文化活动。黔南州扎实推进文化民生工程建设，加快补齐公共文化基础设施短板，不断满足人民群众对美好生活的需求。先后完成了贫困地区公共数字文化服务提档升级、中西部贫困地区"百县万村"村级综合文化服务中心示范点建设等项目的申报，共申报项目 500 余个，资金 1.5 亿余元，落地项目 334 个，到位资金近 3500 万元。开展了农家书屋图书更新工作，为全州 1475 个农家书屋点配送图书 18 万册，总投资 270.88 万元，推进基本公共文化服务均等化。

（九）强化保护发展，助推民族村寨脱贫攻坚

黔南州高度重视民族村寨的保护和发展，致力于留住黔南各民族的生态细胞和文化元素，守住耕读文明和田园生活，努力让民族村寨美起来、富起

来，在推动旅游业"井喷式"增长中发挥更加突出的作用。黔南州民族村寨点多面广，特色鲜明，是民族文化的原生地，承载着自治州的丰富内涵，是历史文化、地域文化、山水文化、民俗文化、建筑文化、红色文化、民族文化的典范之作，是黔南各民族的精神家园和靓丽名片。目前，保护较为完好的入选中国传统村落名录民族村寨69个、中国少数民族特色村寨20个，省级103个，惠水好花红、平塘掌布两个村寨获批国家4A级旅游景区，福泉黄丝、荔波佳荣、平塘六硐等10个村寨获批国家3A级旅游景区，民族村寨已逐渐成为州内外游客旅游观光、休闲度假的目的地。围绕民族村寨的保护发展，2018年仅少数民族特色村寨建设就安排项目25个，投入少数民族发展资金1230万元，其中文化发展资金445万元，体现了物质、精神文化保护并重的原则，文化与经济融合发展的现实需求，激起了各族群众对本民族文化的认同，促进了经济发展，增加了农民收入，助力各民族共同团结奋斗，共同繁荣发展。

二 黔南文化发展的要素分析

习近平总书记在党的十九大报告中指出："中国特色社会主义文化，源自中华民族五千多年文明历史所孕育的中华优秀传统文化，熔铸于党领导人民在革命、建设、改革中创造的革命文化和社会主义先进文化，植根于中国特色社会主义伟大实践。"中国共产党高度重视中华优秀传统文化，在中国革命、建设和改革中，一贯继承、弘扬、提升中华优秀传统文化。习近平指出："自古以来，中华文明在继承创新中不断发展，在应时处变中不断升华，积淀着中华民族最深沉的精神追求，是中华民族生生不息、发展壮大的丰厚滋养。"文化发展的增速、增长显而易见、不容置疑。

（一）现实需要

1. 脱贫攻坚的需要

2018年，黔南州农村贫困发生率为4.65%，剩下的16.26万贫困人口、

205个贫困村,贫困程度深,攻坚难度大。坚持围绕"以脱贫攻坚统揽经济社会发展全局"目标,把公共文化服务事业发展放置于脱贫攻坚的全面格局和精准蓝图中,公共文化服务均等化、补短板、增实效为脱贫攻坚均衡资源、夯实基础、决胜小康提供方向支撑、原则支撑和动力支撑。

2. 乡风文明的需要

乡风文明是乡村振兴战略中的一项重要内容,也是推动乡村振兴的重要力量。衡量一座乡村建设和发展得好与不好,重要的一个指标就是乡风。美丽乡村,除了要有美丽的村容村貌,更要有美丽的人文风尚,邻里须和睦,民风须淳朴,文化须繁荣。只有这样的乡村,才能使农民生活得幸福;也只有这样的乡村,才能让农民成为令人羡慕的职业。

3. 全面小康的需要

党的十九大报告强调,让人民享有健康丰富的精神文化生活,是全面建成小康社会的重要内容。没有文化的小康,就不是真正的全面小康。既要从战略高度精心谋划全州文化小康建设,创新文化小康建设管理体制机制,又要落实落细文化产业占比、有线广播电视入户率、三馆一站覆盖率、城乡居民文化娱乐服务支出占比、人均公共文化财政支出等核心指标。

4. "十三五"规划的需要

对标《黔南州"十三五"文化事业和文化产业发展规划》,文化繁荣发展要实现新跨域,就要让中国梦和社会主义核心价值观在全社会深深扎根,不断提高全民文明素质,建成基本覆盖城乡的公共文化服务体系;文化产业增加值占GDP的比重达到5%以上,文化软实力明显提升。

5. 文化多样性的需要

文化多样性是人类社会的基本特征,也是人类文明进步的重要动力。中华优秀传统文化是中华民族对人类文明发展的重大贡献,传承发展是全体中华儿女的共同责任,需要全党动手、全社会参与,扎实推动形成传承发展中华优秀传统文化体系,协同推进研究阐发、保护传承、创作扶持、教育普及、传播交流等重点工作,努力提升自治州文化软实力和影响力。

（二）严峻挑战

1. 思想意识方面

一些地方还没有真正从"五位一体"战略布局的高度来认识文化建设的战略地位，还没有将文化建设，特别是文化产业纳入地方经济社会发展规划、财政预算和干部的考核指标，对加强文化建设的措施办法不多。

2. 基本保障方面

基层公共文化管理人员缺乏，专职人员少，且流失严重，队伍不稳定，高层次专业人才奇缺，现有的专业人员和文化传承者年龄结构出现断层，许多非遗传承人、工艺美术大师年事已高，后继乏人，问题日益凸显。城乡文化资源分布不均，基层文化资源匮乏，基层文化单位甚至缺乏正常运行的经费保障，有的公共文化服务体系不接地气，服务方式和手段还比较落后，难以适应广大群众的需求。

3. 工作方法方面

民族民间文化传承和发展方面存在对资源的收集整理不系统、保护工作基础薄弱、创新转化利用率不高的问题。文化产品的种类在不断增多，但质量不高，尤其缺少文化精品。文化创意产业仍然停留在形式上，内容上的创新力度不够，存在"散、小、弱、差"及低水平重复建设的现状，丰富的文化资源还未与资金、技术、营销等生产要素有机结合。

4. 意识形态方面

目前，新的文化业态和文化传播方式迅猛发展，为文化产品的生产及其创新提供了新途径，也为黔南文化的发展带来了新的活力。但与此同时，各种价值观念、文化思潮、利益诉求及表达更为便捷、随意、盲目，提高传播能力、弘扬先进文化、引领社会思潮、维护网络文化安全的任务仍然十分艰巨。

5. 对外交流方面

为加快融入"一带一路"、长江经济带、粤港澳大湾区、珠江－西江经济带、左右江革命老区等国家重大区域战略，黔南对外文化交流方面取得了一定的进展，但相对于源远流长、丰富多彩的黔南文化来说，文化交流活动仍然偏少，特别是国际性文化交流"走出去"方面还比较欠缺。

（三）利好机遇

1. 国家高度重视

从党的十六大提出"文化体制改革"，到十七届六中全会制定"文化强国"战略部署，到十八大明确"文化强国"，再到十九大强调要"坚定文化自信"，无不彰显党对文化事业建设的重视与关切，充分体现了党在文化发展问题上具有高度的自觉和远见卓识。从"四位一体"到"五位一体"的总体布局更新，"文化建设是灵魂"，文化在国民经济与社会发展中的重要性日益提升，并上升到国家战略的高度，显示了中国社会面对未来长远发展的新视角和新战略，为新时代黔南文化发展打开了新的格局，谋划了新的空间，也创造了宽松的体制机制与政策环境。

2. 经济快速增长

改革开放40年来，黔南州经济社会快速发展，人民生活水平不断提升，黔南各族人民对美好生活的追求，已经不只于物质条件，而且对精神文化生活提出了更高的要求，文化消费的稳步增长，为推动文化快速发展提供了巨大动力，更为文化建设开辟了前所未有的广阔空间。全面推动文化与经济、政治、社会、生态文明的全方位、全领域、全过程融合发展，文化与科技、资本以及制造业、旅游业、农业、体育等相关产业的融合已成为少数民族地区文化产业创新发展的重要特征和必然趋势。

3. 信息技术变革

新一代信息技术革命正在重构人类的生产生活方式，互联网技术革命将进一步使黔南文化建设从高端起步，助推文化发展，提升文化竞争力。网络技术、数字技术、新型传媒技术的推广应用，为文化节目制作提供了先进手段和表现形式。同时，催生出许多新兴的文化业态，为以内容创作生产为核心的文化产品提供了快速发展的技术手段，黔南媒体、影视、数字音乐、互联网娱乐、文化旅游等领域将进入发展的快车道。

4. 文化资源丰富

黔南文化资源类型多样、丰富多彩，代表性的文化类型有历史文化、名人文化、宗教文化、抗日文化、红色文化、商贾文化、民族文化、茶文化、酒文化、生态文化资源、科普文化资源、节庆文化等，丰富而独特的黔南文化宝藏，为黔南文化发展提供了弥足珍贵的文化资源，在黔南文化建设中具有巨大发展潜力，也是黔南大力发展现代文化产业弥足珍贵的内容和创意资源。

5. 对外开放战略

黔南是西南出海、粤桂北上的重要通道和国家"一带一路"建设走廊，处在多条旅游线路交叉重叠的节点上，独特的区位优势成为黔南文化"走出去"的独特地缘优势。同时，民族文化国际影响力的不断上升，为推动黔南文化"走出去"提供了新的机遇，为文化产品提供了广阔的海外市场。要不断巩固、深化与省外和港澳台地区的文化关系，逐步拓展和韩国、日本、东南亚、欧美的文化交流，推动黔南文化"走出去"。

三 黔南文化发展的主要措施

2019年是新中国成立70周年，是决胜全面建成小康社会第一个百年奋斗目标的关键之年，是脱贫攻坚决战之年。做好2019年工作，意义重大。要勇于肩负起新时代赋予的历史使命，从国家大战略中找动力，在发展大环境中找机遇，主动作为，创新突破，努力创造新业绩。

黔南州2019年政府工作的总体要求是：以习近平新时代中国特色社会主义思想为指导，牢记嘱托、感恩奋进，全面贯彻落实党的十九大和中央、省、州经济工作会议精神，坚持党对一切工作的领导，坚持稳中求进工作总基调，坚持新发展理念，以供给侧结构性改革为主线，以提高发展质量为中心，以发展实体经济为重点，以乡村振兴为抓手，继续打好三大攻坚战，深入实施"3366"发展战略，统筹推进稳增长、促改革、调结构、惠民生、防风险各项工作，进一步稳就业、稳金融、稳外贸、稳外资、稳投资、稳预期，提振市场信心，加快打造民族地区创新发展先行示范区，决战脱贫攻

坚、决胜同步小康，保持经济持续健康发展和社会大局稳定，提高人民群众获得感、幸福感、安全感，为全面建成小康社会收官打下决定性基础。文化发展要求深入实施文化"五大工程"，持续加强"一县一品"打造，加强水书申报《世界记忆遗产名录》前期工作，抓好文化遗产保护和开发。办好亚洲体育舞蹈国际公开赛、黔南州第六届运动会。

（一）工作思路

2019年，全州文化工作围绕"112345"工作思路来发展，围绕"1条主线"：坚持以习近平新时代中国特色社会主义思想为指导，坚定文化自信，推动社会主义文化繁荣兴盛，自觉承担起举旗帜、聚民心、育新人、兴文化、展形象的使命任务。守住"1条底线"：守住文化领域意识形态安全。助力"2大战略"：实施文化助力脱贫攻坚和乡村振兴战略。强化"3项建设"：进一步强化党的建设、党风廉政建设和干部队伍建设。全力抓好"4方面工作"：全力抓好文化产业发展，推进文旅融合发展；全力抓好文化基础设施建设，推进公共文化服务体系建设；全力抓好优秀文化遗产保护利用，推进民族民间文化发展；全力抓好各项活动开展，推进主旋律宣传教育。深入实施"5个方案"：深入实施《黔南州民族民间文化传承和发展行动方案》《黔南州促进文化产业发展三年行动方案》《黔南州进一步完善公共文化服务体系推动文化事业加快发展行动方案》《黔南州公共图书馆中心馆+总分馆制建设实施方案》《黔南州培育发展民间文艺团队推动民间文艺活动蓬勃发展工作方案》，以社会主义核心价值观为引领，强化改革创新，进一步唱响好花红民族绚歌，不断推动文化事业、文化产业及广播电视新闻出版行业加快发展。

（二）主要目标

一是复排展演优秀剧目。抓好黔南州优秀剧目《木楼古歌》《吉妮丽吉》《秀色黔南》《刺梨花红》等复排工作，在都匀剧院进行优秀剧目展演，让群众能够欣赏到优秀的文化节目，增强文化自信。二是编辑出版文献。继续推进十套文艺集成工作,在 2018 年编辑出版《黔南州民间故事集成》《黔南州民间谚语集成》《黔南州民间歌谣集成》《黔南州民间舞蹈集成》的基础上,2019 年编辑出版《黔南州民间音乐集成》《黔南州民间器乐集成》。三是完善文化基础设施。加快州博物馆、州图书馆装修布展工作,2019 年内实现对外开放,不断指导县市文化馆、图书馆升级达标。四是开展丰富多彩的文化活动。持续抓好"好花月月红·百姓大舞台""幸福进万家——文化精品乡村行"、送文化下乡及各个节日、节庆的文化活动,不断丰富群众文化生活。五是持续打造文化产业园区。出台黔南州文化产业园区标准及考核办法,推进文化产业园区业态培育,打造一批省级以上文化产业园区。六是深入推进文化改革事项。落实好公共图书馆"中心馆+总分馆"建设,统一全州图书编码,制定完善"中心馆+总分馆"统建统还机制,真正实现全州公共文化资源共享。

(三)重点任务

1. 进一步抓好公共文化服务体系建设

一是强化公共文化项目资金使用管理,为文化扶贫和乡村振兴发挥积极作用,不断完善公共文化服务基础设施。二是实施图书馆服务体系升级,全面实现州、县、乡阅读"一卡通"、通借通还、方便快捷、服务规范的公共文化阅读体系,使百姓充分享受公共文化阅读服务。三是探索全州文化馆"中心馆+总分馆"的服务模式。四是快速推进黔南州博物馆装修及布展工作,争取年内实现对外开放,指导好全州博物馆、展览馆展览工作,探索全州博物馆展览馆展品流动展览机制建设。五是进一步落实好实施农村公益电影放映、黔南州广播电视台广播节目全州同频覆盖工程、应急广播建设等工作。六是继续开展"阳光工程"文化志愿服务和"三区"人才支持计划,不断培育发展民间文艺团队。七是开展形式多样的群众文化活动,大力丰富城乡群众文化生活。

2. 进一步抓好文物和民族民间文化的保护和利用

一是推动各级文物保护单位完成"四有"工作,完善文物保护体系建

设。二是深入开展全州重要革命遗址研究和评估，进一步加大保护和利用力度。三是重点开展申报各级文物保护单位和各级爱国主义教育示范基地工作，开展濒危革命遗址抢救修缮工作，加强日常养护等。四是出版《黔南州民间音乐集成》《黔南州民间器乐集成》等书籍。五是做好非遗项目专项资金申报及非物质文化遗产数字化采集工作，启动非遗进景区等多项非遗专题宣传活动。六是加大传承人队伍建设和民间传统工艺项目非遗传承人培训、保护利用观摩交流活动，促进非遗创意产品生产，助推脱贫攻坚。七是以节庆为依托，以活动为载体，以文艺为形式，以宣传为手段，推动一县一个个性文化品牌打造，促进文化与旅游深度融合。

3. 进一步抓好文化产业发展

一是加快转型升级，对全州现有2044家文化企业强化分类指导，强化政策扶持，结合"双百"工程落实，筛选一批成长性好的企业作为重点扶持对象，每个县市每年培育3家营业收入500万元以上规模文化企业，全州每年培育2家营业收入5000万元以上的龙头企业，推动文化企业做优做强。二是结合招商引资突破年行动，围绕非遗创意、文化旅游、文化演艺、影视、传媒、娱乐等重点，计划组织30个招商项目和30个州内企业，按照"走出去、请进来、搭平台、促合作"的方式，加大招商引资力度，促成一批项目落地，促进一批企业合作。三是坚持办好黔南州"好花红"杯文化创意设计大赛，形成黔南"绣系列""染系列""陶系列""银系列""服饰系列"等文创产品。四是积极搭建平台，推动州内外非遗文化企业交流和合作。五是建立园区科学评价体系，抓好园区业态培育，积极引进具备较强管理经验、项目策划和市场推广能力，拥有广泛营销渠道的专业运营管理团队进驻园区。

4. 进一步抓好文化安全工作

一是加强平安文化市场创建，切实加强网上网下的文化环境集中整治，持续推进"扫黄打非"进基层规范化、标准化建设，有效维护全州意识形态领域安全。二是强化广播电视行业安全管理，确保不发生安全播出事故；继续开展规范广告刊登和播出秩序整治行动，重点治理刊播虚假违法违规广告的行为；开展打击治理"黑广播"违法犯罪专项行动，形成多部门联合执法的高压态势；开展境外电视传播秩序专项整治行动，维护国家安全和政治稳定；加强理论宣传，做好主题宣传，深入广泛开展宣传报道。

四 黔南文化发展的对策建议

党的十八大以来，习近平总书记大力传承中华优秀传统文化，赋予中华优秀传统文化时代内涵，运用中华优秀传统文化治国理政，阐发中华优秀传统文化应对国内外重大挑战，将中华优秀传统文化提升到崭新阶段，有力凝聚了民族精神，得到全世界中华儿女高度认同，将中华优秀传统文化转化为实现中华民族伟大复兴、构建"人类命运共同体"的强大精神力量。黔南文化，以其独具的原生态、自然美、真实感、和谐性、多元化、民族风和深厚的底蕴，成为中华乃至世界文化宝库中一颗璀璨的明珠，而且是源远流长的中华文化的重要组成部分，具有较高的开发和利用价值。回首昨天，黔南文化发展取得了一定成绩，但仍然存在许多不足和短板，特别是与人民群众对美好生活的需求存在差距，展望未来，黔南文化发展的道路依然艰巨，面对现实的需求、严峻的挑战和利好的机遇，我们需要提高黔南文化发展的时代站位，紧紧围绕文化强州战略来谋篇布局。

（一）提高政治站位，牢牢把握文化工作方向

坚守文运同国运相牵，文脉同国脉相连，以习近平新时代中国特色社会主义思想为引领，毫不动摇地始终按照社会主义先进文化的航向前进，坚定文化自信，增强文化自觉，扎实抓好党和国家文化政策和法律法规的贯彻落实，把握新时代文化工作新形势新特点，保持政府强大而高效的动员力与执行力。结合黔南实际，将文化工作纳入各级经济社会发展总体规划，使文化工作更好地坚持以人民为中心，体现交流互鉴、开放包容，注重统筹协调、形成合力，推动创造性转化和创新性发展，扎实推进文化繁荣发展，构筑共有精神家园。

（二）重视宣传引导，全面提升文化发展水平

文化是民族的血脉，是凝聚人心的精神纽带。要牢牢把握正确的政治方向、舆论导向和价值取向，弘扬主旋律，传播正能量，全面提升社会主义核心价值观建设水平，讲好黔南新故事，传播黔南好声音，展示黔南美形象，全面提升文化发展水平。加快基层公共文化服务体系标准化、均等化建设，实现州、县、乡、村四级公共文化设施全覆盖。促进优秀民族传统文化传承发展；大力推进文艺创作，激发文化发展活力，创作和生产更多关注国家命运、反映人民心声、书写时代精神、彰显民族风采、满足人民群众多层次文化需求的文艺精品。

（三）立足脱贫攻坚，谱写文化惠民大文章

把握好党的初心、使命和各族人民的共同愿望，为黔南各族人民提供较高水平的公共文化产品与服务。实施文化惠民，既是全面小康应有之义，也是精神扶贫、智力扶贫的重要内容。聚力让文化成为改善民生的重要组成部分，切实增强各族群众文化生活的获得感、幸福感。同时，要按照产业兴旺、生态宜居、乡风文明、治理有效、生活富裕的总要求和示范带动、重点推进、以点带线、以线扩面的总思路，大力实施文化惠民工程，多方整合资源，谱写脱贫攻坚文化惠民大文章，为脱贫致富奔小康提供强大的精神动力和智力支撑。

（四）抓住利好机遇，大力发展文化产业

文化产业是当今世界经济和社会发展的一个亮点。黔南丰富的文化资源为发展文化产业提供了得天独厚的优势，必须紧紧抓住机遇，深化文化体制改革，形成发展规划、专项政策以及扶持资金"三位一体"的文化产业发展政策体系，以全球化视野，以"市场经济＋互联网"思维来谋划布局黔南现代文化产业发展新空间，培育文化新兴业态，打造一批有实力、有活力、有竞争力的骨干文化企业，推动有核心竞争力的黔南现代文化产业体系

建设，努力向祖国和世界展示黔南优秀传统文化的无穷魅力和独树一帜、绚丽多姿的现代文化形象。

（五）积极放眼世界，促进对外文化交流互动

为了实现中华民族的伟大复兴，习近平总书记强调"把跨越时空、超越国度、富有永恒魅力、具有当代价值的文化精神弘扬起来，把继承优秀传统文化又弘扬时代精神、立足本国又面向世界的当代中国文化创新成果传播出去"。新时代的中国已成为一个全方位开放的社会，黔南州要通过逐级稳步申报记忆名录和文化遗产名录和"走出去"战略，积极开展对外文化交流互动，并加强国际传播能力建设，不断与世界文化交流，与世界文化互动，大幅提升文化竞争力与文化影响力，为擦亮中华文化、多彩贵州的金字招牌，书写黔南新篇章，做出黔南新贡献。

分报告

Sub Reports

B.2 2019年黔南州民族文化产业发展研究报告

秦越*

摘　要： 黔南州民族文化资源由25个原生民族的文化资源形成，具有多样性、原生性、融合性的特点。诸多非物质文化遗产项目为当地发展民族文化产业提供了优势。新经济环境下，黔南州主动融入国家"三大战略"的经济部署，适应、把握经济发展新常态，抓住"三大战略"所带来的交通、生态环保、产业转移的三大机会，在民族文化产业创建方面取得了显著成效。但是，随着消费者文化品位的不断提升，文化产业高质量发展的要求越来越强烈。当前，黔南州需要找出实践中存在的不足，寻求新的路径，拓展当地文化产

---

* 秦越，博士，黔南民族师范学院副教授，主要研究方向为少数民族文化和语言。

业发展的范围，提升文化产业发展的层次，以促进文化产业向高质量发展模式迈进。

关键词： 文化产业　文化资源　黔南州

文化部和旅游部2019年6月发布的《文化产业促进法（草案征求意见稿）》指出："文化产业，是指以文化为核心内容而进行的创作、生产、传播、展示文化产品和提供文化服务的经营性活动，以及为实现上述经营性活动所需的文化辅助生产和中介服务、文化装备生产和文化消费终端生产等活动的集合。"文化产业作为当前社会最重要的一个产业形态，给经济和文化协同发展带来契机。党的十八大以来，党中央做出了加快发展文化产业的重大战略部署，并出台了一系列政策措施，标志着国家将促进高质量文化产业发展纳入国民经济和社会发展规划。近年来，黔南州在国家"三大战略"经济部署下，结合当地经济发展现状，抓住"三大战略"所带来的交通、生态环保、产业转移机会，在民族文化产业创建方面获得了初步发展。但是，随着国内外市场竞争越来越激烈，文化产业的发展面临新的挑战。当前经济新环境下，拓宽民族文化产业发展的广度，加大深度，寻求新的发展路径，是黔南州各级政府亟待思考的重要议题。

一　黔南州各县市的民族文化资源概况

（一）黔南州民族文化资源特点

1. 黔南地区民族文化资源具有多样性

黔南地区具有得天独厚的民族文化资源。各民族的节会盛大壮观，民族服饰多彩多样，民族建筑工艺精湛，民族音乐美妙绝伦。苗族的古歌和布依族的"八音坐唱"已唱响国内外；苗族的"四月八"、布依族的"六月六"、彝族的火把节、水族的端节等节日文化吸引了众多国内外有兴趣者前来参与。刺绣、蜡染、土布扎染、枫香染、马尾绣等工艺多彩纷呈。这些千姿百态的文化面貌呈现出黔南地区文化资源的多样性。

2. 黔南地区文化资源具有原生性

黔南地区是25个少数民族的聚居区。地理区位的特殊性和强烈的民族认同感，使少数民族文化保存相对比较完整。世代传承的生活方式、宗教信仰、审美情趣等，保证了各自民族文化的原生性未被破坏。饮食、服饰、建筑、婚恋、歌舞、节庆等文化形态在黔南地区村落里更是以原生态的形式得以保存。

3. 黔南民族文化资源具有融合性

黔南州少数民族错落聚居，长期的迁徙历史和生活方式决定了文化资源上的共生性。在生产力低下、资源匮乏的年代，聚居区的各少数民族需要互相倚靠才能保证生存。随着历史的发展和社会的进步，各个民族在寻求发展的过程中，文化上也一直处于不断交流、融合、包容的状态。服饰文化、饮食文化、民俗文化、歌舞文化、建筑文化、医药文化等方面互相借鉴、补充，并有不同程度的融合，从而形成了"和而不同"的文化形式。

（二）黔南州民族文化资源开发状况

截至2018年底，黔南州共有国家级非遗项目14项、省级非遗项目58项、州级非遗49项、县级以上非遗300余项，非物质文化遗产资源总量居全省第二位；在黔南州300多项非物质文化遗产项目中，民间传统工艺占据了大多数。2011~2018年，先后有"水族马尾绣""枫香染制作技艺""牙舟陶器烧制技艺""都匀毛尖茶制作技艺""布依族医药（益肝草秘方）""独山盐酸菜制作技艺""云雾贡茶手工制作技艺"等7项非遗项目被省文化厅公布为省级非物质文化遗产生产性保护示范基地。各县区具有代表性的民族文化资源如下。

三都县：作为中国唯一的水族自治县，三都县有着独特的民族文化资源。以水书、端节、马尾绣、剪纸为代表的水族文化，已被列入国家级非物质文化遗产名录。原生态舞蹈《踩月亮》获得中国舞蹈"荷花奖"银奖、多彩贵州金黔奖。九阡酒曾经受毛主席称赞，并获中华老字号称号。有明代遗风八卦建筑达便村、历史遗迹都江古城垣、羊福社区岩墓群等丰富的历史文化资源。

荔波县：红色文化底蕴深厚，现有邓恩铭故居、板寨红七军会师旧址、黎明关旧址等革命文化遗址12个，是红色文化体验基地和爱国主义教育基地。民族文化资源丰富，有玉屏水浦和瑶山董蒙两个省级民族保护村寨，"水书"和"布依文"入选国家珍贵古籍名录。文化风俗布依族傩戏，被列为国家级非物质文化遗产。《猴鼓舞》和《打猎舞》入选省级非物质文化遗产名录。民族习俗有布依族婚礼唱"朗外"、水族"卯坡"对歌、瑶族凿壁谈婚和抢腰带等。

独山县：素有"历史文化名城"之称，影山文化、花灯文化、抗战文化、饮食文化、宗教文化、民族文化、名人文化等独具特色。现已开发的净心谷，是融合了七大文化资源的旅游景点。

平塘县：以少数民族文化为特色。毛南族文化有民族节日火把节、迎春节。民间代表性活动有《打猴鼓》《拦门歌》《舞火龙》《地牯牛》。布依族文化有民间歌舞《三人粑棒舞》《四人粑棒舞》《竹竿舞》《刷把舞》《花棍舞》《打粑棒》《春碓舞》《织布舞》《纺织舞》《响篙舞》《粑槽舞》《花包舞》《簸箕舞》《骑大象》《甘豆花》《狮子舞》《龙舞》《砍牛舞》《花帕舞》《哭嫁舞》《竹鼓舞》《酒礼舞》《跳猴舞》；民族节日以"六月六"节庆活动为代表；民间工艺方面，除了编织、刺绣、蜡染之外，牙舟陶工艺已经成为非物质文化遗产；民间乐器制作是一大特色。箫有姊妹箫、短箫；笛有闷笛、竹笛；胡有二胡、大胡；琴有凤凰琴、琴琴、月琴。此外还有笔管、唢呐、大号、马嘘嘘、木叶及打击乐器铜鼓、皮鼓等；体育活动主要有耍水龙、赛龙舟。苗族文化有民间歌舞《红鼓舞》（又称夜乐舞）、《跳芦笙》、《咕噜跳月》、《跳月》、《打草舞》、《粑槽舞》、《粑棒舞》、《铜鼓舞》、《斗鸡舞》、《打粑舞》、《皮鼓舞》；代表性歌曲有《月亮古歌》等。

惠水县：以布依族口头民间文学为代表。表达形式有：韵文体，即歌谣、谚语、谜语等；散文体，即故事，包括神话、传说、叙事、寓言、笑话等；曲艺体，包括说唱、顺口溜和弹唱词。惠水县是布依族民歌"好花红"的发源地。枫香染手工技艺被列入第二批国家级非物质文化遗产名录。

长顺县:"跳花场"是广顺镇摆雅四寨一带苗族同胞的一项重要活动之一。宗教文化以白云山庙会为代表。

贵定县:苗族所独有的一种芦笙舞蹈"长衫龙舞"。德新镇四寨村是国家级非物质文化遗产"长衫龙"的发源地。苗族节日过"小年"。医药文化布依族防"治肝病益肝草秘方"。

龙里县:主要的民族节日有苗族跳月和杀鱼节,布依族有"三月三",此外还有布依族、苗族共同的节日"四月八"。

福泉市:节日文化有王卡苗族"杀鱼节"。

瓮安县:民俗文化是猴场镇的龙狮文化表演。工艺文化是火龙编扎。

都匀市:归兰水族乡榔木寨的端节。"中国世博十大名茶"都匀毛尖,都匀市获得"中国毛尖茶都"称号。

二 黔南州文化产业发展现状

1. 文化产业方面

全州文化产业园累计完成投资176.1亿元,文化产业增加值占GDP的4.5%。文化产业增加值占GDP比重达4.3%,居全省第一。其中,都匀市非遗文创园投资5000万元,入驻项目有:水族非遗文化展览馆、都匀毛尖博物馆、中国民俗钱币博物馆、州民族乐器博物馆、文化精准扶贫培训中心、州非遗类歌舞体验中心、牙舟陶博物馆、黔南民俗馆、都匀皮纸作坊、州文旅产品展销中心等。2018年3月30日,文创园会员单位以"博物馆展示+非遗文化产品销售+互动体验"的模式进行经营活动,统一以文创园的品牌对外宣传推广。文化产业协会于2018年5月带领入驻单位及会员单位近300人参加第十四届中国(深圳)文化产业博览会。2019年2月26日,黔南州文化产业协会作为主要协办方,与主办方和承办方通力合作,举办了世界职业时尚模特项目签约发布会暨非遗文化时装秀。

2. 旅游方面

2018年新增3个国家4A级景区,旅游总收入实现862.35亿元,增长

43%。荔波县荣获 2018 年中国旅游影响力品牌，贵定"金海雪山"景区晋升国家 4A 级旅游景区，瓮安千年古邑旅游区成功创建省级旅游度假区。2018 年全年接待国内过夜游客 753 人次，增长 14%，入境过夜游客 1.47 万人次，增长 37.9%。截至 2018 年底，成功申办第四届中国绿化博览会和第二十九届中国兰花博览会，举办黔南州第五届体育运动会和首届山地户外运动会、"茶人会"、第十一届州旅发大会。承办第十二届省旅发大会，实现荔波樟江 5A 级景区提质扩容，"中国天眼"景区荣获"中国科技旅游基地"称号。

3. 产业优化方面

2018 年，瓮安、平塘、罗甸获得"全国电子商务进村示范县"称号。例如，惠水好花红村已经吸收 16 家企业入驻，每年可实现销售 5000 万元以上。创建了联想之星百鸟河孵化基地，创客们通过网络把当地制作的手工艺品和食品等营销出去。目前电商成为惠水县的主打。惠水山间的百鸟河数字小镇，集大数据、大健康、大教育三大产业于一体，形成"镇、园、村"的发展模式和"一镇七村"的产业布局。

三 黔南州文化产业发展存在的问题

由于地理位置、经济基础、思想观念、生活习惯、服务水平等方面的制约，黔南地区的文化产业发展目前还存在一些问题。具体表现如下。

1. 文化产业化程度不高

文化产业化程度不高的原因大致有以下几个方面。

第一，文化产业发展主线不突出。文化产业大多是少数民族民间工艺品生产，主要以小作坊式的方式发展，处于简单的自营模式，缺少专门的大型设计公司和生产公司注入。一大批真正代表黔南非遗文化顶级水平的业态和传承人尚未进入文化产业领域，导致高质量的文化供给不足。

第二，产业发展不平衡。原生态的民族文化大多散落在民间，但是由于年轻人受外界新兴文化的吸引，对本民族传统文化失去兴趣，原生态的民族文化虽然具有其珍贵的一面，但也有被现代文明的价值观阻碍发展的一面。加之地

理区位的限制，县域文化产业较少，处于偏远村落的非遗文化无法产出成果。

第三，黔南州文化企业创新驱动能力不足，国际市场竞争力不强。文化产业在实践中未能全面融合现代科技手段和创新元素，致使民间传统工艺只实现了文化价值的保存，而缺乏科技价值的增值。

第四，缺少有知名品牌的文化企业。有些工艺文化企业单打独斗，缺乏团队协作和创新精神。在生产制作工艺品的过程中，仅仅靠少数人组织当地村民进行简单培训之后直接进入生产，生产过程中很难做出工匠精神。加之缺乏与国内外知名品牌合作，产品的产出量低，产品中象征民族文化元素的符号标识性未能得以广泛认可，难以形成具有强大效应的高端产品，从而缺乏品牌效应。

2. 旅游业内涵和品质不足

黔南地区旅游业大多依靠自然生态资源进行打造，文化元素注入较少。从表面上看搞得热火朝天，但是由于对外宣传的方式单一、宣传力度的欠缺，很多景点游客稀少，收入远远低于投资。造成这一现象的原因，一是未能结合当地各方面的实际情况盲目开发，缺乏合理规划，以至于拆了建、建了拆；二是旅游业和文化产业未能密切融合，靠单条腿走路，造成旅游业内涵和品质不足。文化的厚重程度决定旅游业的品质和潜力，挖掘旅游地的文化内涵，加大民族文化的对外传播力度，才能推动旅游业健康长久发展。目前，黔南州旅游业对自身的民族文化缺乏深层次的挖掘，文化本身所具有的媒介功能尚未得到充分利用，没有实践"以文塑旅，以旅彰文"的理念。

3. 文化产业创建缓慢，后劲不足

由于黔南州本身经济底子薄弱，资金雄厚的工业和企业较少，再加上地理区位的限制，外引资金有一定难度，所以在本地文化产业的创建中，常常出现资金短缺的状况，造成后劲不足，很多建设处于进展缓慢或搁浅的状态。

四 黔南民族文化产业创新发展的策略

1. 举全州之力打造品牌，以品牌建设引领产业发展

相关政府部门应自觉打破黔南州县市之间的界限，突出重点，着力打

造，实现资金、人才、资源等要素的优化和整合。重点培育代表黔南地区特色的文化旅游新品牌、新名片。

一是特色节庆品牌。比如旅游节、艺术节等大型活动，彰显黔南魅力。

二是演艺市场品牌。充分利用黔南地区丰富的歌舞文化，进行艺术加工和创作，通过影视作品、快闪等现代媒体手段，将具有民族特色的歌舞文化推送到国内外受众者面前，从而打造一批具有艺术价值和国际影响力的精品，形成黔南州的演艺市场。

三是服饰品牌。黔南州少数民族手工艺文化独具特色，民族服饰大多是手工绣制，工艺精致且具有民族文化寓意。在原有手工基础上增加一些文化创意，借助名人效应，打造自己的服饰品牌。

四是文旅体验品牌。策划非遗表演、民族工艺制作等活动，组织民族文化诠释讲解团等。政府层面，应积极加快民族文化供给侧结构性改革，协助创建具有市场竞争实力的文化企业，推动文化产业向更深层次发展。民众方面，注重团队协作，打破村寨界限，强强联手，按梯队发展。

五是创建产业园品牌。借鉴东巴文化、巴蜀文化的成功经验，根据本地的文化特色，创建适合本地文化生产、推广与销售一条龙的产业园。强调各县区、各民族之间的文化差异，创建各具民族文化特色的产业园。

2. 扎实做好文化产业精准扶贫工作，培育文化产业的主体

深入开展精品创作，完善扶持提升政策。干部下乡扶贫，要先研究当地的文化特色，从民族文化打造方面入手，积极鼓励个人或企业开发民族文化产品，并给予适当的资金支持和技术指导。扶贫干部除了调研民族文化市场外，要积极外出寻找资源。除了依靠政府的力量，还可以加强对中介机构的培育和运用。牵头一些民族文化研究机构、实力雄厚的文化企业。综合各方资源帮扶本地研发适合本地区的文化产业。

3. 加强专业人才的培养

深入实施非遗文化传承人的研培计划，培养专业的民族文化人才。首先，召集各民族非遗文化传承人，开办培训班或技术学校，集中开展短、长期培训，传授本民族的特色文化。其次，积极与高校合作，除了吸收高校艺

术类专业人才外，还可以鼓励高校开设地方性民族文化专业。最后，政府、各类高校、民族研究所合作，组织成立智囊团，形成一支专门进行文化产业打造的人才队伍，实现人才、技术、科研相结合，在文化产业的广度和深度上做文章。

4. 创建多种文化企业类型，实现多业态融合

创建农户、生产企业和经营企业几种文化企业类型。农户手工业者主要以家庭为单位，以手工式作坊生产为主。产品销售采取店铺式的体验营销方式，或与生产企业、经营企业合作，为其提供产品生产。生产性企业能进行规模化生产，在专业领域具有很强的能力，生产组织能力较强，有一定资金能力和订单获取能力。这类生产企业一般采用"公司+农户"、手工生产与机械化生产相结合的生产方式。经营性企业主要负责销售、运营等经营性活动，承担品牌管理方的角色。主要通过专门的商业团队为商家提供一系列商业服务，这些商业服务主要集中在资金支持、创意设计、市场营销、品牌建设、财务管理等方面，为民族民间工艺提供展示型平台与销售平台。政府层面要抓好四个方面的融合：一是发展理念与政策融合，二是体制与机制融合，三是文化消费与旅游消费融合，四是文化市场与多业态市场融合。

5. 充分利用互联网和数字环境，实现文化产业与科技融合

互联网和数字环境，为民族文化的对外传播和创意制作提供了机会和手段。优秀文化产品和服务的创作、生产、国际合作制作、境外推广、营销等，都需要在互联网和融媒体的环境下进行。通过科技手段，可以更加生动、有趣地展现文化内容。黔南州文化企业可以与科技公司合作，利用3D虚拟现实仿真技术、VR技术等实现5G时代的数字文化产业。

6. 打造多种文化产业模式

（1）实景演出模式

挖掘黔南州民族歌舞文化，把民间故事、婚恋文化、民间传说等民族特色元素融入舞台展演，利用现代多媒体手段和科技创意，经过影视界专业人士的精心策划和打造，创建一批大型实景演出作品和队伍，促进旅游地对文化体验的需求。

（2）民族影视文化产业模式

当今融媒体时代，电影、动漫、游戏等文化产品是主要的文化载体。民族影视文化创意产业融电影、广播电视、网络、游戏和旅游等于一体，辐射面广，宣传力度大，具有创意性、艺术性、产业性等鲜明特征。黔南州可以利用互联网、新媒体、大数据等网络和数字化平台，借助都匀影视城的场地和影响力，积极宣传和运作，成立属于黔南州本地的影视公司和企业，创作和拍摄多种形式的影视文化精品。

（3）民族手工艺品开发模式

黔南州少数民族工艺品有陶瓷、剪纸、印染、刺绣、服饰等，品目繁多，技艺精致。提炼这些文化资源中的价值元素，在传统工艺的基础上增加一些新技术、新方法，生产出一系列具有经济价值和文化价值的新型商品。

（4）民族村寨旅游、休闲、康养模式

当下社会，面对千城一面的景观模式，消费者更愿意体验原生态的少数民族文化旅游。黔南州气候适宜，空气清新，节日气氛浓郁，民族文化丰富多彩。打造"民族乡村—文化创意—生活体验—休闲娱乐—康养医疗"的模式，正迎合当下受众者的消费心理。

（5）民族文化创意园模式

挖掘黔南地区少数民族传统文化中的关键符号、文化代码、民族标识等创意元素，将文化创意、策划、现代设计等理念融入民族文化产业园区的开发与建设中，孵化出新兴产业模式。城区建构的产业园应注重产业结构、规模和优质品牌的塑造。村寨产业园应侧重于形态多样、个性突出、民族特色。创意园建设之后，要充分发挥园区功能，盘活整个黔南州文化系统，使文化全面进入产业化。

B.3
黔南州非遗文化及其产业发展研究
——以马尾绣、牙舟陶、枫香染为例

蒙焕玉　蓝义浬　彭青惠*

摘　要： 非遗文化产业发展既是为非遗项目的保护传承寻找新的更具生命力的途径，也是开发文化资源、研发文化产品、满足人们文化需求、促进经济发展的一种方式，尤其是在黔南这样非遗文化资源丰富却又贫穷落后的民族山区更具有现实意义。目前，黔南非遗文化产业发展主要采取文化公司、传承人作坊两种经营策略。本文以黔南三个国家级非遗项目为例，详细展示黔南非遗文化产业发展的情况，深入分析发展现状，探索更多新的发展路径，以期促进黔南非遗文化产业发展。

关键词： 非遗文化　产业发展　黔南州

一　黔南州非遗文化

（一）黔南州非遗概况

黔南布依族苗族自治州是全国30个少数民族自治州之一，是我国典型的多民族共同繁荣的少数民族地区，共有43个民族同胞在这里生产生活。

---

* 蒙焕玉，中共黔南州委党校讲师，研究方向为少数民族文化；蓝义浬，中共黔南州委党校讲师，研究方向为民俗学；彭青惠，中共惠水县委党校助理讲师，研究方向为政治学、经济学。

全州面积约 2.6 万平方公里，全州下辖 12 个县（市），总人口 420 万人，少数民族人口占总人口的 58.8%。其中，布依族、苗族、水族、毛南族、瑶族 5 个民族是黔南的世居少数民族，形成了悠久的丰富灿烂的民族文化。

2005 年国务院第一次提出保护非物质文化遗产，经过 14 年的努力，我国的非遗事业已经形成了比较完善的工作体系，全国非物质文化遗产得到了有效的保护与传承。黔南州从 2006 年起全面开展非物质文化遗产普查摸底及名录项目申报工作，到目前为止共普查出非物质文化遗产资源线索 400 余项，建立县级以上非物质文化遗产名录 381 项，其中国家级项目 14 项，省级项目 96 项，州级项目 68 项，县（市）级项目 203 项。黔南州共有传承人 1025 人，其中国家级传承人 9 人，省级传承人 37 人，州级传承人 187 人，县（市）级传承人 792 人。基本形成比较规范的国家、省、州、县四级非物质文化遗产名录保护与传承体系。

（二）黔南州代表性非遗项目

黔南州是一个多民族共同繁荣的地区，各民族独具特色的生产生活习惯形成了各个种类非遗项目，其中 14 项国家级的非遗项目涵盖了民俗、传统美术、传统舞蹈、传统技艺、传统音乐、传统戏剧、传统医药七大类别。

1. 民俗类

黔南州共有两项国家级民俗类非物质文化遗产，它们分别是水书习俗和水族端节。水书是水族的古文字或使用这种文字抄写的书籍总称，水族人称之为"泐睢"。水书有两层含义，一层是指水族的文字，这是一种类似于甲骨文和金文的古老文字符号，据专家统计共有 485 个字；另一层是指运用这些古文字抄写编辑而成的书籍的总称，一般情况下"水书"指的是手抄本书籍。水书习俗是水族同胞运用水书开展各项生活习俗的过程。水族端节则代表了水族古代血缘氏族部落分批庆贺丰收的祭典遗风；节日集中地传承了铜鼓舞、斗角舞、芦笙舞、对歌等艺术表演形式；尤其反映了水族特殊的节日文化事象，具有确定水族文化特征的重要作用，以及见证水族文化传统的独特价值。这两项民俗类非遗都体现了水族古老的历史文化信息和水族本土

文化，与水族人民生息相关。

2. 传统美术类

水族马尾绣属于传统美术类非遗，同时也是水族妇女世代传承的古老而独特的手工技艺，马尾绣绣品制作材料独特（取材马尾毛），手法别致，而且图案是妇女们凭着对自然界的万物和民俗事象的印象提炼抽象而成，极富水族民族韵味和艺术效果。水族剪纸是传统美术类非遗，主要流传于都匀市归兰水族乡一带，历史悠久，流传广泛，世代相传。剪纸是水族妇女利用农闲时间进行的生活艺术创作，它表明了水族人民对美好生活的向往、祝愿、期望、赞赏、歌颂的含义，是水族人民美好心愿的朴素表现。

3. 传统舞蹈类

黔南州共有三项国家级传统舞蹈类非物质文化遗产，它们分别是鼓龙鼓虎·长衫龙、瑶族猴鼓舞以及毛南族打猴鼓舞。鼓龙鼓虎·长衫龙是小花苗聚居区的一种苗族芦笙舞蹈，是集鼓点、芦笙、舞蹈于一体的综合艺术形式。瑶族猴鼓舞则是模仿先祖跋山涉水的情景及神猴攀爬跳跃的神态起舞而成的舞蹈，这种祭祀先祖和纪念神猴的舞蹈演化为瑶族丧葬祭祀活动中的一个重要仪式。毛南族打猴鼓舞则是丧葬礼仪中搞闹场的一种舞蹈，将巫术祭祀动作与宗教法事动作融合，反映巫术礼仪、丧葬驱魔、避邪求吉、敬奉精灵的内容。这些传统舞蹈类非遗体现了本民族民风民俗的活动形式，充分展演了本民族的原始性格。

4. 传统技艺类

黔南州共有三项国家级传统技艺类非物质文化遗产，它们分别是牙舟陶器烧制技艺、枫香印染技艺及都匀毛尖茶制作技艺。牙舟陶色泽鲜艳、晶莹光润、神韵别致，富有浓厚的民族特色，在中国陶瓷界独树一帜，极具艺术性、观赏性和收藏价值。枫香印染图案清新明快，不追求肌理效果，画面精细，装饰纹样自成体系，蕴含着丰富的传统文化内涵，具有较高的实用价值与学术研究价值。都匀毛尖茶传统制作技艺带有鲜明的地域文化特色，在全国名茶中独树一帜，是研究当地少数民族生产生活的一项重要因子。它们体现了黔南民族的伟大技艺和创造力，同时它们都是探索黔南民族文化传承与发展不可多得的"民间艺术品"。

5. 传统音乐类

"好花红"是一首羽调式民歌，同时也是黔南州传统音乐类的国家级非遗项目。它概括了布依族民歌的格调风貌，是具有独特地域性的惠水山歌调（亦称"好花红调"），与大调、小调、大歌、小歌一道成为布依族曲调的代表。

6. 传统戏剧类

黔南州共有两项国家级传统戏剧类非物质文化遗产，它们分别是独山花灯和布依族傩戏。独山花灯作为贵州南路花灯的主要代表，它不仅在独山城乡广泛流播、传承，并以其形式的活泼、音乐的优美、语言的幽默，成为黔南城乡各族群众雅俗共赏、喜闻乐见的一种民间艺术。布依族傩戏孕育于宗教文化的土壤中，直接脱胎于傩祭仪式，形成于唐宋，是多种宗教文化相互渗透、混合的产物。它们均有着浓郁地方特色，成为当地文化旅游项目传演的代表，在贵州戏剧中有着举足轻重的地位。

7. 传统医药类

布依族医药（益肝草秘方）为传统医药类非遗。它采取修制和水火共制方法配制而成，经贵州特色制药有限责任公司（2014年荣获第二批省级非物质文化遗产生产性保护示范基地）发扬光大。现今不仅生产出治疗肝病的民族成药"益肝解毒茶"，还开发出具有保肝护肝作用的"益肝草"植物饮料，实现了"传统秘方"向现代工艺生产的转变。

二 黔南州非遗文化产业发展现状

（一）马尾绣产业发展的个案研究

1. 马尾绣产业发展背景介绍

制作好的马尾绣精美绝伦、华丽精致，具有浮雕质感，远远望去宛若一幅彩色浮雕。其图案古朴典雅抽象，体现了水族人民对生活的感受以及对美好事物的追求。马尾绣用于制作背带、尖角鞋、童帽等，在以前马尾绣是水族生活的必需品，在现代生活中马尾绣除去其实用意义，更多体现的是一种文化的象征寓意。如即使年轻人很少穿马尾绣尖角鞋，但是姑娘婚礼的嫁妆必须要有几双马尾绣尖角鞋。

马尾绣作为黔南州第一批国家级非遗项目，是水族同胞生产生活的智慧结晶，是水族重要的文化符号，有很高的文化价值和工艺价值。列入国家级非遗名录后，水族马尾绣从民间走入公众视野，其独特的材料和独树一帜的制作手法引起了广泛的关注，在国家、省、州各项相关政策的指引下，三都县委县政府适时加大马尾绣的保护开发力度，鼓励马尾绣进行研发，促进马尾绣产业发展。

2.马尾绣产业发展现状

（1）马尾绣产业发展模式

马尾绣在各级党委政府的支持引导与大力宣传下，逐步成为从水族同胞自产自销的生活用品走向市场的文化产品。目前主要形成了两种产业发展方式：一是文化公司经营；二是个体工商户经营。

文化公司运营模式：在三都从事马尾绣经营的文化公司主要有贵州水都传说文化旅游发展有限公司和凤之羽民族文化有限责任公司。文化公司通过市场定位、产品设计，要求绣娘按照要求制作产品，在公司进行展销。为制作出符合市场需求的马尾绣产品，文化公司每年都会组织绣娘进行培训学习，培训内容分文化和技能两大块，文化培训旨在提升绣娘解读水族文化的能力，让绣娘在绣品图案上突出水族文化特色；技能培训旨在色彩搭配、制作工艺方面精益求精，提升产品的艺术性。另外，还增设"水书文字在马尾绣图案当中的运用"的课程，把水书习俗与马尾绣两大国家级非遗项目结合起来，提升马尾绣产品的文化价值。目前文化公司开发马尾绣系列产品主要有女士各类大小包包、装裱饰品、文具袋、抱枕等。除此之外，凤之羽公司还开发了水族非遗相关的文化讲座、非遗项目体验，为全国各地各年龄段的学生提供体验式教学服务。

近两年接待了近万名设计、美术、民族学、人类学等专业学生,大大增加了公司收益。

图1　凤之羽公司产品尖头鞋

个体工商户经营模式:随着马尾绣知名度的提升,市场需求的扩大,不少水族妇女开起了自己的马尾绣店。马尾绣国家级传承人宋水仙、韦桃花也都各自开起了"水仙马尾绣""桃花马尾绣",个体户产品较公司种类少,主要经营马尾绣服饰、鞋帽、背带等生活用品。除了经营自己的绣品店,传承人还可以通过各级党委政府推荐到全国各地各种展会上进行展销,提升知名度,增加收益。另外,在黔南州社科联的帮助下成立了非遗协会,各级非遗传承人加入协会,形成合力共同开拓非遗产业新渠道。宋水仙、韦桃花都加入了州非遗协会,通过协会平台资源带着马尾绣到各地进行展销,大大增加了经济收入。这种边经营边制作的模式既增加收入,又能促进马尾绣这项非遗的良性传承。

(2) 马尾绣产业发展效益

三都县委县政府及各部门抓住水族妇女有制作马尾绣的传统和改善家庭经济的愿望,通过培训,把零散的资源整合起来,进行集约化、产业化生产,既可传承民族文化,做大做强民族文化产业又能提高妇女经济收入,改

善她们的家庭生产生活条件。2011年，水族马尾绣企业——三都水族自治县凤之羽民族文化有限责任公司获得了第一批省级非物质文化遗产生产性保护示范基地，2013年，水族马尾绣又被省文化厅命名为第一批特色文化产品，2013年全县水族马尾绣销售收入达2000万元。2016年，马尾绣年产值达5000多万元，极大地带动了当地水族妇女脱贫致富步伐，让水族妇女就近就业不用外出打工，大大减少了农村留守儿童和老人的问题。

但是，三都马尾绣经营形式多为小规模民营企业或家庭手工艺作坊，目前生产企业、个体工商户达40多家，且大多处于初级、分散、小规模的发展阶段，知识型、智能型、创新型的企业和品牌少，产业链短，产品层次低，经济效益差。力量分散，市场开拓、产品研发等形不成合力，同质竞争严重。

（二）牙舟陶产业发展的个案研究

1.牙舟陶产业发展背景介绍

牙舟陶因其传统的制作工艺，独具一格的釉药而闻名于世，且被历代制陶艺人原汁原味地传承下来，并融入当地的民俗文化及地域特色，在牙舟镇的大山深处不断发展。

（1）牙舟陶的出现

牙舟陶的出现得益于它得天独厚的区位优势以及当地的政治和经济因素。由于生产牙舟陶所需的泥土"白胶泥"只在牙舟镇附近的田坝产出，并且，牙舟镇的气候条件十分适宜樟科、壳斗科类等阔叶林植物的生长，然而这些木料又是牙舟陶烧制过程中的主要燃料，如此丰富的制陶资源是生产牙舟陶的必然条件。

"根据平塘县志中记载：牙舟镇上每家每户都生产牙舟陶，生产内容都是与这里的居民们日常生活相关的器具，只是陶器的质量上有些许差别，做工都是采用传统的制陶方式。"[①] 制陶是当地人经济生活的主要内容，与当

---

① 贵州省平塘史志编撰委员会：《平塘县志》，贵州人民出版社，1992。

地人的生产生活息息相关，这些条件决定了牙舟陶的出现，同时也为牙舟陶的发展奠定了坚实的基础。

（2）牙舟陶的发展

起初生产牙舟陶都是以家庭为单位的手工作坊，直至20世纪60年代，牙舟镇成立了陶器国营工厂，镇上的手工作坊被集中成合作式的工厂，主要生产经营中高档陶制产品。陶厂的设立使这一时期的牙舟陶拥有很好的销路，并且还荣获了诸多奖项。

"好景不长，随着改革的进程不断加快，我国计划经济体制开始进入市场经济体制，这一时期陶厂因未能适应市场变化，及时推出新产品，最终走向破产。"[1] 不仅如此，当时陶厂还做了一个十分"错误"的决定——将厂址从镇上迁往到县城，并且盲目扩大生产。终于在生产技术上跟不上，运输和取材成本增加的情况下，经济效益降低，陶器的质量也无法得到保障，最终造成了陶厂倒闭的局面。

"牙舟陶厂倒闭后，多数的制陶艺人都放弃了制陶手艺，要么去务农，要么去做小贩养家糊口，制陶业在当地也成为一种'半农半陶'的状态，过去的行业优势一去不复返。

进入21世纪后，随着改革开放进程的不断加剧，人们在很多方面都做出了悄无声息的改变，尤其是在生活方式和审美方式上。由于经济全球化的不断推进，各国之间的经济、政治、文化等方面的交流也日益增多，在物质生活得到一定满足的条件下，人们将追求的目光逐渐转移到精神追求方面。对于陶器而言，人们除了要求其具有传统的实用价值之外，在其美观程度上也有了一定的要求。过去牙舟陶主要销往农村市场，并且传统的生产方式，已然不适用于当下的生活方式。为了实现更为广泛的发展，民间艺人们对陶器的生产开始做市场调查，明确市场的需求，继而作出相应的改变，在不断地优化和创新中，完善生产流程。"[2]

---

[1] 阿展：《学传统，创新风》，转引自杨启刚《牙舟陶器的兴衰》，《贵州民族报》2001年11月29日。

[2] 蓝义涅：《贵州牙舟陶生产方式变迁研究》，贵州民族大学硕士学位论文，2018。

2006年,"牙舟工艺美术陶瓷厂"(禄麒文化公司前身)正式在牙舟镇成立,其创办人为现今牙舟陶国家级非物质文化遗产传承人——张禄麒。该厂不同于之前倒闭的工厂,它是一家以制作美术陶为主的民营企业。在塑料产品和金属产品在不断侵蚀陶瓷市场情况下,该厂通过不断发明、创新,创造出各式各样受人喜爱的陶样,例如,十二生肖、布依神(见图2)等美术陶,完全避开了塑料和金属产品能够替代的工艺品。

图2 牙舟陶布依神

"仅仅几年时间,张禄麟的努力便得到了回报,他的陶厂被授予继承非物质文化遗产的优秀企业称号。厂房总面积达3000平方米,建筑面积达1800平方米,年销陶瓷产品30万件,总营收额超过300万元。陶瓷产品不仅走出贵州,而且实现了走出国门,走向世界,受到英国、加拿大、马来西亚、美国、澳大利亚等国消费者的青睐,不仅如此,该厂出产的优秀陶瓷作品被选为展会展品,远送丹麦、日本、芬兰、朝鲜等国展出。2008年,我国文化部门将'牙舟陶器的烧制技艺'认定为优秀的非物质文化遗产。厂内出产的100多件牙舟陶现收藏在中国美术馆。"①

张禄麟创办的禄麒文化公司成功地阻止了牙舟陶走向衰亡的趋势。仅在短短的几年时间内,禄麒文化公司成功地树立了"张氏"这一品牌,吸引了大批来自国内外的客源。张禄麟说,创立自己的陶器品牌只是第一步,他希望通过自己的努力带动整个牙舟镇陶瓷产业发展。

"2017年1月,平塘县在牙舟镇召开首届旅游产业发展大会,以'天眼耀平塘、古陶韵牙舟'为主题,全面展现平塘以中国天眼游为核心、以地质奇观游和牙舟陶文化体验游为支撑的天文旅游产品体系。同时,为了将牙舟陶艺术发扬光大,平塘县制定了牙舟陶的保护和发展方案,以传承老匠人的技艺和鼓励年轻人学习制陶为工作重点,建设了牙舟陶制陶流程作坊和大型牙舟陶展览馆。从那以后,牙舟陶产业便不断朝着更加多元化的方向发展,并屡次在重大展会获得大奖,可以说现今的牙舟陶正步入成长的全新时期。"②

2. 牙舟陶产业发展现状

(1) 牙舟陶产业发展模式

牙舟陶与景德镇陶瓷相比,虽然发展历史相对较短,但牙舟陶从制作简单的生活用品陶器发展到制作艺术陶,从小型作坊发展成大型制陶文化公司,也拥有其独特的发展模式。

如今牙舟镇上仍然在生产牙舟陶的仅有七户人家,除去拥有悠久制陶历史的张姓,还有钟姓、宋姓等五户人家。他们分别形成了两种各有所长、可以互补的产业发展模式:一是文化公司经营;二是个体工商户经营。从事牙舟陶经营的文化公司只有禄麒文化公司和张之陶文化公司两家,其余五家则都是个体工商户经营。

---

① 蓝义湟:《贵州牙舟陶生产方式变迁研究》,贵州民族大学硕士学位论文,2018。
② 蓝义湟:《贵州牙舟陶生产方式变迁研究》,贵州民族大学硕士学位论文,2018。

文化公司运营模式：禄麒文化公司位于牙舟镇场坝，公司共设有三间厂房和一幢办公楼。办公楼提供了办公、会议以及会客的场所。三间厂房内部设有陶瓷生产车间、学徒的学习空间和小型的陶瓷展馆。

根据禄麒文化公司主要负责人罗龙萍的描述，公司在建设和发展过程中吸收了原陶厂的2名工匠，以及开办小型作坊的3名工匠，此外，还聘请了10多名当地的农民，公司现共有职工20人。负责管理公司的人员一个月的薪酬待遇有1万元左右，而公司的其他职工的薪酬在3000~4000元。

禄麒文化公司生产的陶器主要都是针对中高层的消费者，以制作独特的艺术陶为主。公司多采用纯手工、半机械化、全机械化的生产方式。

放眼整个生产车间，10余个本地职工都专注于手中的工作。公司职工们每天早上八点上班，中午有免费的午餐，下午一直工作到6点下班。

值得一提的是，每个职工虽然都在认真地工作中，但似乎他们的工作内容都不一样。公司的生产方式显然已经形成一条完整的链条，比如，技术比较娴熟的职工就专门负责修坯，女性职工则大部分都在雕花。烦琐、复杂的制陶工序很难让职工们在短时间内熟练地掌握，但是要让他们掌握并且熟练一项制陶工序却是一件易事。此举不仅能够提高劳动生产率，同时还能使陶器的质量得到保障。这也是禄麒文化公司区别于其他作坊的地方。

2016年8月，平塘县在青少儿活动中心会议室召开殡葬改革动员大会，正式启动全县遗体火化、公墓安葬的殡葬改革。禄麒文化公司抓住此次契机，创造发明了用陶土制作而成的骨灰盒，并且开始大批量进行生产。

生产的骨灰盒（见图3）完全采用牙舟陶的制作工艺进行制作，形似棺材，盒上雕以龙凤、八仙等纹样，不仅精美，价格也比较适中。相较木质的骨灰盒，牙舟陶做的骨灰盒不会腐烂，且不会遭到雨水和霉菌的腐蚀。

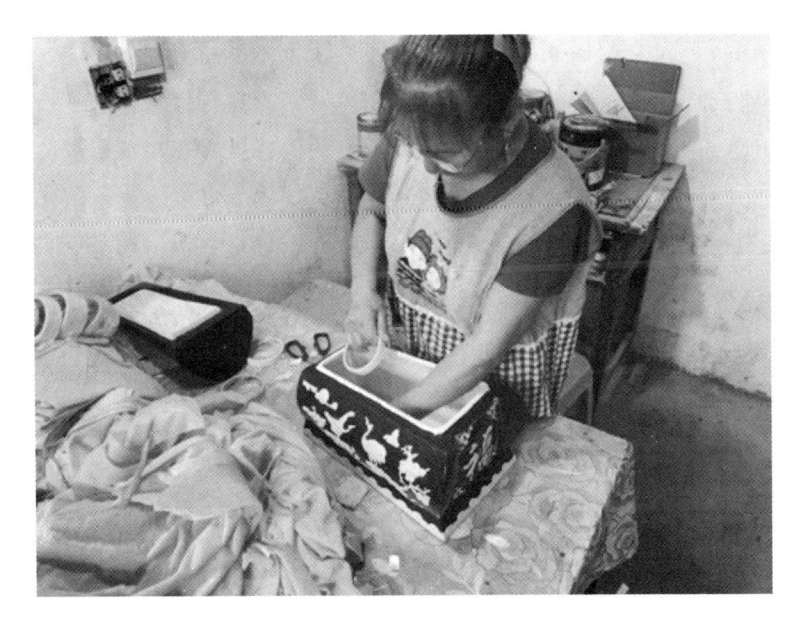

图 3 牙舟陶骨灰盒的生产

根据张禄麒的描述，现在禄麒文化公司通过政府的引导已经与县殡仪馆达成合作，使"牙舟陶骨灰盒"拥有更多的销路。

张之陶文化公司同样位于牙舟镇场坝，与禄麒文化公司不同的是，张之陶文化公司规模较小，并且大多数采用纯手工的生产方式。张之陶文化公司生产的陶器主要是针对中低层的消费者，以制作精美的茶具、花瓶等陶器为主。公司除了创始人张禄洪（张禄麒的哥哥，省级陶艺大师），主要负责人张胜猛、张胜波（张禄洪的两个儿子）外，现共有职工 5 人，薪酬待遇为 3000~4000 元。

根据张胜波的描述，目前张之陶公司主要是通过在微信和网络上进行接单，按照客户的要求制作陶器。由于公司规模较小，公司内生产的陶器大部分是订单所需，很少有时间去制作艺术陶。因此，除却有招工外，张之陶文化公司的生产模式其实与个体工商户经营无异。

个体工商户经营：过去生产牙舟陶的家庭都属于个体工商户，都采用自产自销的经营模式。近年来除了张禄麒和张禄洪两家发展得较好，已经走向文化公司的经营模式外，其他的制陶户还处于个体工商户经营。

根据个体工商户制陶艺人钟成贵的描述，平时只有自己和妻子两人在打理陶器生意，陶器生意不是特别好，就算是节假日、旅游旺季生意也十分惨淡。因此他的妻子闲时会做一些衣服拿出去卖，为家里置办些家用。由此可见，牙舟镇经营牙舟陶的个体工商户们大多处于"养家糊口"的状态。

(2) 牙舟陶产业发展的效益

在市场经济条件下，什么都有可能成为商品。特别是那些处于准商业状态的非遗事项，很容易成为开发目标。对手工技艺类遗产实施商业化经营，不但可以推动当地文化事业的发展与复兴，同时还可以通过市场这只"看不见的手"，增加当地的就业，并从根本上解决土地不足、收入下降而导致的农民"下岗"问题。

"平塘县拥有秀美的自然风光和丰富的旅游资源，被评为国家4A级旅游景区、国家自然遗产地、国家风景名胜区、中国最美小城、中国优秀文艺创作基地、国家湿地公园。全球最大的射电天文望远镜FAST落成在平塘县，掌布镇的石壁奇观，塘边镇的天坑景观，合理地开发这些景点将带动平塘县旅游产业和牙舟陶产业的高速发展。

'十三五'后，牙舟镇政府确立了大力发展以现代农业、牙舟陶产业、烤烟产业为工作重心的多元化经济发展方案，努力建设'一轴两区四园'的经济结构，使县中部地区带动其他地区的经济发展。烤烟产业为牙舟镇的发展提供了大量的经济支持，同时也带动了镇内其他产业的发展。意识到旅游产业存在巨大机遇，禄麒文化公司将牙舟陶与旅游产业结合起来，生产了大量以烤烟、'三天'景区为主题的瓷器。例如，生产了与'中国天眼'极为相似的陶碗、巨大的陶瓷烟斗（见图4）等。

这些陶器作品将地方特色文化融入其设计中，深入贯彻了'敢于人先，积极进取，创新发展'的发展指导思想。在牙舟镇大力发展经济、推动产业多元化发展的背景下，牙舟陶与地方政府达成协作，积极开展陶器产业与其他产业融合的工作。

平塘县政府为大力促进县经济发展，利用牙舟陶文化资源品牌，打造

图 4　牙舟陶器——巨大烟斗

3A 级牙舟陶文化产业旅游景区，在园区内汇聚了产业发展、旅游观光、制陶体验、餐饮娱乐等一系列旅游项目，这一旅游项目是贵州省第十二届旅游产业发展大会重点发展项目之一。牙舟陶文化产业园区分为三大功能区：第一功能区主要是进行牙舟陶的体验制作和产品交易；第二功能区主要是牙舟陶文化主题公园，主要供游客进行休闲娱乐和参观文艺表演等；第三功能区为非物质文化遗产展示中心，主要有博物馆、创客中心、名家工作室等建筑。"①

"牙舟陶文化产业园建成后，吸引了各地的陶艺爱好者前来参观学习，使牙舟陶得到更好的保护、传承和发展；园区设计建筑装饰陶年产 30 万平方米，工艺陶瓷制品 10 万件。2017 年牙舟陶经济年产值高达 1.8 亿元，另外，牙舟陶工艺园区将 20 余家牙舟陶作坊企业整并，形成规模化的发展，提供了 30 个贫困人口公益性就业岗位和 200 个贫困工人岗位，实现带动全镇 230 余户贫困户脱贫致富。"②

---

① 蓝义湟：《贵州牙舟陶生产方式变迁研究》，贵州民族大学硕士学位论文，2018。
② 黔南州规划设计院：《平塘县牙舟镇总体规划（2003~2015）》，2003。

（三）枫香染产业发展的个案研究

1. 枫香染概念

枫香染是用从枫香树上提取的树脂，树脂就是枫香油，将枫香油同牛油按一定比例混合之后作为画布的画料，然后在自织的白色土布上描绘各种图案，晾干后浸入蓝靛染缸染色再取出经水煮脱脂，形成对比强烈的蓝底白花。枫香染环保无污染，且对人体皮肤有安抚镇定和消炎杀菌的作用，被誉为"画在布上的青花瓷"。2008年枫香染入选国家级非物质文化遗产名录。枫香染技艺历史久远，其制作技艺精妙，大多数就分布在贵州省内的瑶族、布依族、苗族聚集地。这三个民族都有制作枫香染的传统，其中布依族枫香染技艺更为精妙，瑶族用小竹签点枫香油，而布依族枫香染用毛笔，制品线条流畅，尤其以其发源地——惠水县雅水镇播谭村小岩脚杨姓布依族人的枫香染术最为精湛，已有至少300年历史，且因地处偏僻，交通不便，没有受到商业氛围和旅游氛围的影响，所以传统的枫香染技艺能在这里得到很好的原生态的保护与传承。

2. 枫香染产业

枫香染产业是指从事枫香染的家庭作坊、合作社、企业等多主体，并且这些多主体拥有自己的原材料的提取方法、加工制作过程，能够生产出枫香染的一系列衍生产品，通过建立自己的销售渠道，走向市场，实现规模经济的一种产业。

3. 枫香染产业发展现状

（1）形成多主体参与局面

目前，惠水县从事枫香染的有家庭作坊、合作社、工作室、企业等，发展势头良好。惠水县通过多渠道的方式进行枫香染保护与传承，搭建了非遗文化发展平台。一是产业平台，组织专项资金，对传统民间工艺传承人进行补贴。通过成立传习所，在雅水镇实施"百千万"工程中培养百名枫香染技艺传人培训班，改变民间工艺世代家传的传统做法，支持鼓励对传统民间工艺传承人的培养。在学校进行宣传活动，进行试点，使传统民间工艺教育进入学校课堂，拓宽传承人的培养渠道。组织成立枫香染专业合作社等传统

图5 枫香染作品

民间工艺生产和营销合作组织，逐步引导分散的民族工艺生产走上产业化的道路。积极鼓励参加和组织参加各种旅游商品和民间工艺美术比赛，扩大惠水枫香染、剪纸、农民画等民族工艺的影响力。在小岩脚枫香染农民专业合作社，枫香染通过生产、销售（现在主要是通过微信接订单）、流通等方式，促进了村民们就业。贵州枫雅承香民族文化发展有限公司、贵州蓝布坊文化传播有限公司、贵州维英苗族枫香染有限公司、贵州布依蓝民族服饰有限公司等惠水民营企业在保留枫香印染技艺原真性的基础上，研发了枫香染服饰、床上用品、包类、挂件等民族旅游商品。惠水县培养和扶持传承人等取得了一定的效果，但是力度还不够。二是展示平台。近年来，通过举办黔南州非物质文化遗产展示展演、惠水县2018年"改革铸辉煌　脱贫奔小康"非遗展示周等大型活动，搭建非遗项目展示平台，大大地提升了枫香染的知名度和影响力，增强传承人队伍的传承信心。依托中华布依堂屋、五彩黔艺民族博物馆等展示窗口，让更多群众认知非遗、保护非遗、传承非遗。

图 6　枫香染第五代传承人杨鸿昌正在培训学生

（2）枫香染市场持续高速发展

最近几年国家对非遗保护与传承力度增大，导致整个非遗市场突飞猛进，枫香染市场也不例外，2018年枫香染市场效益增长了21%，枫香染衍生产品的产量也呈现逐年增长的趋势，2018年，枫香染产品产量约50万件，同比上涨22%。

（3）线下渠道仍为消费主力

一系列关于枫香染产业的利好政策的顶层策略为枫香染奠定市场基础。对比枫香染产业线上线下市场，2018年惠水县从事枫香染的实体店销售额约420万元，2018年黔南线上枫香染产品的销售额约为350万元。从销售额来看，目前枫香染产品的销售以线下销售为主。

4. 枫香染产业发展存在的问题

（1）枫香染产品缺乏创新

市场上需要的是差异化的产品，有自己文化特色、设计风格的文创产品。通过实地调研发现，在惠水县市场上枫香染产品同质化现象严重，缺乏创新。缺乏创新一个重要的点就是缺乏年轻一代的设计师，大多数老一辈传承人设计出来的产品缺乏年轻的消费群体，所以要实现产品为市场而创新、为生活而创新是枫香染产业能否持续发展至关重要。

（2）枫香染产品市场营销渠道单一

枫香染产品在同质化严重的情况下，就应该注意在市场营销渠道上有所创新。黔南州的枫香染产品，一是通过景区实体店的方式销售，但往往景区实体店是看的多买的少，销售情况效果不是很好，成交的客户大部分是沿海城市喜欢文创产品的客户；二是通过举办展览会、文博会的方式带货，但这种方式不是长久之计；三是线上销售，但是搭建线上销售平台的公司、合作社、个人都缺乏专业的网络渠道销售人才，线上成交量也不尽如人意。在这个人人都刷视频的短视频时代，没有利用短视频进行线上推广，线上销售的路径也是狭窄的。好的营销渠道不是仅局限于线上或线下，而且将两者进行深度结合，找到其结合的最佳点。

（3）枫香染产品品牌效应低

品牌意味着高质量、高信誉、高效益、低成本。枫香染市场上有一个品牌，那就是韦祥龙创立的"吾土吾生"，但还是不为人知，走不出去。最近在网络上看到一位美术老师冉光津穿着她自己设计的枫香染服饰，她用自己

图7 冉光津在枫香染工艺体验馆里整理自己设计的枫香染工艺服饰

的美学设计理念和枫香染相结合,设计的产品新颖、漂亮、时尚而又不缺文艺范,但因缺乏品牌效应,她设计的产品无法让大多数人记住,只能成为普通的旅游商品。黔南州有许多从事枫香染的公司,它们创新制作出了枫香染的床上用品、背包、抱枕等一系列产品,但这些产品是很多传统手工艺在做的事情,虽然有枫香染的工艺在其中,但是没有建立自己的品牌,致使其无法在市场上走得稳、走得好、走得更远。

三 黔南州非遗文化产业发展存在的问题

(一)过度开发非物质文化遗产

在对黔南非物质文化遗产进行系统统计时发现,县级以上达到380余项,虽然整体规模较大,但实际上对各个项目价值缺乏准确全面的了解与认识。对非遗项目的评估有着严格的标准与要求,如果对非物质文化遗产的特征和性质缺乏必要的了解,那么必然会对其保护措施的实施有着一定的负面影响。党的十八大明确表示应进一步提高对优秀传统文化的深入挖掘,积极弘扬优秀传统文化,进而为新时期社会的发展与进步提供重要的推动力。不仅如此,这也为未来一段时间内的优秀文化传承工作的实施奠定了深厚的基础。

非物质文化遗产的顺利申报,有利于文化品牌的塑造是毋庸置疑的,既能够推动政府良好形象的树立,同时对当地经济的增长也有着一定的刺激作用。但需要注意的是,部分地区在申报非遗过程中过于看重利益,最终致使整个申报流程存在诸多缺陷和不足,特别是对非遗项目的保护仍然远远达不到要求。

从非遗的开发流程来看,仍然停留在表面层次,对具体内容的重视程度较低。以三都水族的端节为例,当地政府每年均会投入大量的资源用于节日的宣传和推广,在这一过程中吸引了大批的外地人在当天参加这一节日,但实际上节日内容无法满足大部分游客的需求,其中民族特色商品均占据较低的比重，其中大多数均为廉价商品和打折优惠的叫卖声，就如同嘈杂的露天市场，以往的牛马、家具等商品逐渐消失，虽然药材种类繁杂但其质量难以保障，由此可见，民族文化传播与交流功能难以得到充分发挥。这也从侧面反映出，如果仅以经济效益为侧重点，将会对民族文化的传承与发展造成严重的负面影响。

（二）非物质文化遗产传承人后继乏人

关于对非遗传承的认知，部分人的脑海中往往是这样的景象：满头白发的老人，独自继承着技艺，终日惶惶不安恐技艺失传……虽然这一说法并不是完全准确的，但实质上这也能够从侧面映射出部分非遗项目当前面临的境地。

最近一段时间内，全国各个地区对非物质文化遗产的重视程度均有明显的提高。虽然非物质文化遗产保护工作取得了显著成效。但回想起中国整个现代化历程，不免令人感叹。虽然经过长达30余年的发展，国内经济水平有了大幅度增长，但与此同时，经济发展引发的环境问题和文化遗产缺失问题愈发严重。当我们回首过去，就会察觉部分丢失的文化已经不复存在。特别是城市化进场的推进和市场经济的发展，使一大批非遗项目面临濒临灭绝的境地。不仅如此，在诸多因素的影响下，人们对非遗项目的传承同样缺乏积极性与主动性，由此可见，非遗项目正面临严峻的发展形势。

1. 城镇化的发展和现代文化的冲击

随着城市化水平的提高，以及人们生活方式的转变，现代人的思维理念发生了大幅度的变化，这也在一定程度上导致非遗传承人规模不足情况的出现，致使非遗保护工作难以落实。由于社会分层日益严重，社会成员在财富、权力等方面存在一定的区别和差异，且处于高位置的人们通常能够实现自身愿望，从而导致社会成员更加偏向追求财富、权力等，从而导致社会流动现象的出现，而传承人的流动作为社会流动的重要组成部分，与非遗保护工作有着密切联系。部分非遗传承人转行的主要目的是提高自身的社会地位，进而能够保证自身愿望能够顺利实现，促进自身家庭的发展与进步。以

荔波县瑶族猴鼓舞项目为例，当地年轻群体纷纷选择进城务工，从而他们了解更多的是现代舞蹈，而对民族传统舞蹈的了解和掌握程度并不高。

另外，按照势能理论，荔波瑶族文化应划分到低势能文化的范畴，在发展过程中易受到外界因素的影响从而出现文化变迁，进而使文化被同质化情况出现。在当前背景下，世界文化单一性的趋势逐渐加强，人们的价值观、行为习惯逐渐趋于统一，且现阶段的年轻人更加偏向于选择城市人的生活方式与行为习惯，对家乡文化的认同度较低。在现代文化的影响下，这部分年轻人难以准确认识到非遗项目具备的文化身份认同功能，对传统文化难以保持较高的热情，最终导致猴鼓舞这一项目逐渐濒临灭绝。

2. 教育方面的忽视和人力资源的匮乏

教育为社会成员向上流动提供了重要的推动力，高学历的人们能够获取高社会地位的可能性往往更高，所以部分瑶民出于提高社会地位的目的，往往以知识的学习为侧重点，进而对非遗重视程度较低。从造成猴鼓舞传承人规模不足的原因来看，其中一个关键方面就是瑶民对教育的关注程度不高。具体表现为以下几方面。一是家庭教育的忽视。学校虽然存在与猴鼓舞相关的理论资料，并开设了相应课程，聘请老继承人进行现场教学，但部分家长出于对孩子个人利益的考虑与分析，强制要求学生将精力集中在文化课的学习上，在这种条件下导致大部分学生的参与积极性普遍不高。二是学校教育的忽视。受到巨大的学习压力的影响，学生学习猴鼓舞的时间受到一定的制约与限制。另外，由于寄宿学生所占比重较高，学生难以在日常学习和生活中更多地了解猴鼓舞，进而为猴鼓舞的传承与发展造成了严重的负面影响。

（三）非遗项目开发、保护经费匮乏

非物质文化遗产保护工作是难以在短时间内完成的复杂性工程，因此特别需要经费的支持。

黔南州经济发展水平相对较低，并未设置专项资金用于非遗传承和保护工作的实施，其中涉及的资金大部分均依赖于政府拨款，且社会参与水平相对较低，一般仅涉及政府这一单一主体，从而导致对非遗项目的利用率普遍不高。另外，在目前非遗保护工作当中，政府通常占据着主体性地位，政府能够对文化资源进行支配，最终导致民族文化认同感不高和文化主体间接性缺失情况的出现。

（四）非遗项目发展过多依赖旅游业

旅游业对本地文化的传承和发展有着重要的推动作用，同时还能进一步密切同外来文化的联系，但这一过程中同样存在诸多缺陷和不足。

1. 文化传承与旅游开发间的矛盾

平塘乡村旅游业的成熟与发展，对传统文化造成了强烈的冲击，平塘毛南族打猴鼓舞不仅仅局限于祭祀场合，同时更加偏向于带有经济效益的舞台化节目，其性质和作用均发生了一定程度的变化。另外，从当地旅游业的发展现状来看，其主体通常以汉族人为主，他们出于自身利益的考虑，重视对传统文化的改造，进而保证大多数游客的需求得到最大限度地满足，其功利性的特征相对突出，文化内涵相对缺失。外来游客通常仅重视表演方式，对其中隐含的民族精神并不能全面认识。传统价值观发生了一定程度的变化。在外来文化的冲击下，当地的价值理念、生活方式均发生了一定程度的变化，在这种背景下，当地居民对外界金钱社会的认同度大大增强。另外，在这一过程中，当地居民易出现自卑心理和排外情绪，进而对民族精神的传统与发展产生了严重的影响。

2. 文化符号紊乱，品牌意识淡薄

随着旅游业的发展，非遗逐渐演变为地区的"文化符号"。现阶段，平塘县政府对旅游业保持着高度重视，进入当地旅游的游客，既想领略当地的自然风光，同时还想体验当地个性化的民族风俗，个性化的非遗逐渐成为吸引游客的重要途径与方式，"牙舟陶""藤编""坛子鱼"等纷纷演变为一系列"文化符号"，政府同样重视这类文化符号的宣传与推广，进一步密切平塘同其他人的沟通与联系，进而为旅游业的发展提供了重要的推动力。另外，当游客来到当地后。非遗成为主要的目标对象，且知名度同消费规模保持着正相关的关系。由此可见，重视对非遗的开发利用是很有

必要的。以毛南族打猴鼓舞为例,其作为平塘地区较具代表性的旅游产品,游客在观看表演的同时,还能品尝当地的美食,从中切身感受到少数民族传统文化。

毛南族打猴鼓舞有着丰富的文化内涵。但作为文化符号,其价值主要体现在其中蕴含的民族精神和民族情感上。而对于毛南族打猴鼓舞来讲,其中恰恰反映了当地居民勇敢团结的民族精神。作为非遗项目,不应仅仅局限于简单的符号,同时这也是毛南族文化内涵的体现,在对某项非遗的开发过程中,必然对其性质和特征有着全面了解与掌握,深度挖掘非遗的文化内涵,使该文化符号的精神、理念得到充分的表达与展示,使非遗的性质和特征突出,进而使游客能够切身体会到文化的魅力,不仅仅局限于对文化的宣传与推广,更要在真正意义上了解毛南族文化。但实质上,政府虽然重视对民族文化的宣传语推广,但并未对其进行真正意义上的开发与利用,对文化内容的重视程度普遍较低。在这种背景下,各项保护工作无法得到有效落实,甚至非遗出现损坏情况,难以与文化和旅游产业的可持续发展相契合。文化符号的价值在很大程度上受到相关文化产品的质量与特征的影响,而对于毛南族非遗来讲,其价值来源于当地居民通过长期探索与实践积累的丰富的经验、生活方式和价值观念,当代人在对文化资源进行开发与利用的过程中,应重视维持和提高该项遗产的文化价值,避免其受到一定程度的损坏,缺乏游客支持的非遗开发对民族文化的传承与发展是极为不利的,这一过程中往往会出现毛南族文化资源浪费的现象,同时还会出现毛南族文化符号同质化的现象,影响毛南族人民对当地民族文化的传承与发展。

四 黔南州非遗文化产业发展的思路

(一)建设文化生态保护示范区,对非遗项目进行整体性保护

非遗项目建立的宗旨在于对文化进行保护与传承,让文化更具生命力,所以保护是第一位的。对非遗进行整体性保护有两方面的含义:一是对非物

质文化遗产自身进行整体保护；二是对非物质文化遗产赖以生存的环境进行整体保护。目前，非遗的保护工作借助文本、录音、录像等媒介，大部分能做好第一项的内容，然而非遗不仅应该是保存在书本里、视频里，更应该生活在人们的日常的生活里。文化生态保护示范区就是对非遗文化赖以生存的自然环境和人文环境进行保护。就拿枫香染来说，枫香树脂是枫香染的制作原材料，其产量非常少，却又是不可替代的。要保护好起枫香树生长的自然环境，确保其数量。在推广枫香树种植的同时，要建立枫香树生态保护区，合理规划出适合提取枫香油的枫香树片区，加大枫香树片区化的管理力度，加大对枫香染制作场地的基础设施建设力度，如：保证提取出来的枫香油有专业的设备进行存储或加工，避免资源浪费。枫香树（原材料）属于整个枫香染产业的下游，原材料的供给是保证枫香染产业可持续性发展的关键一环，所以必须加大对原产地的保护力度，做到原材料充足供应，走枫香染高质量发展道路。

（二）加强非遗传承人的培养，让传承人依托文化技术促进产业发展

非遗传承人都是非遗项目的专家、能人，掌握着非遗的秘密，但是其对产业可能不太擅长，因此加大对传承人的培训力度，不管是文化素质的培养还是市场经济知识的培养，在保证非遗原汁原味传承的情况下，都要促进非遗产品适应市场的开发，让传承和经济效益实现良性促进。目前黔南非遗产品同质化现象严重，缺乏现代美学设计感，致使产品市场竞争力低、抗市场风险力低、消费者的购买欲望低等一系列问题。导致这些问题出现的一个重要原因是，非遗产品缺乏创新，创新源于生活，源于需求，源于消费升级，所以需要转变老一辈传承人的思想，鼓励引导他们。加大对新一代传承人、设计师的培养力度，成立文创中心，通过设置特色的课程开办培训班，或者通过校企合作的方式培养年轻的传承人、设计师。结合黔南州的文化特色创新出高质量的非遗产品，找准产品定位，建立自己的品牌，走品牌化发展道路。

(三)利用好"大数据+实体经济"深度融合，走抱团发展之路

贵州以"万企融合"为发展方式，不断通过加快大数据与实体经济深度融合的模式来推动全省经济发展质量变革、效率变革、动力变革。非遗产业在发展过程当中应该利用好大数据的平台，搭建属于自己的产业平台，利用大数据的优势拓宽非遗产业的发展空间，让更多的信息共享。黔南州从事非遗产业的公司、合作社、家庭作坊没有充分利用大数据的力量进行发展，都是自己发展自己的，没有形成产业联盟，导致非遗产业发展速度迟缓。从事非遗产业的多主体应该建立联盟，搭建平台，共享资源，形成非遗产业联盟市场规范化，在产品定价、产品交易、与多主体利益分配机制上形成产业联盟规则，实行抱团发展，共同推进非遗产业高质量发展。

(四)充分利用新媒体进行非遗对外宣传与市场营销

第44次《中国互联网络发展状况统计报告》指出，我国网络视频用户呈现逐年增加的趋势，截至2019年6月，我国网络视频用户规模达7.59亿，其中短视频用户规模为6.48亿，占网民整体的75.8%。经过统计截至2019年4月，1372项国家级非遗代表项目中，有1214项在抖音平台上有相关内容的传播，其覆盖率超过88%。这1214项国家级非遗内容，在抖音上，共产生了超过2400万条视频和超过1065亿次播放。抖音实际上成为最大的非遗营销传播平台[1]。同时抖音推出非遗合伙人计划，通过流量扶持、提高变现能力、打造非遗开放平台及开展城市合作等方式[2]，帮助非遗进行宣传，使从事非遗的主体实现变现，同时培养和挖掘年轻一代对非遗的了解和好奇心，帮助发掘非遗的文化精髓和市场价值。所以黔南非遗产业的发展就是要利用好现有传播平台，组建非遗自媒体工作室进行专业的营运，利用

---

[1] 栾轶玫：《信息传播与公共服务——县级融媒体中心建设中的"双融合"》，《传媒经济与管理研究》2018年第00期。

[2] 周秋含等：《解码县级融媒体中心建设的"华龙网实践"》，《网络传媒》2019年第1期。

"短视频+传承人""短视频+非遗工作室+电商""短视频+旅游"模式实现非遗产业的创新发展。

结　语

黔南非遗文化资源丰富，产业开发空间巨大，非遗产业的高质量发展需要结合黔南的文化特色，以现有的旅游资源为依托带动发展，发展"文旅+文创"。利用贵州大数据平台，让黔南州从事非遗文化产业的实体经济与大数据深度融合，搭建产业对接平台，实现非遗产业跨区域对接。自媒体发展迅速时期，用好短视频平台，加快线上销售渠道的建设，形成多渠道、多方式、多主体参与发展非遗文化产业的局面，实现非遗文化产业高质量创新发展。

参考文献

贵州省平塘史志编撰委员会：《平塘县志》，贵州人民出版社，1992。

阿展：《学传统，创新风》，转引自杨启刚《牙舟陶器的兴衰》，《贵州民族报》2001年11月29日。

蓝义涅：《贵州牙舟陶生产方式变迁研究》，贵州民族大学硕士学位论文，2018。

栾轶玫：《信息传播与公共服务——县级融媒体中心建设中的"双融合"》，《传媒经济与管理研究》2018年第00期。

周秋含等：《解码县级融媒体中心建设的"华龙网实践"》，《网络传媒》2019年第1期。

B.4 新时代黔南州融媒体发展报告

黄 婧 张泽蔚[*]

摘 要： 随着传媒行业不断地更新迭代，以习近平同志为核心的党中央作出了推动传统媒体与新型媒体融合发展的"中央厨房"式发展战略。在媒介融合的发展过程中，习近平同志提出了对媒介融合发展的要求并作出重要指示。2019年，我国传媒行业的生态发生了翻天覆地的变化。在这一年里，黔南州12县市均挂牌成立了县级融媒体中心，依托新技术实现媒体的转型发展。新技术为传媒行业注入生命力，是传媒行业发展的新动能，推动传媒行业进行新的创新与变革，因此，黔南州面临诸多挑战，亟须探寻解决之法。本文旨在探讨黔南州融媒体如何在有限的资源条件下发展，以及对发展的劣势进行分析，最终提出发展的建议和措施。

关键词： 融媒体 传媒行业 黔南州

随着三十年前"三级办报，四级办台"媒体政策出台，我国县级电视台的建设数量在不断上升。近十年来，我国县级融媒体已经形成了一定的数量规模。习近平总书记在讲话中提道："媒介融合发展建设全媒体成为我们

---

[*] 黄婧，黔南民族师范学院讲师，研究方向为新闻采访与写作、网络与新媒体；张泽蔚，黔南民族师范学院，研究方向为网络与新媒体。

面临的一项紧迫课题。"① 目前，广告商纷纷向新媒体倾斜，传统媒体的利润呈现断崖式下滑。统计显示，2015 年，中国传媒业广告市场发生了根本逆转，互联网广告市场规模达到 2096.7 亿元，同比增长 36.1%；而电视、电台、报纸、杂志四大传统媒体行业的广告之和仅为 1743.53 亿元；其中报纸广告收入只有 324.08 亿元，同比下跌 35.4%，都市类报纸广告下跌近 50%。以新媒体为主要载体的互联网广告收入首次超过电视、报纸、电台和杂志四类传统媒体广告收入之和。② 同时，年轻群体更倾向在新媒体渠道上获取自己想要的信息。以往传统媒体以渠道优势取胜，以电视台为例，早期电视台的发展路线为凸显渠道，弱化产品。由传统的利用自身资源制作节目到有选择性地将部分节目委托给独立制片人或独立制片公司来制作，其中隐含的内容就是不用思考渠道问题。例如多家频道播放同一款"爆款"电视剧，千台一面等。但是在新媒体出现后，网络播放平台、移动互联网的出现导致人们可以自主选择观看的渠道和范围，从而导致电视台日渐式微。同理，纸质媒体在理论和实践上有深厚积累，具有固定的阅读人群、权威性、品牌影响力大、公信力强等独特的优势。但同时缺点也十分明显，就是技术更新缓慢，传播形式单一。新媒体是将多种传播手段融为一体，数字化是其技术支撑，互动性成为传播中最大的特征。它具有内容篇幅不受限制、开放性强、形式多种多样等特点。虽然新媒体还存在许多不足，但是它一直在不断地进步与完善。

过去的受众总是对报纸和电视具有较高的信任程度，但是据最新调查研究，对广播、网络、报纸、手机、电视新闻的信任度分别是 12.6%、19.6%、20.7%、22.4%、34.2%，新媒体的信任度已经与报纸相仿，但电视新闻的信任度还是最高。从阅读习惯上来看，过去人们在阅读纸质媒体的时候可以在上面自行用笔进行标记等操作。现在的许多电子图书的功能日新月异，实现了在网上就可以进行批注、圈点。相比之下，新媒体的海量数

---

① 习近平：《加快推动媒体融合发展　构建全媒体传播格局》，《求是》2019 年第 6 期。
② 张斌强、马明刚：《传统媒体要探索产业发展新路径——从甘肃日报社经营现状看新媒体的冲击》，《新闻战线》2016 年第 21 期。

据、快速检索以及知识聚类功能，是已经发展了1000多年的纸质媒体不可企及的。在当前新形势下进行媒介融合发展，是互联网时代发展的必由之路，是将两种媒体扬长避短、融会贯通的重大战略部署。融媒体中心的实质应取各家之长发展自身，在融合媒介中起到自己的作用，以推动我国媒体的发展，迎接5G时代的到来。

归根结底，融媒体只是手段，最终我们要做到的是不论用户使用何种终端，均可完成信息的组合接收，实现信息融合系统服务。无论何时何地，都可以获得自己想要信息的全媒体客户端。比如，两会期间通过"人民视频"App AR扫描即可观看到两会实况，获得沉浸式体验；网易新闻和新华社全媒编辑中心出版的H5产品《致敬70年为国家建设奔波的人——迁徙的人生》。也就是媒体在传播中不仅要让受众眼能看耳能听，更要使其能有互动有参与有反馈，这才叫"全媒体"和"融媒体"。黔南州当前的各种融媒体产品都只是简单把传统的文字新闻变成"图片+视频"的形式。但在当前，信息传播的形式不再拘泥于简单的图文、AR、H5、音视频等新鲜形式更能为受众带来全新的体验，"万物皆可为媒介"的发展趋势随之愈加明显。综上所述，传统媒体进行媒介融合，转型服务之路势在必行。

在2018年8月召开的全国宣传思想工作会议上，习近平总书记明确指出，"要扎实抓好县级融媒体中心建设，更好地引导群众、服务群众"。[1] 县级融媒体借力国家媒体融合的大趋势，发展得十分迅速，与此同时也具有自己的格局。黔南州各个县级媒体资源受到整体经济发展水平等社会因素的影响，出现了体制结构设置不科学，制度建设不完善，资金来源较单一和缺少专业人才等多方面的问题。那么，黔南州的融合媒体建设如何在新的媒介环境发展呢？如果要解决产生的问题，则需要考察黔南州各县市级媒体发展的历史渊源和政治经济社会发展的趋势，在整合资源后，厘清各自发展有助力的优势资源，才能打通媒体融合的"最后一公里"。

---

[1] 习近平同志在2018年全国宣传思想工作会议上发表的重要讲话。

一 黔南州融媒体的发展现状

（一）多媒体平台类型，内容建设不足

调研显示，黔南州12个县（市）级融媒体中心都已经基本建设完成并投入运营，其中县级融媒体中心积极应对新兴技术变化，并对自身传播手段进行调整，例如，在新媒体平台开设公众号等。都匀、荔波等地的县级融媒体中心均在微信、抖音等第三方平台开通了官方账号。在诸多形式的平台运营当中，县级微信公众号平台的建设情况最好。目前，黔南州的县级市均已建成自己的微信公众号，覆盖率为100%。由此可见，黔南州县级融媒体中心的建设已经初具规模，有了较完整的传播矩阵。都匀市融媒体中心在发展中，以黔南电视台和《黔南日报》为基础，创办了多平台的官方账号，例如，微信公众号有"掌上V黔南""看黔南""山水黔南""微黔南""微微黔南""云黔南""黔南发布""风尚黔南""吃遍黔南"等。总体来说，从形式上基本上满足了融媒体中心的发展。但都匀市融媒体的转型整体上仍停留在媒体形式整合阶段，尚未进入理念转变和体制改革的实质性融合阶段。即现阶段，都匀市融媒体不仅要依靠自身，更要放眼全州媒体推进深度融合，全面整合聚合优势资源，实现资源共享。在内容上，都匀市融媒体中心做的也是传统意义上的新闻与咨询推送，只是在形式上是以"文字+图片+视频"的方式。但是融媒体中心要向数字化方向转型，尤其是媒介产品的数字化创新，例如，H5的新闻形式、主题化的新闻报道、多角度的新闻直播等。融媒体不仅要做内容产品和服务产品，还要做关系产品，也就是说，要花大力气做连接建立紧密的用户关系。

"麻雀虽小，五脏俱全"，县级融媒体中心的基础建设虽然已经完成，但在功能和内容的形式上，只是停留在媒体形式上的整合，未能真正转型：没有地方特色，缺乏原创性和互动性。微信公众号"活力贵定"，在推送信息中新闻占了很大一块，并且能够使用"图片+文字"的形式。

但是新闻内容不贴合民众的生活和喜好，多为党政新闻，导致阅读量较低，且同时没有民众留言，未形成良好互动。有部分县市由于平台扩张十分迅速，所以缺乏后续的管理，微信公众号后续的运营情况严重不足。例如，"掌中罗甸V"虽然在形式上已经具有融媒体中心的规模，且能将各种便民服务与微信公众号相结合，但是由于微信公众号内容偏少，没有固定的推送时间，不能吸引受众。与此同时，内容建设与管理是融媒体中心比较薄弱的一个环节，内容生产没有着力点，不能满足用户的实际需求且原创内容不够丰富，所以导致用户黏度不够，传播效果未达预期。拿都匀市举例，"微微黔南"和"山水黔南"两个微信公众号，推送内容大部分为党政新闻和资讯，不能增强用户对推送内容的忠诚度，所以导致阅读量普遍低于5000次。

与此同时，县级融媒体中心普遍想重视内容管理，但内容生产环节着力不足，以用户实际内容需求为主导的原创内容偏少，所以导致传播效果不甚理想。如都匀市融媒体中心运营的公众号"微都匀"，其推送内容大部分为时政新闻和资讯，且写作内容和形式无法摆脱传统媒体的写作方式，缺乏内容和形式上的创新，也缺乏对于普通老百姓生活的关注与聚焦，导致用户对推送内容的忠诚度较低。所以统计了该公众号自运营以来的所发表的推文后发现，该公众号的推文阅读量普遍大都在1000次以下。相比之下，同城微信公众号"看黔南"的内容主要为民生新闻，搭配政务和资讯信息，从写作方式和内容来说，更贴近受众需求和阅读习惯，因此推文阅读量一般稳定在5000~10000次。由此看来，以信息服务理念推动发展，用民众喜闻乐见的信息来吸引注意力，真正关注老百姓关注的新闻，以受众为中心，才能更好地发展。

（二）资金来源单一，中心自负盈亏

各级融媒体中心的建设成本包含各类硬件成本及其运行的各类软件成本，还包括运营的团队及采编人员的人力成本，后续仍须持续投入成本。黔南州县级融媒体中心的硬件成本来源多为政府拨款，但对口融媒体建设的财政投入总体偏低。各县在新媒体平台的软件成本和运行成本上需要独立自主,自负盈亏。对于欠发达地区的县级财政而言,百万元起步,动辄千万元的价格,若后续没有市场化管理和广告收入的话,也确实难以为继。由于县级市地区较小,不能也不可以以纯新闻的模式发展下去,所以,如何将县级融媒体中心和商业模式挂钩可以说是融媒体发展的核心。例如,浙江长兴县融媒体中心,2018 年总营收 2.32 亿元,其中,网络营销 1.12 亿元,广告收入 5674 万元,智慧类项目收入 5000 万元。因此,发展商业模式势在必行。

(三)机构难以协调,人才专业程度不足

目前,从全国范围内来看,融媒体建设应该依托电视台。但是在黔南州,广电系统主导的县级融媒体中心则表现出较弱的整合性,县级融媒体机制不活,机构臃肿,难以统筹发展是一个严重的问题,在州本级都匀市,黔南电视台和《黔南日报》的微信公众号就有"微黔南""微微黔南""掌上 V 黔南""山水黔南""看黔南等"等,导致内容同质化较严重,原创的优质内容相对较少。例如,黔南州老师受到国家表彰,黔南的旅游地点免票等信息,均在多个微信推送中出现,内容大致相同,只是换了个标题。优质内容少,加上受众黏性本就不足,有限受众群体还要受到各种媒体的分流、收割,县级融媒体的发展所受到的限制就会更大。

另外,各个县市级融媒体中心在运营和管理上"单打独斗,各自为政"的情况较严重,彼此之间没有进行交互与合作。在新媒体平台上开通账号,进行传播介质的融合不是真正的融媒体。理念,才是融合的关键,即依托"中央厨房"技术支持,整合优质资源,形成具有地域特色的融媒体平台。类似于浙江安吉县和长兴县:浙江安吉县除了用 App 做强主流媒体、放大传播效益外,还把县城范围内分散在各部门、乡镇的一些媒体资源做进一步整合;浙江长兴县停办了 220 多个镇级村务微信公众号,并入县级融媒体中心。

专业素养的传媒人才在发展过程中显得尤为重要,融媒体人才是媒介融合创意与执行的保证。从黔南州范围乃至省市范围来说,既能对新闻规律比

较熟悉，又能在新媒体方面有所建树；既能熟练地进行信息的收集与分类，又能灵活地使用和学习新媒体技术，用增量带动存量的融媒体人才寥寥无几。而县级层面的媒体机构缺乏专业的运营团队，当前新媒体运营平台，没有科学合理的人才管理机制和人才选拔机制，优秀的人才无法脱颖而出，人才流失，留不住人才等问题较为严重。人才缺乏已经成为制约黔南州县级融媒体中心发展的一个重要因素。目前，各个州县级融媒体中心的人员构成大部分来源于电视台、报社的各个部门，专项技术人才较少，会进行完整H5页面制作和网页制作的人才更是缺乏。

二 黔南州各县市融媒体发展的发展路径探索

（一）以信息服务理念推动媒体融合发展

党的十九大报告指出，政府机构和行政体制改革归根结底是要"转变政府职能，深化简政放权，创新监管方式，增强政府公信力和执行力，建设人民满意的服务型政府"。[1] 服务型政府，就是要求政府利用新媒体渠道，多角度、全方位地公开政务，同时要落实到建设融媒体中心的任务上来，即要求其适应信息服务理念，做到准确把握时代特征，始终站在时代前列和时间前列；将传统的政府管理模式变为信息服务模式，发展"集成式"服务，注重新时代下的个性化服务；立足于黔南地区的政治经济社会发展现状，以全国大的媒介融合趋势为纲本，重视受众的不同点，服务多元化主体，准确、及时地为受众提供需求的信息；并能根据受众的习惯来改变主流发展方向，融合黔南地区的民族和社会文化，制定具有黔南本地特色的内容与宣传策略，"打造为民排忧解难，做基层群众的思想政治工作的重要平台，把基层百姓所需所盼与党委政府积极作为对接起来，把服务延伸到基层、问题解决在基层"，[2] 强化满足用户群的具体需求和靶向推广，以传播优质、亲民

[1]《建设人民满意的服务型政府》（对话·新征程 新作为），《人民日报》2017年12月6日。
[2] 中宣部在浙江省湖州市长兴县召开县级融媒体中心建设现场推进会上发表的讲话。

内容为目的填补基层价值"洼地"。

以往，我们的传播模式是以传播主体为主的宣传范式。这种上传下达程序化式的传播，大众媒介处于一个强势的地位，往往不太注重受众个体的想法和特点。在融媒体中心发展道路上，再复制以前的宣传范式是行不通的。脱离现实需求的媒介融合，只能被称为传播技术的堆砌，媒介边界并没有消融。基于数字化时代和5G技术的机遇，县级融媒体中心也迫切需要进行范式的转型，即将受众变身成用户，对用户进行"精准营销"，重视用户个性化需求，提升信息生产质量，完善信息消费机制。以用户需求为"王"，完美解决用户的需求，加强其在信息生产和消费过程的参与度、认知度和信任度。可以通过使用超链接，即首页新闻内容均为短小的信息，满足用户碎片化的阅读习惯。但同时在信息旁边增加新闻超链接，这样也能满足用户对于详细信息的需求。这是黔南州县级媒体融合中心建设和发展的重要路径。

（二）重构结构体系，畅通融媒体运行血液

目前，黔南州的结构体系机制不活，机构相对来说比较臃肿，各个融媒体中心缺乏联系和相融沟通，难以统筹发展。在指导意见上，习近平总书记强调："尽快从相'加'，阶段迈向相'融'阶段，从'你是你、我是我'变成'你中有我、我中有你'，进而变成'你就是我、我就是你'，着力打造一批新型主流媒体。"[①] 所以在发展过程中，借助各级媒体平台和优势资源，重点利用好上游新闻等主流媒体（省、市级媒体）与区县媒体联结展开融媒体建设是发展的好办法。以云端为核心建设，并进行布局结构的转变，以市级为主阵地、排头兵，以区县级为辅助，形成融合发展共建的局面。同时建立共创共享数据平台、统分协同的体系，成片化、成规模化地在黔南地区推动具有贵州特色、黔南特色的融媒体中心建设不失为一个好办法。

目前，在黔南州委宣传部、黔南州网信办的指导下，12个县市整合

---

① "2·19"党的新闻舆论工作座谈会上习近平同志发布的重要讲话。

起来,打造州市县全覆盖的新媒体矩阵——黔南州客户端集群平台,以都匀市的融媒体中心客户端为"头部"的客户端,其他11个县(市)级融媒体客户端为"身体"的客户端,形成"头部+身体""1+11"的组合客户端。在服务、技术等多个层面都形成了统一标准,既形成了统一的技术标准,又有了熟悉新媒体技术的人才,保证了整体集群良好、有序地发展。由都匀市主打的客户端将各个县(市)级媒体连接起来,共享内容渠道、用户管理、技术支持、数据传输,打造媒体深度融合的"黔南样本"。12个客户端看似互不干涉,实则相互关联,为联合运营打下了良好基础。在报道过程中,对于热点事件实现资源共享互助,展开联动报道和跟踪报道,形成"中央厨房"式的融媒体传播局面,进一步加强了主流媒体正面宣传的思考与探索,提升了用户黏度,提高县(市)级融媒体的传播力、引导力、影响力。除此之外,重构机制还能倒逼各县(市)级融媒体新闻生产采编流程再打造,使融媒体运行畅通无阻。分层级的采编调度中心,提升融媒体中心的管理水平,全面打通"两微一端"新媒体平台及传统媒体平台。此外,以新闻政务服务为主导,整合城市生活服务,打造智慧黔南。将具有黔南特色的服务延伸到基层。做到强化延伸服务,以"媒介+产业"的方式为突破点,打造跨界融合,如"媒体+教育""媒体+医疗"等,类似桐梓县融媒体中心的"娄山关",就很好地服务了群众。"娄山关"推出了"五彩桐梓·最美乡镇""五彩桐梓·最美校园""五彩桐梓·最美派出所"系列评选,以及"乐趣村跑"小游戏、"保护母亲河"万人签名等互动活动。此外,"娄山关"的官方微信公众号形成了一个客户端模式,集缴水费、买火车票、买电影票、买客车票、买电话费等功能于一体,"娄山关"发展之路为县级融媒体发展转型探索出了一条创新之路。

(三)建立专业的人才队伍,培养有信息消费能力的用户群体

县级融媒体在目前的发展过程中,存在融媒体专业技术人才匮乏,人才队伍建设不足等问题。县级融媒体的建设需要有相关运营和技术支持的人

员，例如，生产优质新闻原创内容并能将其通过多渠道多手段传播等环节就需要运营者自身具有较强的文字写作能力、图片视频剪辑能力，分析可视化数据及其他多类新媒体技术。所以，当前县级融媒体中心亟待建设一支"听党指挥、能打胜仗、作风优良"的人才队伍。那么，应当如何建设呢？首先，县级融媒体中心可以采取项目化的管理模式，即摒弃之前的上下级管理，提倡一种开放式、扁平化的管理模式，任何在组里的工作人员都可以成为整个项目组的中心。其次，可以抽调各个部门的员工，在不影响原来工作的前提下，按兴趣、专长、资源优势等方面组队。由于是以内容建设为驱动，各项目人员能扬长避短，发挥自己的能动性，尽自己的最大努力，在最大限度上保证了项目的质量，极大地激发了记者、编辑的创作热情。除了留住人才，县级融媒体中心还应该在人才培养和建设方面下功夫，从人才引进和人才培训两个方面，双管齐下建设人才队伍。比如，与黔南州各地高校签订人才培养协议，让县级优秀员工去上级媒体中心进行参观学习，鼓励具有优秀采编能力的媒体人转移至县级平台，开展"传教帮"。

在上述基础上，适当增加融媒体中心编制，或者以县级财政支撑进行外聘。健全新媒体人保障和鼓励机制，建立健全考核指标体系，鼓励创新，改变事业单位"机关化"倾向，解决"干好干坏一个样"的问题，调动起员工的积极性。

有好的作品，但没有信息消费的人群也是无法发展的。当前，由于信息技术的飞速发展，我国绝大部分网民依然在区县级城市。所以，如何发掘这一部分用户的消费潜力？培养出一支高素质的、有能力进行信息生产和信息消费的生力军队伍，也是县级融媒体发展过程中不可忽视的一环。

（四）实现多种媒体功能的融合，多渠道拓宽资金来源

在优化整合县级优势资源的同时，不断发展县级融媒体的建设。前文已经提及，媒体融合不仅意味着媒介传播介质的融合，而且意味着整个媒体的机构平台、人员体制的交融协作，是传播理念与传播方式的融合，更是利益的融合。以都匀为例，其在媒体融合发展过程中可以把融媒体中心的定位同

新闻、民生、电商结合起来。

我国以往的传统媒体主要担任的是政府的宣传功能，是党的喉舌，而自负盈亏的能力相对较弱。随着时代的进步和数字媒体的发展，媒体的聚合资本功能和正面宣传功能显现得尤为重要。如何在进行党的宣传事业的同时，兼顾社会效益和资本效益，是融媒体中心面临又一个巨大的挑战。

这种探索自筹资金的途径与方法值得学习和借鉴。目前，县级融媒体中心尝试利用客户端平台对下属平台进行统一部署以及市场化管理，以重庆巫山县为例，在获取广告营收的同时又保证了正确的舆论导向和社会效益。浙江长兴传媒每年完成将近100部专题片，仅仅专题制作创收就达400万元。黔南州地处贵州，拥有丰富的旅游资源，结合黔南的旅游资源，强化实效，做好黔南州自己的专题片和纪录片，并利用其为自己创收，再比如在推进县城电商发展方面，县级融媒体具有先天优势。首先，县城可以基于自己的优势产业为融媒体中心提供资金保障和运营支撑，整合传统媒体与新兴媒体所带来的流量，可以提高电商的点击率和曝光率；其次，媒介可以利用自己在民众心中的公信力为电商产品进行宣传，使其进行病毒式地传播。反过来，高质量的产品反作用于县级融媒体平台，使用户对于融媒体中心的信任程度增大；同时县级融媒体中心还能收取广告费。

县级融媒体由于拥有得天独厚的优势，能够连接电商商家和买家，可以利用大数据进行买家的数据整合、挖掘，更好地实现资源配置，加大产业扶持的力度与效度，也能根据买家的不同需求进行个性化的推送。江苏邳州县级融媒体中心就以各种营销活动为切入点，整合电视、广播、报纸、新媒体等各平台资源，提供线上线下的策划、创意、推广、执行等专业服务，间接带动或直接参与产品销售，助力客户树立品牌形象，打开更大市场，年组织营销活动由2015年的50多个迅速增长到2017年的近200个，创收额度也不断增大，2017年行业内营销活动收入突破500万元。①

---

① 唐瑞峰：《这七大县级融媒体中心是如何实现百万甚至上亿收入的？》，搜狐，2019年5月30日。

最后，融媒体建设可以立足本地特色产业，以为产品进行互联网营销作为突破点，进一步增强融媒体的影响力，同时还能赚取收入，为县市的宣传和经济发展做贡献。

黔南州融媒体的建设道路很长，无论如何进行自筹资金，都需要坚守自己的初心，将党的宣传事业放在第一位，把握正确的政治方向，正面引导舆论、价值取向，做好党的喉舌，做到"党委主导、市场推动、共建共赢"，只有如此，媒体融合建设才能不断地攻克难题，突破瓶颈，经久不衰地发展下去。

2019年1月25日，习近平总书记在视察人民日报时指出，"推动媒体融合发展、建设全媒体就成为我们面临的一项紧迫课题"。融媒体的建设还在不断地探索和完善当中。5G时代即将到来，黔南州融媒体建设如何利用5G，实现弯道超车。打造基于互联网平台的移动媒体新平台，通过社会化的传播将信息接入移动用户，打造忠实的用户群体，在为整个国家的舆论生态和信息传播带来改变的同时，促进新闻教育事业更好发展，促进就业，维护社会安定团结。

参考文献

陈汝东：《以信息服务理念推动县级媒体融合发展》，《人民论坛》2019年第19期。

方提、尹韵公：《论县级融媒体中心建设的重大意义与实现路径》，《现代传播（中国传媒大学学报）》2019年第41（04）期。

陈国权、付莎莎：《传播力建设的最后一公里——县级融媒体中心建设路径》，《新闻与写作》2018年第11期。

碎金：《如何抓好县级融媒体中心建设打造县级新型主流媒体探究》，《新媒体研究》2018年第4（19）期。

朱春阳：《县级融媒体中心建设的任务、核心问题与未来方向》，《传媒评论》2018年第10期。

谢新洲、黄杨：《我国县级融媒体建设的现状与问题》，《中国记者》2018年第10期。

栾轶玫：《信息传播与公共服务：县级融媒体中心建设的"双融合"》，《视听界》2018年第5期。

朱春阳：《县级融媒体中心建设：经验坐标、发展机遇与路径创新》，《新闻界》2018年第9期。

王晖：《创新传播手段 打造舆论新平台——江西日报社以"赣鄱云"推进县级融媒体中心建设的探索与实践》，《新闻战线》2018年第9期。

王娇：《论媒体融合视野下县级电视台的发展之路》，西南大学硕士学位论文，2017。

B.5 黔南州民族文化旅游产业发展研究报告

陈长秀*

摘　要： 文化是旅游的灵魂，旅游是文化传播的载体。在民族地区开展民族文化旅游发展研究，推动民族文化与旅游产业的高度融合，有利于提升民族地区知名度、美誉度，有利于促进民族地区经济社会创新发展。中共贵州省委常委会专题听取黔南州工作情况汇报时，要求黔南州"要坚持'三游'并重，既抓好自然景观游，又抓好民族文化游，还要抓好天文科普游"。因此，民族文化旅游对于黔南来说显得极为重要，抓好民族文化旅游产业研究，推进民族地区经济社会繁荣发展任重道远。

关键词： 民族文化　旅游产业　黔南州

　　黔南民族风情绚丽多姿，自然生态环境优美，得天独厚的地形地貌演变造就了许多奇异的自然旅游资源，最为突出的是国内外知名的靓丽名片——中国天眼、地球上的绿宝石和世界自然遗产地荔波及其大小七孔，还有享有盛誉的三都水族风情、瓮安猴场会议会址、都匀毛尖茶观光长廊等，为黔南州实施大旅游发展战略、打造全域旅游的目的地提供了独特条件和重大机遇。

　　旅游属于一种消费行为，是人们到生活和工作以外的地方去欣赏自然景

---

* 陈长秀，黔南州人大常委会研究室副主任，研究方向为行政管理、领导科学、民族文化、历史文化等。

观、人文景观，从而满足内心愉悦的需求，包括食、宿、购、游、娱等方面。旅游的本质核心是游，在游中感受和体验，是一种精神文化活动、一种文化认同及其需求。从近几年旅游业发展情况看，相比单纯的风景观赏和生态旅游，富有文化元素的观光、度假等形式的文化旅游成为越来越多游客的选择。文化旅游能为旅游者提供大量而又丰富的不一般的文化知识，使游客能够接受艺术熏陶，提升文化修养，从中得到感悟与升华，并持着文化审美和文化品鉴的心态进行活动，渴望在旅游中得到生活、生态、文化的滋养与收获，从而烙上有意义的旅游记忆。

一 全州民族文化旅游产业发展现状

（一）资源状况

黔南自治州有420多万人口，居住着布依、苗、水、瑶、毛南等17个少数民族，少数民族人口占58%。各民族能歌善舞，民族风情古朴典雅，民族风格各具特色，民族文化多姿多彩。

1. 历史积淀

据史料记载，早在殷周时期，黔南境内就有了许多部族活动。进入唐朝，中央政府加强了对少数民族的统治，唐、宋、元、明时期设立多个府、州、县，黔南推行土司制度，境内分属都云定云安抚司、庆云南丹安抚司。雍正四年，清政府在黔南强制推行"改土归流"，废除土司世袭制，撤销"卫所"等军事地域，将其并入府、州、厅、县等行政区域，黔南地区分属于贵阳府、都匀府、独山州。1935年，国民党中央政府开始插手管理贵州，设立行政督察区，黔南分属第一、第七、第十一行政督察区。1949年11月，都匀县城解放，随即成立独山专区，专员公署驻都匀县城，辖都匀、独山、平塘、罗甸、三都、荔波、麻江、黎平、榕江、从江、丹寨11个县。1956年8月，自治州建立后辖都匀、独山、平塘、荔波、三都、长顺、惠水、罗甸、紫云、镇宁、望谟、册亨、安龙、贞丰共14个县。1958年，贵定、龙里、福泉、瓮安四县从安顺专区划归黔南州，望谟、册亨、安龙、贞丰、镇宁、紫云等划归安顺专区，随后至1963年，全州行政区划基本稳定。

黔南的历史人文资源沉淀深厚，黔南是西南文化巨儒莫友芝先生故里，是中共一大代表邓恩铭的故乡，还有张三丰修道道教遗址及日军南线北上覆灭地——独山深河等。非物质文化遗产主要有三都水族马尾绣，水族九阡酒，水族水书文化，平塘牙舟陶瓷，惠水芦山手工造纸，布依族土布扎染工艺，都匀毛尖茶制作工艺，竹编画制作工艺，独山盐酸、虾酸、臭酸制作工艺，黄糕粑制作工艺等。

2. 自然禀赋

黔南喀斯特地貌凸显，以荔波茂兰为代表的喀斯特原始森林南部区域随处可见，是全球特有的喀斯特典型区域，截至2019年8月，全州森林覆盖率为64.66%。境内自然景观优美，山水风光宜人，主要有荔波大小七孔、平塘"中国天眼"和"藏字石"景区、独山"独秀峰""天洞"和紫林山国家级森林公园、三都"咕噜蛋"、瓮安江界河国家风景名胜区、惠水涟江燕子洞、罗甸千岛湖等，这些独特的山水风光为旅游产业发展提供了优厚资源。以荔波世界自然遗产地为例，这一地球上的绿宝石，主要包括茂兰国家级自然保护区和樟江大小七孔景区，茂兰国家级自然保护区是地球同纬度上绝无仅有的喀斯特生态系统，拥有30多万亩连片的喀斯特原始森林，能够给游客带来无尽的天然、绿色享受和精神满足。樟江大小七孔景区，集山、水、林、湖、瀑于一体，以奇、静、幽、秀、美著称，目前已开发并对外开放的小七孔景区是一个长12公里、宽约1公里的狭长幽谷，沿线将领略到小七孔古桥、涵碧潭、拉雅瀑布、跌水瀑布、野猪林、水上森林、鸳鸯湖、卧龙潭等美景；大七孔景区以峡谷伏流、奇峰溶洞、原始森林为主要景观，惊险奇特，气势磅礴，令人激情澎湃。又如，坐落于平塘县境内的500米口径球面射电望远镜，有"中国天眼"的美誉，历经22年筹备选址、五年半的实际建造，于2016年9月正式投入运行使用，是目前世界上最大的球面射电望远镜，它探测的灵敏度比世界上最先进的美国阿雷西博望远镜高出2.5倍，综合性能提高10倍还要多，可将我国空间测控能力从月球延伸到太阳系以外的边缘，它能探测的范围在130多亿光年以内，也就是宇宙边缘，在今后30多年时间里仍能保持世界一流地位。科学家们建"中国天眼"的初心是想用它探测宇宙中的脉冲星，到底宇宙当中有没有别的生命、别的文明存在，还可探测宇宙当中的暗物质、暗能量及黑洞等，进一步探索研究宇宙是什么时候起源的，这是一个令人肃然起敬的巨大工程。在保证"中国天眼"安全有效运行的同时，州县两级党委、政府在国家天文科技部门帮助指导下，大力建设平塘天文小镇，着力打造平塘国际射电天文科学旅游文化园。目前，国际天文体验馆等重大设施已建成并对外开放，"中国天眼"正聚焦全球目光，成为中外游客赴黔南旅游和考察的必选目的地。

3. 歌舞文化

有人说，"黔南各族群众能走路就会跳舞，能说话就会唱歌，能饮水就会喝酒"，这并不夸张。黔南歌舞文化异彩纷呈，民族音乐风格各异，如布依族的布依山歌、情歌对唱；苗族的情歌、飞歌、祭祀歌和芦笙曲调；水族的大歌和小歌等。民族乐器有布依族的铜鼓、唢呐，苗族的芦笙、古瓢琴，水族的铜鼓、牛皮鼓等。民族舞蹈有布依族的八音舞、响篙舞、扫把舞，苗族的板凳舞、芦笙长鼓舞，水族的斗角舞等。

4. 饮食特点

独特的气候条件造就了黔南各民族独有的饮食文化，形成了许多风味各异的民族特色佳肴。著称的"独山三酸"（臭酸、虾酸、盐酸）中的"独山盐酸"，被鲁迅先生赞誉为"中国第一素菜"。荔波县的烤乳猪、烤香猪和腌制生肉成为旅游必尝佳品、必购赠品，三都县的"韭菜蒸鱼"更是桌上大餐，独山县的下司干粉、惠水县的芦山豆腐皮、都匀市的墨冲角角鱼、贵定县盘江狗肉、岩下娃娃鱼等，常常激起食客们的垂涎。

5. 节日氛围

黔南民族节日种类数位居贵州之首，有布依族的"四月八""六月六""七月半""八月十五"，有苗族的"吃新节""姊妹节""米花节"，有水族的"端节""卯节""霞节"。其中，"端节"是民族节日中最漫长的节日，自秋收开始，以都匀市的王司一带为领头，分片区寨族，轮流过节，至冬月终结。"卯节"堪称"东方情人节"，常常引起中外游客神往。

（二）发展状况

党的十八大以来，全州各级党委、政府高度重视文化旅游产业的发展，坚持把文化旅游产业作为一项重要工作来抓，以旅游产业发展全景式打造、全季节体验、全产业发展、全方位服务、全社会参与、全区域管理为突破口，赋予民族文化旅游新灵魂，大力推进民族文化旅游，文化旅游产业发展取得明显成效。全州各类旅游产品涵盖旅游工艺品、旅游特色食品、旅游茶品、旅游酒品、旅游纺织品、旅游特色药材等共700多种，旅游产业方兴未艾。各县市加快景区建设打造，全州共有12个景区列入贵州省100个重点旅游景区建设。目前，全州境内A级旅游景区46个，其中，荔波樟江景区提升为国家5A级景区。自治州每年的旅游收入都保持两位数增长，2018年，全州旅游综合测评指数为74.57，接待国内过夜游客753.12万人次，旅游产业招商引资签约749.3亿元，到位资金29.95亿元，一幅幅全力打造旅游产业发展的新画卷正在自治州大地徐徐展现。

表1　黔南旅游总增幅及全省排位

单位：亿元，%

年份	全省排位	测算指标	旅游总收入	增幅
2012	8	旅游总收入及增幅	250.18	48.80
2013	6	旅游总收入及增幅	280.24	27.4
2014	4	旅游总收入及增幅	344.98	23.1
2015	6	旅游总收入及增幅	422.59	22.5
2016	6	旅游总收入、外省游客人数、入境游客人数及3项指标增幅	603.04	42.7
2017	5	旅游总收入、外省游客人数、入境游客人数及3项指标增幅	855.23	41.82

1. 强化提质带动增值升级增效

2017年,围绕"世遗旅游",荔波县对各景区提质升级投资达81亿元,建成大小七孔游客集散中心、冰雪水世界主题公园、邓恩铭故居陈列馆等20多个项目,使旅游各类气质不断跃升,品质大幅提升。荔波大小七孔景区通过提质,承载量由原来的2.5万人提升到4.5万人,2018年,国庆、暑假平均日接待游客量分别为3.3万~3.5万人和2.4万~2.8万人,其中,暑假期间持续27天日接待量达3万多人,持续11天日接待4万多人。暑假入园游客146万多人,门票收入达6718万元。国庆期间,景区游客量达到顶峰状态,日接待游客达4.3万人,仅10月2日、3日每天收入突破300万元,景区游客数量大幅度增加,投诉人数大幅度减少,呈现"一升一降"的良好态势,这就是提质升级带来的效果。

表2 黔南各县（市）旅客入住数

县（市）	国内过夜游客(万人次) 2018年1~7月	国内过夜游客(万人次) 2019年1~7月	同比增长（%）	入境过夜游客(人次) 2018年1~7月	入境过夜游客(人次) 2019年1~7月	同比增长（%）
黔南州	405.90	473.38	16.62	7404	13017	75.81
都匀	108.89	143.95	32.20	1925	3169	64.62
福泉	26.77	29.00	8.31	195	221	13.33
荔波	73.37	96.56	31.61	2161	4748	119.71
贵定	13.98	15.85	13.43	168	139	-17.26
瓮安	34.66	30.49	-12.02	92	700	660.87
独山	28.70	29.18	1.66	205	206	0.49
平塘	20.96	27.50	31.16	1176	1689	43.62
罗甸	21.82	15.31	-29.86	113	87	-23.01
长顺	9.45	12.57	33.00	125	156	24.80
龙里	19.47	29.82	53.15	582	1239	112.89
惠水	25.64	24.11	-5.98	551	562	2.00
三都	22.18	19.04	-14.16	111	101	-9.01

龙里双龙中铁巫山峡谷景区旅游客源持续火爆,门票收入突破亿元大关。龙里油画大草原景区建成1300多米观光索道、玻璃桥、滑草、滑索等

游乐设施，极大地吸引了众多外来旅游客人。

2.依托精品线路拓展业态

围绕荔波世界自然遗产地，打造贵阳—都匀—三都—荔波—独山精品线路，形成世界自然遗产之旅；围绕天文科普，打造贵阳—惠水—平塘"中国天眼"瞭望线；围绕休闲旅游，打造贵阳—龙里—贵定—惠水—长顺等北部区域旅游协调康养休闲区；围绕贵广高铁、贵南高铁，依托都匀毛尖小镇、汉唐影视城、三线文化园，开展国际足球赛、格多苗寨民族文化节庆等活动，极大地拉动大量游客，构建全域旅游新格局。

2019年上半年，黔南州文化旅游产业保持高位增长，截至8月底，各景区景点接待游客7898万人，同比增长33.32%；旅游总收入736亿元，同比增长38.9%；省外游客3502万人次，同比增长44.2%；入境游客1.5万人次，过夜游客382.7万人次，同比增长18.3%；景区接待游客人数3920.5万人次，同比增长26.14%；文化体育娱乐业发展迅速，全州现有规模以上文化体育娱乐业企业83家，上半年营业收入2.74亿元，增速2.9%。固定资产投资有序按计划推进，正在实施的46个项目中，已完成投资24.6亿元。与此同时，加强对游客聚集地公共厕所的改造，在景区景点、高速公路服务区、高铁站以及汽车站建成一批旅游服务中心，建造旅游步道近300公里，建成充电桩近百个，停车场300多个，可满足近万辆车的停车位。

旅游住宿条件大幅改善。着力改造提升有品位、有档次、有特色，可满足不同游客需求的精品酒店、宾馆，全州向市场推出一大批旅游酒店、客栈、乡村民宿等，床位达20多万张，基本解决吃饭和住宿的问题。如荔波的水铺民宿、独山的朴语山居、贵定的有客民宿等都很受游客青睐。

特色餐饮逐步显现。贵定的盘江狗肉特色餐饮、都匀三线文化园海鲜特色餐饮、荔波古镇美食餐饮，为游客提供美好的去处。

通过招商引资、项目申报等方式融资，目前，全州已打造出5A级景区1个，即荔波樟江景区。建成平塘掌布藏字石景区、中国天眼景区、龙里双龙巫山峡景区、瓮安草场千家古邑景区、福泉古城文化旅游景区、惠水好花红乡村旅游区、都匀茶文化影视小镇景区、贵定金海雪山景区等8个4A级

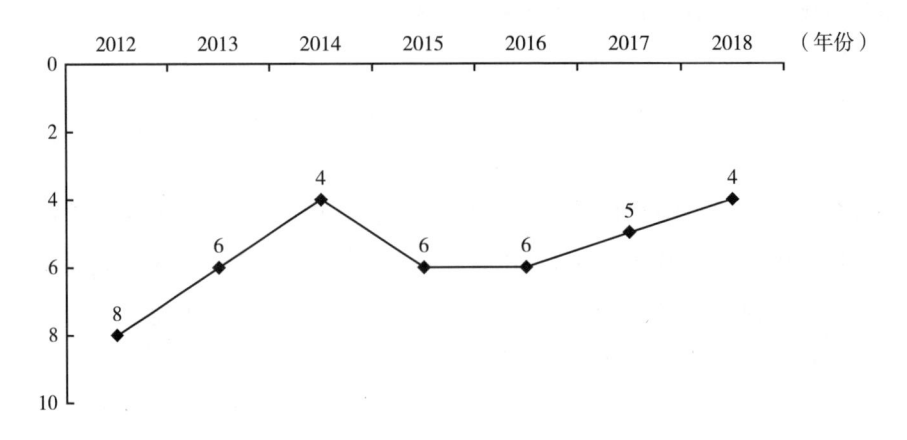

图 1　黔南州旅游 2012~2018 年在全省排位走势

景区。同时，建成都匀文峰园、长顺杜鹃湖、都匀斗篷山、龙里龙架山、三都姑鲁产蛋、荔波瑶山古寨、惠水涟江公园、瓮安朱家山公园、平塘平舟康养乐园、福泉黄丝村、荔波古镇、福泉双谷生态、都匀青云湖、龙里大草原、罗甸天眼驿站、千岛湖、都匀杉木湖、荔波邓恩铭故居、荔波寨票民宿、龙里十里刺梨沟、平塘甲茶、贵定阳宝山佛教、独山天洞、贵定云雾茶乡旅、荔波佳荣大土寨、梦柳布依风情小镇、龙里湾滩河孔雀寨、荔波瑶麓青瑶古风园、平塘六硐、长顺神仙谷等30多个3A级景区。此外，独山深河抗日文化园、影山奎文阁、都匀东山公园等一批2A级景区正在加紧建设中。

黔南州在2015~2030年这15年的规划中将共建4个龙头旅游项目（平塘大射电落户地、平塘天眼和天坑群景区、三都水族文化风情谷—尧人山生态旅游景区、荔波漳江国家风景区），分为荔波旅游集散中心、都匀旅游集散中心两个旅游集散中心；设置27个重点旅游项目，分别为瓮安3个、福泉2个、都匀4个、三都3个、独山2个、荔波2个、平塘2个、贵定1个、龙里2个、惠水2个、长顺1个、罗甸3个，11个旅游服务节点，分别为江界河、瓮安、福泉、龙里、惠水、长顺、平塘、克度、罗甸、独山、三都，4个旅游发展带，分别为"长顺-惠水-平塘带""都匀-独山-荔波带""龙里-贵定-都匀-三都带""三都-荔波带"。根据城镇规划体系，统筹旅游发展资源。

3. 提升经营服务水准办好节会

高度重视办好旅游节对推动旅游产业发展具有促进作用，全州上下牢固树立抓旅游就是抓产业的理念，以实施"九大工程"为抓手，把旅游产业作为重要支柱产业进行打造。各县（市）轮流当东道主，相继承办了一次次全州旅游发展大会，努力实现举办一届旅游产业发展大会提升一座旅游城市品位、推出一批旅游景区、建成一批旅游项目，推动文化旅游的高度融合等目标。

黔南，通过旅发大会举办，有效拉动了旅游产业大发展。2008年9月，全州首届旅发大会在平塘县掌布景区召开，拉开了黔南旅游发展史上的崭新一页。随后，相继举办了第二、三、四届旅发大会暨剑江民族风情节、水族文化节、乡村旅游文化节。2015年5月，在荔波以"世遗荔波、健康之旅——人与自然和谐发展"为主题召开的第七届全州旅游发展大会上，来自俄罗斯、美国、英国、加拿大、澳大利亚、德国、西班牙等20多个国家驻华大使馆、领事馆官员和数百名来自香港、澳门、台湾、北京、上海等地的100多家旅行社负责人、旅行商出席会议，这次大会参与人数最多，这届旅发大会期间，仅荔波县就接待中外游客23万多人，带动旅游产业综合收入2.16亿元。目前，全州已成功举办13届旅游产业发展大会，每一届旅发大会的举办，都极大地改善了当地的基础设施条件，带动了地方经济的发展，提高了黔南的知名度美誉度。

黔南法治旅游正在步入正轨，《黔南布依族苗族自治州旅游发展条例》颁布实施后，各级人民政府高度重视旅游法律法规的宣传、贯彻和执行，充分发挥法规对旅游产业发展的引领推动作用。

二 存在的主要问题

（一）对民族文化旅游产业的研发不够

实践证明，只有精品才能牵引市场，带动区域旅游业发展；只有根据各

民族文化的特点，有重点地提炼民族文化中最具代表性和特色元素的资源，才能形成具有民族文化内涵、特色鲜明的民族文化旅游产品，最终打造民族文化旅游产业。全州民族文化旅游产品虽然种类不少，但规模小，档次低，精品还不够突出。特别是产业化程度较低，旅游项目同质化比较严重，部分项目定位不清。有的地方和部门对民族文化旅游认识肤浅，资源优势未能转化为旅游优势，民族文化精华未能打造成民族文化精品，如简单地把民族风情活动视为"节庆"，使各种节日层出不穷。一个自治州有几十个节日、节庆，没有形成"主打产品"，人造的节庆更显得没有生命力，如独山县在上道阳地村这样一个没有布依元素、不懂布依语言的村寨强行打造"布依文化村"，其生命力可想而知。对民族文化旅游资源认识不足，导致在挖掘和研发上往往形成开发层次低，仅以景点旅游观光为主，许多产品形式雷同，不能凸显民族文化特色，使游客没有感受和体验到异域的风情。

（二）民族文化风情缺乏展示平台和研究场所

民族文化风情要向游客展现和传播，必须有载体和固定场所。没有高端的宣传载体，再美的民族风情、再纯的民族文化也不能集中展现，就不能给游客以强烈的视觉冲击，更谈不上切身体验。以荔波小大七孔景区为例，没有民族风情常态化表演，没有游客等大众参与的休闲娱乐，没有民族文化艺术交流等，游客只能感受到山水风光，没有融入民族风情中去体验，不能满足现代游客的自我表现欲，使旅游者对民族文化没有认知感。

（三）营销整合力度不够

宣传碎片化，各赶各的"马车"，各跳各的"舞"，各县市"单打独斗"，没有形成全州"一盘棋"，构建不起旅游形象、服务、内容统筹推进的营销格局，对整体打造全域旅游和国际旅游目的地的作用较小。

（四）旅游体制机制改革力度不够

旅游部门职能不够显现，部分县市旅游人才匮乏，人员严重不足，运转难度大，特别是在导游队伍的培育发展上仍然存在很大缺陷，不仅人数少，而且气质素质欠佳。

（五）规划滞后

黔南州各类文化旅游产业发展规划站位不够高，不能引领推动旅游产业发展；各县（市）的旅游发展规划，由于编制单位对自然生态、历史文化、民族风情、经济社会发展等缺乏深度研究，专项规划不配套，没有与城乡发展规划、土地利用规划、民族文化发展规划、生态环境保护规划等有机统一，大旅游理念没有成为社会自觉。

（六）部门协调不一致

旅游业是综合性产业，涉及多部门、多行业、多领域，由于政府统筹协调抓得不紧不细，有的部门和单位认为旅游是旅游部门、公安部门、文化部门的事，与己关系不大，导致袖手旁观，看热闹，看稀奇，未能从主人翁的角度去主动做好旅游的事情，齐抓旅游的社会氛围不浓。

（七）经费投入不足

首先，州、县两级层面"跑上"力度不够，黔东南州有一个县每村争取到中央国家部委和省支持不少于150万元的民族文化建设专项资金，经过包装打造，每周各村轮留到县城进行展演，做到坚持不懈，形成常态，反响很大。而黔东南州争取到国家部委和省的民族文化资金还不如该县一个乡。其次，对部门项目资金的统筹力度不够，没有做好"共煮一锅饭，各敬各的神"，未能有效整合项目资金打造高端有特色的旅游产品。最后，旅游招商引资难度大，招商对象受经济下行影响，对投资行为显得极为谨慎，考察座谈多，协议签约少，招商项目难落地，到位资金更是少之又少。

（八）智慧旅游发展滞后

智慧旅游咨询服务综合平台不够完善，游客可使用的网络平台少。缺乏统一的服务，不能为自驾游或自助的游客提供在游客集散中心就能享受的咨询、购票、加油、租车、休息、换车"一站式"服务，给游客带来不便。景区建设普遍存在规模小，信息化层次低，人性化、便利化服务设施布局不合理，不能给游客满意的游中体验等问题。

三 加快全州民族文化旅游产业发展的思考

（一）加大对民族文化旅游资源的挖掘和研发力度

民族文化旅游资源包括自然生态、语言、饮食、建筑、传统节日、传统歌舞、信仰、审美等要素，在进行民族文化旅游资源研发时，要特别注意保护好原有的历史文化资源和环境，突出景观的自然风貌，注重包装深化。可以就某一要素进行深加工、精包装，不断丰富其内涵，完善其功能，增强文化旅游产品的吸引力。在民族建筑方面，要认真保护原貌，这些历史建筑是民族发展的见证，是人与自然环境长期适应的产物，有一定学术价值和遗产价值。保护特色村寨古建筑，有利于确立地方特色意象。在民族服饰方面，要结合苗族偏重鲜艳且大红大绿、布依族偏浅且淡蓝灰白、水族色泽偏暗以及瑶族黑白相间等特点，提炼出具有鲜明特点的服饰，不仅给游客带来视觉的感受，也挽救一些被现代文化潮流取代本土文化的服饰。在语言方面，应把语言沟通交流作为旅游开发的一个方面，无论是导游还是当地群众对本土语言必须精通熟练，在与外来游客交流时可以使用普通话，也要教会客人几句本土语言。特别需要引起重视的是，必须加强旅游推介队伍的建设，建设一支有素养高品位的导游团队，加强导游能力素质培训，要求导游要对本土的历史文化、人文景观、节日文化、民族风情、饮食文化以及经济社会发展状况做到心中有数，有的数据要倒背如流，给游客以高水平的印象。

注重各民族文化资源的挖掘、研发和打造，切忌同质化。要突出特色品牌，着力打造精品，共同拓展市场。如"四月八"节日，若打造苗族"四月八"，就不再打造布依族"四月八"，而要打造布依族"六月六"。荔波县拉片村的瑶山歌舞应把主演场放在大小七孔景区去展现，使表演常态化，让游客不仅真切感受到自然景观美，也能体会到丰富多彩的民族文化。又如，都匀茶博园对"茶"的研究要有深度，宣传要有力度，如"茶"的品位、价位、价值、产地等，对于园区工作人员来说必须做到"一口清"。要注重民族文化研究，组织专家、学者和民族文化"高手"，对黔南多元的民族文化进行挖掘、提炼，大手笔构想谋划集民族文化和现代文明于一体的大旅游精品，把最具视觉冲击力、大脑记忆力和宣传感染力的精品打造出来，推动旅游发展转型升级。在研发中，对有突出贡献的领军人物要给予重奖，对有重要贡献的民族文化传承人给予奖励。云南丽江因为有宣科先生创造的纳西古乐，才把丽江推向了国内外；如果荔波、平塘培育有类似领军式的人物或高手，其距离蜚声海内外的目标已不远。当前，要充分运用汉唐影视城和都匀毛尖古镇平台，积极构想旅游业与影视文化相结合的切入点，根据影视情节开发包装旅游景点，建立与影视相匹配的文化园，让游客真实体验到剧情并从中获取不一样的感觉。

（二）深化旅游体制改革

按照州委关于发展大旅游的部署要求，强化顶层设计，按照"大旅游""一盘棋"的理念和"资源一体化管理、旅游一体化发展"的思路，制定具体的改革办法，建立景区所有权、管理权、经营权分离机制，切实协调好政府、企业、群众各方利益关系，理顺管理体制，完善经营机制。要将旅游产业作为一个先导产业进行培育，加强景区运营管理研究，尽快制定黔南州旅游管理体制机制改革方案及实施意见，出台培育和支持涉旅龙头企业的实施方案，切实抓好旅游产业项目库建设。

（三）认真抓好民族文化旅游产业发展规划和运用

充分利用《黔南州生态文化旅游创新区产业发展规划（2014~2025）》成果，抓好"十三五"旅游规划编制的运用。要打破行政区域界限，科学定位发展目标和发展方向。以荔波世遗旅游为核心，整合独山、三都、都匀民族文化旅游资源，打造国际生态旅游休闲度假区；以平塘"中国天眼"为核心，整合平塘、罗甸天文地质旅游资源和惠水百鸟河数字小镇资源，打造中国天文科普体验区。要把景区景点线路规划作为核心抓手，景区与景区之间、景点与景点之间要标新立异，让人耳目一新。全州各景区景点要统一步调，形成全州"一盘棋"，改变现在"单打独斗"的做法。高度重视周边村寨自然风貌、环境管理与景区景点的协调辉映，切实推动全州旅游提质升级。

（四）加大景区景点配套建设特别是乡村生活体验区建设力度

要持续推进乡村文化旅游融合发展，认真设计乡村旅游精品线路，如都匀—三都—荔波—独山、都匀—独山—平塘—罗甸、贵阳—龙里—贵定—惠水—平塘等，使游客既可以来到四季花谷、静心谷景区欣赏不同时节盛开的鲜花，又能体验布依田园生活和农产品采摘。要认真指导完善乡村旅游基础设施和服务功能，在各景区景点要高度重视游客服务中心、农家乐等建设，将饮食文化、歌舞文化、历史文化、民族产品聚为一地，集中展现，使游客能够感受到异域文化的差异，体验到异域文化的氛围，享受到异域文化的成果。

（五）强化组织管理和协调发展服务

高度重视旅游服务规范化、标准化建设，切实加强统筹协调，建立横向统筹协调、纵向层层落实的工作机制，及时研究解决工作中存在的困难和问题。每年要定期或不定期举办文化旅游产业发展研讨会、交流会等系列论坛活动，不断创新扩展论坛的主题，使每一次系列论坛都增添新元素。

（六）拓展投融资渠道，加大投入

建立财政投入、社会参与的投入保障机制，加大旅游专项资金的投入力度，引导更多社会资本投入重大旅游项目和重要旅游设施建设。要采取资源变资产、资金变股金、农民变股民、债权转股权等方式，切实解决旅游发展资金不足的问题；要切实抓好旅游招商引资工作，提高项目履约率、资金到位率；要加大跑上力度，对接好国家部委和省的规划，从政策上、规划上找项目、争资金；按照全州"一盘棋"的思路，统筹各类自然保护区、农业观光示范区、水利风景区、乡村振兴示范区、森林公园、湿地公园、文化体育等建设资金与重点旅游项目融合使用，加大州级项目资金统筹整合力度。举全州之力，把荔波和平塘打造成国际化的旅游目的地；举各县市之力，把历届旅发大会举办地建设成本地旅游精品。要不断巩固，不断完善，不断丰富，把旅游产业发展大会的成功经验进一步深化拓展，借助举办各类推介会、研讨会以及民族歌会舞会，把旅游产业发展大会举办主场地对外宣传推广，通过媒体对外宣传，提高旅游外宣水平。要高度重视景区景点的星级厕所、停车场等公共服务设施建设和人文关怀，提升服务质量。大力推进"互联网＋旅游"和旅游咨询服务网络平台建设，加快黔南旅游大数据建设进程。

B.6
黔南州公共文化服务体系建设发展报告

邓云菊 谌芮*

摘　要： 近年来，黔南州各级文旅体部门在各级党委、政府的大力支持下，紧紧围绕助力脱贫攻坚，采取了一系列政策措施，实施乡村振兴战略目标，以打造"好花红"文旅体品牌为抓手，创新"政府采购、群众参与、社会联动、文化惠民"的文化服务模式，推进文体旅融合发展，加大公共文化建设投入力度，公共文化创建工作取得新进展，文化基础设施不断完善，群众文化生活进一步丰富，全州公共文化服务体系建设得到长足发展。但受基层建设不足、管理机制不顺、扎根基层的专业人才缺乏等因素影响，黔南州公共文化服务体系的总体特征表现为发展中不足，报告对黔南州公共文化服务体系建设状况进行了分析，最后提出相应的对策建议。

关键词： 公共文化　服务体系　文化服务　黔南州

一　黔南州公共文化服务体系现状

（一）经费投入稳定增长

全州各级在积极争取上级对各种文化建设项目投入的同时，进一步加大

---

* 邓云菊，黔南州文化广电和旅游局（体育局）公共服务与艺术管理科科长，研究方向为群众文化和公众文化；谌芮，黔南州非物质文化遗产保护中心（黔南州文化艺术研究所）助理馆员（群众文化系列），研究方向为群众文化。

了对本地文化建设经费的投入。

一是保障公共文化设施建设。近两年来，全州各级共投入公共文化服务设施的建设资金累计超过20亿元，大力夯实基层公共文化服务基础。例如，总计投入4亿余元建设"两馆"项目（见表1）；投入8500万元，改造6个图书馆、3个文化馆；荔波县、福泉市、都匀开发区融资5亿多元，新建福泉文体中心、剧院，荔波剧院，都匀开发区文体中心；同时，积极向上争取资金为乡（镇）综合文化站、社区文化中心（室）配置必要的设施设备。

表1 黔南州"两馆"项目建设资金投入一览

序号	地区	项目	资金
1	黔南州	州博物馆	8604万元
2	黔南州	州图书馆新馆	9000万元
3	黔南州	州文化馆新馆	2400万元
4	瓮安县	瓮安县图书馆、文化馆	9000余万元
5	福泉市	福泉市图书馆、文化馆	5000万元
6	都匀市	都匀市图书馆新馆、文化馆新馆	1亿余元
7	荔波县	荔波县图书馆、文化馆	2000余万元

资料来源：黔南州文广旅局调研数据。

二是保障文化惠民工程建设。近两年，全州用于公共文化活动资金7684.71万元（见表2）。

表2 黔南州公共文化活动资金投入一览

单位：万元

序号	项目	资金
1	"两馆一站"(文化馆、图书馆、乡镇综合文化站)免费开放	2832(每年1416)
2	"送文化下乡"	648(每年324)
3	"戏曲进乡村"	216
4	一般项目补助(主要用于基层公共文化服务项目及人才队伍建设和设施设备的维修购置等)	1989.71
5	绩效奖励(主要用于发放文化惠民卡、公益演出补贴等)	1771
6	易地扶贫搬迁安置点文化服务体系建设	228

资料来源：黔南州文广旅局调研数据。

（二）基础设施建设不断完善

在大量经费投入后，包括黔南州"两馆一站一室"（图书馆、文化馆、乡镇综合文化站，农村文化活动室）在内的公共文化基础设施建设得到了迅速发展。文化基础设施的大力建设和迅速发展使人民群众基本文化权益得到了较好的保障，文化惠民政策得到较好践行。

一是大力建设"两馆一站一室"、农家书屋工程（见表3）。

表3 黔南州"两馆一站一室"、农家书屋工程建设情况一览

序号	级别	项目	建设情况
1	州级	图书馆	1个（建筑面积1974平方米）
2		文化馆	1个（建筑面积1974平方米）
3	县级	图书馆	12个（总建筑面积18092.28平方米）
4		文化馆	12个（总建筑面积25100平方米）
5		文化资源共享工程支中心	12个（电脑420台）
6	乡镇	综合文化站	238个（总建筑面积69700平方米，其中有215个文化站面积在300平方米以上）
7	村（社区）	综合性文化服务中心	592个
8		农村文化活动室	1184个
9		农家书屋	2022个
10		农村文化信息资源共享工程	1898个
11		农民文化家园	310个

资料来源：黔南州文广旅局调研数据。

二是建设公共文化场所。全州建成乡镇农体工程106个，村级农体工程1483个，农村文体广场1982个，农民文化家园310个，文化院坝、文化长廊、文化广场200余个。

三是加快广播电视工程、"村村通""户户用"建设工程实施。建成1164个村村通光缆工程，新增广播电视户户用29.9万户，完成262个村广播电视器材配置。

四是完善设备配置。截至2018年底,黔南州完成296个村级文化活动室设备配置,投入资金近2000万元(分别为长顺16个、独山20个、贵定18个、惠水25个、荔波20个、龙里31个、罗甸26个、平塘21个、三都89个、瓮安30个),设备有两分频全频音响、一体化箱式调音台、电子琴、民族乐器、移动终端、无线路由器等,各县市指定专人对设备进行管理,确保设施设备安装到位并发挥作用。

五是建设公共文化网络。依靠全州公共图书馆"中心馆+总分馆"制建设,由州公共图书馆牵头,联合12个县(市)馆、238个乡镇综合文化站和社区(街道)文化中心、2022个农家书屋,形成全州公共文化服务网络。目前已完成1个中心馆(州图书馆),12个县(市)总馆完成业务整合互连,各县(市)范围内至少已经建成1个以上的分馆或基层服务点,覆盖全州的公共文化服务网络日趋完善。

(三)人才队伍初具规模

人才是建设公共文化服务体系的核心力量,黔南州在稳固公共文化服务队伍的同时,开展文化志愿服务和基层文化人才培养计划,力争构建一支专业人才服务队伍。

一是稳固公共文化服务队伍。目前,全州参与公共文化服务的文化馆、图书馆、博物馆等的专业技术人员和支撑公共文化服务体系的管理、服务人员共825人(见图1),州级"三馆"在编人员80人(博物馆16人,文化馆47人,图书馆17人),12个县(市)的"两馆一站"(文化馆、图书馆、乡镇综合文化站)基本上有一支或大或小的专业队伍,从事公共文化服务的人才队伍建设已初具规模,黔南州文化人才队伍在开展人民群众文化活动、培训、辅导等方面已具备为群众提供基本公共文化服务的能力和水平。

二是组织文化志愿服务。开展"阳光工程"文化志愿服务和"三区"人才支持计划文化工作者,深入基层开展培训,实施"种文化"工程,为基层培育文化"领头羊"。目前,全州共发展文化志愿组织129个,志愿者2484人,年均选派各类文艺专业骨干100余名,积极开办戏曲、声乐、乐

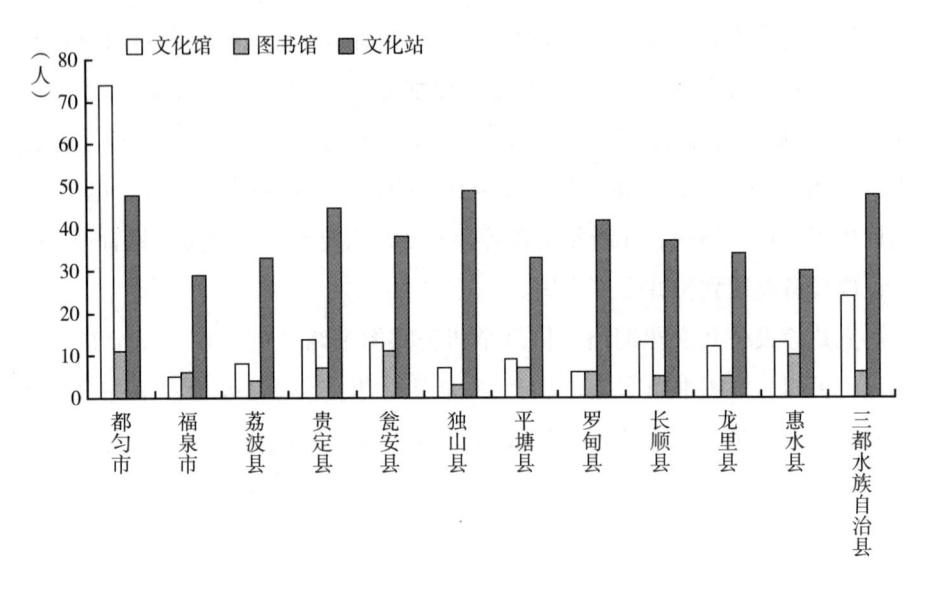

图1 黔南州12县（市）"两馆一站"从业人员情况一览

资料来源：黔南州文广旅局调研数据。

器、舞蹈、书画等文艺培训班，引导群众组建"带不走"的民间文艺队伍，通过专业引领方式，培养文艺带头人。切实发挥各级文化馆、文化站的职能作用，使之成为指导民间文化活动的中心，提升基层群众的参与感和获得感，在总结平塘通州经验的基础上，研究出台了《黔南州培育发展民间文艺团队推动民间文艺活动蓬勃发展工作方案》。目前，全州共发展民间文艺团队873支，其中注册的142支。

（四）文化活动有声有色

目前，全州基本形成以多种形式供给公共文化服务的格局，加强面向基层、面向乡村的文化产品创作和传播服务，广泛开展人民群众乐于参加、便于参加的文化活动，文化产品供给能力大幅提高。

一是开展文化惠民活动。启动"幸福进万家——文化精品乡村行"系列活动项目，该项目通过文化部第三批国家公共文化服务体系示范项目评审验收，自实施以来，开展送戏、送书、送演出下乡活动年均800余场

（次），已实现对全州12个县（市）106个乡镇（街道）1342个村（社区）的全覆盖，确保全州每个村的群众都能在家门口看到1~2场精品文艺演出，丰富了广大乡村群众的文化生活，深受农民喜爱；以节庆活动、民俗节日、"好花月月红·百姓大舞台"、"山地文艺轻骑兵"系列活动为平台，开展公益惠民演出年均1000余场，助力文化扶贫；继续开展"书香黔南"系列活动，深入推进全民阅读，年均开展送书下乡活动20余次，开设各类特色讲坛5个，开展读书小状元活动10余次。

二是创作文艺精品，打造"好花红"文化艺术品牌。近年来，州、县两级文化部门依托各类文化阵地，深入乡村，深入基层，以"好花红"文化艺术品牌为引领，创作精品文艺节目，着力打造具有黔南浓郁民族风情、鲜明地方特色的民族歌舞剧，全州各级新编推出各类文艺节目100余个（见表4）。

表4　黔南州精品文艺获奖记录一览

序号	作品名称	活动（比赛）	奖项
1	《绕家大歌》	第九届世界合唱比赛	金奖
2	《木楼古歌》	第六届全省少数民族文艺汇演	银奖
		2018中国长江文化艺术节暨第八届（张家港）长江流域戏剧艺术节（受邀晋京展演）	优秀展演剧目
3	水族舞蹈《铜鼓祭》	全国舞蹈大赛"荷花杯"	银奖
4	花灯说唱《茶乡梦》	第六届贵州省文艺奖	曲艺类一等奖
5	音乐话剧《我是杨刚》	第六届贵州省文艺奖	曲戏剧类二等奖
6	曲艺《改路》	牡丹奖	入围奖
7	水族古歌《旭皋》	中国西南民歌大赛	"十佳表演奖"第二名
8	音乐舞剧《水家人》	第六届贵州省文艺奖	舞蹈类三等奖
9	花灯小戏《我们的小分队》		国家级大奖
10	合唱《春到来》		
11	合唱《娄山关》		
12	布依族舞蹈《编》		
13	苗族舞蹈《苗乡团圆舞》		
14	《踩月亮》		

资料来源：黔南州文广旅局统计数据。

以上优秀作品多次代表黔南赴台湾、俄罗斯、法国、马来西亚、北京、广州、深圳、柳州等地区或国家演出，对外展示了黔南多彩独特的民族文化魅力和独特的旅游资源，扩大了黔南文化对外影响力，在对外旅游推介和文化交流中发挥了积极作用。

三是开展基层流动服务。目前，黔南州各县市获上级配送的流动图书车12辆、流动文化车1辆、流动舞台车4辆。黔南州各级文化部门积极开展文化"六进"服务，累计送书下乡100余次，流动借阅图书近8万册；深入农村开展文艺演出90余场，服务群众70余万人次。配备流动车为黔南州加强公共文化产品服务供给，面向农村提供流动文化服务发挥了积极作用，使图书馆、文化馆的服务由阵地型开始向辐射型模式转变，拓展了服务空间，解决了偏远农村群众"看书难，看戏难"的问题，让基层群众能就近享受文化生活，打通了公共文化服务"最后一公里"，对于促进城乡基本公共文化服务均等化有着重要作用。流动文化车、流动舞台车的配备，有效弥补了黔南州路途偏远、设施不足问题，在演职人员运送、换装，搭台等方面提供了很大便利，受到广大群众的热烈欢迎。

二 主要做法

（一）政策保障推陈出新

为加强公共文化阵地建设，黔南州认真做好《公共文化服务保障法》《贫困地区十三五时期公共文化服务体系建设规划纲要》《关于加快构建现代公共文化服务体系的意见》等政策文件的贯彻落实工作，相继制定《黔南州关于加快构建现代公共文化服务体系的实施意见》《关于推进基层综合性文化服务中心建设实施方案》《黔南州关于进一步完善公共文化服务体系推动文化事业加快发展的行动方案》《黔南州培育发展民间文艺团队推动民间文艺活动蓬勃发展工作方案》《黔南州公共图书馆中心馆＋总分馆制建设实施方案》等一系列政策文件。这些文件的制定出台，对全州文化管理体制机制规范、公共文化资源整合利用、多层级数字化服务平台搭建、文艺队伍培育发展、为民服务手段创新等方面有着重要的指导意义，为推进黔南州文化阵地建设提供了有力的政策保障。

（二）创新文化服务模式

2013年以来，黔南州采取"政府采购、群众参与、社会联动、文化惠民"的方式，创建了"幸福进万家——文化精品乡村行"国家公共文化服务体系示范项目，有效解决了群众看戏难问题。在开展乡村文化活动过程中，始终坚持政府扶持引导、文化部门搭台唱戏、社会文艺团队积极参与的原则，通过文化部门定向培训引导，对民间演艺团队给予一定的演出装备和资金扶持，广泛动员社会文艺团队积极参与竞标。项目实施以来，每年全州通过政府购买的"乡村行"演出及其他文化下乡演出年均达1000余场，全州有近400支社会文艺团队参与竞标，形成"政府买单、群众看戏"的新局面，实现了公共文化服务政府引导、群众共建共享的目标。全州各级文化部门以"幸福进万家""好花月月红·百姓大舞台"等活动为载体，开展不同形式的文化下乡演出，极大地丰富了农村人民的文化生活。

（三）公共文化创建工作取得新进展

围绕文化强州目标，着力推进全州公共文化创建。

黔南州各县市凭借丰富的文化资源，大力推进公共文化创建工作，获得不少文化荣誉称号（见表5）。

表5　黔南州各县市主要荣誉称号一览

序号	荣誉称号	县市	备注
1	全国文化先进县	都匀市	
		瓮安县	
2	全国民间文化艺术之乡	三都水族自治县中和镇	凭借水族马尾绣入选

续表

序号	荣誉称号	县市	备注
3	省级民间文化艺术之乡	平塘县卡蒲毛南族乡	凭借毛南族猴鼓舞入选
		瓮安县猴场镇	凭借草塘火龙入选
		龙里县洗马镇	凭借平坡苗族农民画入选
		独山县下司镇	凭借花灯艺术入选

资料来源：《文化和旅游部关于公示 2018~2020 年度"中国民间文化艺术之乡"名单的公告》《贵州省文化厅关于 2018~2020 年度"贵州民间文化艺术之乡"和推荐申报"中国民间文化艺术之乡"评审结果公示》。

目前，全州 13 个公共图书馆，其中达到国家等级馆的有 9 个（见表 6）；文化馆 13 个，达到国家等级馆的有 12 个（见表 7），两馆建设取得一定成效，保证了人民群众基本文化权益。

表 6　黔南州公共图书馆达到国家等级馆一览

序号	国家等级馆	县市
1	一级国家馆	都匀市图书馆
		瓮安县图书馆
2	二级国家馆	福泉市图书馆
		惠水县图书馆
		龙里县图书馆
3	三级国家馆	黔南州图书馆
		贵定县图书馆
		长顺县图书馆
		荔波县民族图书馆

资料来源：《文化和旅游部关于公布第六次全国县级以上公共图书馆评估定级上等级图书馆名单的通知》。

表 7　黔南州文化馆达到国家等级馆一览

序号	国家等级馆	县市
1	一级国家馆	都匀市文化馆
		瓮安县文化馆
		荔波县文化馆

续表

序号	国家等级馆	县市
2	二级国家馆	贵定县文化馆
		惠水县文化馆
		三都县文化馆
3	三级国家馆	福泉市文化馆
		独山县文化馆
		平塘县文化馆
		罗甸县文化馆
		长顺县文化馆
		龙里县文化馆

资料来源：《文化部办公厅关于公示第四次全国文化馆评估定级结果的公告》。

三 突出问题

（一）农村文化阵地建设仍然不足

目前，黔南州共有1186个村，但全州按"七个一"标准建设的综合性文化服务中心仅有592个，覆盖率为49.91%，远远不能满足群众日益增长的文化需求。

（二）缺乏长效的投入管理机制

由于部分地区财力困难，后续管理资金不足，不少地方文化阵地存在建得起、管不好的现象，存在设施破旧、图书流失现象。

（三）公共文化服务专业人才缺乏

部分公共文化机构人员编制时间久远，已远远不能满足新时期公共文化工作的需要。乡镇文化站工作人员还存在不同程度的"在编不在岗""专干不专"现象，村级文化协管员也多是村委会人员兼职或志愿服务，这在很大程度上制约着基层公共文化服务工作的长期稳定开展。同时，大多数基层文化单位缺乏稳定的专业化队伍且待遇偏低，人员年龄偏大，观念相对落后，知识结构陈旧，能力和素质难以适应新时期基层文化建设的开展。

四　对策建议

（一）进一步强化政策落实

严格按照《中华人民共和国公共文化服务保障法》《贵州省基本公共文化服务实施意见标准》《黔南州关于加快构建现代公共文化服务体系建设的实施方案》等政策文件及中央、省有关加快构建现代公共文化服务体系建设持续发展要求，做到整合资源、盘活存量、创新发展。有重点、有秩序地推进公共文化服务设施建设，逐步实现公共文化标准严格化、管理精准化、服务一体化，形成综合、有效、系统的公共文化服务网络。

（二）政府主导，加大财政投入支持力度

要积极探索建立稳定增长的公共文化投入机制，逐步提高文化事业投入占财政总支出的比例。在保证公共文化建设项目资金的同时，逐步将公共文化服务运行经费纳入各级财政预算，为公共文化服务长效运行机制的建立和运转提供财力保障。要努力建立健全多元化的文化投入机制，制定并落实吸引社会力量参与公益性文化事业建设的相关政策，采取购买服务、委托承办、项目外包、税收优惠、鼓励捐赠等形式，引导社会力量提供公共文化产品和服务，促进社会资金对公共文化的投入明显增加。

（三）因地制宜，提升公共文化服务质量

要以社会主义核心价值观为引领，加强公共文化服务内容建设，充分发挥文化育人、以文化人的作用。要加强对人民群众文化需求的调查研究，建立文化产品的效果评估机制，针对当地居民、农民、老年人、外来务工者、

未成年人、残疾人等不同群体，提供有针对性的服务，以多元化的内容建设及服务供给，不断增强公共文化产品的吸引力。要深入挖掘黔南州丰厚的传统历史文化资源，将其纳入公共文化服务体系建设的重要内容，开发培育当地群众喜闻乐见的公共文化特色品牌，使这些资源焕发现代活力，服务现代生活。

（四）强化队伍，提供专业人才支撑

各级政府及机构编制部门要科学合理配备各级各类公共文化机构人员编制，并根据需要进行动态调整。对实行免费开放后工作量增加、现有编制难以满足需要的公益性文化事业单位，应当合理增加人员编制。要加强文化队伍的管理和使用，落实中宣部、中编办等六部门《关于加强地方县级和城乡基层宣传文化队伍建设的若干意见》中"每个乡镇综合文化站（中心）编制配备不少于1~2名，规模较大的乡镇可适当增加"的要求。要重视培养扎根基层的乡土文化人才，壮大文化志愿者队伍，加强公共文化人才培训，全面提高从业人员素质。

参考文献

黎盛翔、姚萍、虞奇勇、陆吉星：《贵州省公共文化服务体系建设发展报告》，载《贵州社会发展报告（2013）》，社会科学文献出版社，2013。

中共南京市委办公厅、中共南京市委宣传部、南京市文化局（市文物局）：《2008年南京市公共文化服务体系建设报告》，2008。

B.7
黔南州影视文化事业发展研究报告

杨胜雁　王　伟　杨启刚　胡金华　刘又澂*

摘　要： 影视具备产业经济与公共服务双重功能，地域影视发展与地方经济发展、文化传播呈正相关关系。本文通过30年来黔南影视发展的历史梳理，总结黔南影视发展规律与特点，从影视生产与消费等视角思考地域影视发展路径。同时，对行政指导下的地域影视发展进行思考，分析如何用市场助推影视高效、快速、健康发展，整合资源，突破常规思维模式，搭建影视构建奖励机制，充分利用州内资源，助推文化影视队伍建设，努力探索打造适合黔南影视文化的发展道路。

关键词： 影视文化　产业经济　公共服务　黔南州

引　言

在电影诞生的一百多年历史里，电影在技术上经历了默片到有声、黑白到彩色、胶片到数字、平面到3D的发展；在内容上不断扩展，在不同文化类型的审美倾向与市场诉求中形成了剧情、歌舞、战争、武侠、警匪等丰富

---

* 杨胜雁，黔南州社科联党组成员、秘书长，研究方向为社会主义市场经济理论研究；王伟，黔南社科研究所助理研究员，研究方向为文艺创作、政治哲学；杨启刚，中国作家协会会员、贵州省文艺评论家协会理事，研究方向为文艺创作与文艺理论研究；胡金华，黔南州社科联办公室主任，研究方向为基层组织建设；刘又澂，黔南社科研究所助理研究员，研究方向为教育管理与管理科学。

的影视类型。其在发展历程上由于技术的发展与市民生活内容的变革，带动电视普及，在更大范围内推广影视，更大范围地培育了影视受众，在客观上为影视发展培育了更多人才。同样，消费端也倒逼了影视内容生产与形式的多元。

影视文化的界定，有其内涵，也有其外延，它是一种客观存在的形态上的影视，也是引导人类生活的影视文化，渗透在其产生和传播的整个过程。广义上讲，影视文化即电影电视方式进行的全部文化创造，狭义上仅指电影电视共同的"有声有像的活动影像"，即影视艺术及其对社会生活的影响。

影视文化体现的价值取向与价值理念，就整个影视文化而言，创意是起点，过程与结果是文化角色定位，包括主流文化、大众文化、精英文化以及边缘文化。地域影视对于中国影视而言，偏居西南一隅的黔南影视则是近年来中国影视全面崛起的缩影。从影视"景观"到内容创作发展，从影视背景到影视书写的更迭，在一定程度上对以黔南为代表的地域影视发展研究，促进地方文化资源脉络梳理与文化发展历史厘清，也推动了文化强国、文化自信的构建。作为当前大众传播媒介主要形式的电影电视，黔南州影视文化事业循序发展，正逐渐融入中国乃至世界影视文化视野中。

一　黔南州影视发展概述

（一）黔南影视发展的初期

在黔南影视发展的初期，黔南只是作为消费的群体，而非作为影视发展主体推动影视业发展。影视市场培育与黔南社会经济发展密切相关。在很长时间内，黔南社会经济的发展无法为影视文化生产与消费提供动力支持。因而，黔南影视发展在很长时间内主要是行政引导的，内容以宣传黔南、描述黔南、记录黔南为主，侧重于影视的教育宣传功能。对影视的休闲娱乐、产业盈利等功能重视程度不高，影视市场培育效果相对弱。改革开放至21世纪这段时期，推动黔南影视发展的主导力量是行政，影视生产效率低，内容老套，形式传统。影视市场自身发育程度低，资金链脆弱，产出收益率低，人才资本外流，政府扶持力度弱等导致影视产业链条环节发展缓慢、生产收益低，降低了推动影视发展的主观意愿。影视发展既离不开政府引导也需要自由的市场环境。

（二）黔南影视发展的进程

从生产与服务消费两个角度观察黔南影视，黔南影视发展是缓慢渐进的，且有诸多先天不足。但正因黔南影视工业的先天发育不足，黔南影视在发展过程中呈现出"内容生产先于工业发展"的特点，即影视文学繁盛先于影视工业发展；同时，黔南影视的厚积薄发带动了黔南影视的立体上升；网络平台的崛起丰富了黔南影视的重要展示手段；另外，影视生产体系的逐步建立，拍摄基地、影视文化节等生产消费环节生长点兴起也成为黔南影视发展不可或缺的一部分。

1. 黔南创作：黔南影视文学崛起

黔南影视发展最早可以追溯至20世纪80年代，自发性的个人文学创作延伸至影视改编。其中以当时蔚为大观的通俗文学武侠小说创作者袁浪的两部作品《黄鹤儿女魂》《魂断扬州路》分别改编为电影文学剧本《血溅秋风楼》《无名三剑客》为代表，两部武侠小说分别被长春电影制片厂、北京电影制片厂改编拍摄上映。其后在20世纪90年代，影视剧本创作中涌现出一批优秀的影视剧创作者，诸如杨胜勇、张文钧、刘如权、潘茂金、宋健等，创作了《布依儿女》、《猎手的愤怒》、《山坳里的钟声》（上下集）、《邓恩铭》（4集连续剧）、《烽烟鼓角情》、《茂兰故事不外传》（6集连续剧）、《人性的毁灭》（上下集）、《小七孔迷雾》（上下集）、《古美桥·古美河》（3集连续剧）等影视剧作品。

进入21世纪的第一个十年，深耕于黔南影视的创作者延续创作热情，并在创作质量上大有提高。诸如杨胜勇等编剧的《浊浪》《姑鲁之恋》《人间正气》《追踪》等影视作品，同样也有新加入的血液，并取得不俗成绩。一批影视文学上崭露头角的创作以福泉人黎明轩的创作为盛。自2008年始，黎明轩陆续在中文核心期刊《电影文学》上发表《乌江天险》《血溅困牛山》《女兵魂断野人山》《侗家妹》《瑶山深处》《沈万三》等作品，并独立或参与创作多部电影电视剧作品，诸如《生死黎平》（33集连续剧）、《日落独山》、《决战深河桥》、《强渡乌江之对岸》等。

新一代黔南影视剧作家还有汪凯、广向阳、李华、李晓彬、刘俊才、魏明禄、蒙泽敏、罗贤亮等，他们不断深耕黔南民族文化，在其中汲取灵感创作了《一乡之长》《日暮深河》《冷少龙在特科》《村姑婚恋曲》《丹砂女王》《爸再爱我一次》《生死直播：百棺洞诡影》《云上之爱》《生死追踪》《那年冬至》《陌上铃》《情逝》等作品。

由黎明轩创作的《生死黎平》被列入贵州省委宣传部"五个一工程"项目，中央电视台对该剧给予"深刻厚重的宏大叙事，红色文化的经典之作"的评价。2016年，《生死黎平》在湖南、浙江、上海东方卫视、海南、辽宁、云南、四川等省市台播出；2017年，《生死黎平》获浙江卫视收视王牌奖、海南台"五个一工程"奖、国家新闻出版广电总局电视剧司原创剧本扶持奖。2018年，杨胜勇创作的《苗山花》荣获第36届美国迈阿密电影节华语电影"优秀故事片"奖。

2.影视表现：黔南影视立体上升

20世纪80年代，黔南创作的剧作单一，作者队伍没有形成团体作战的态势，仅凭个人兴趣创作产品。如袁浪的武侠作品，虽改编为电影剧本，并制作公映，然而与黔南文化的大背景并无密切联系，被视为独立的黔南人影视创作。在黔南影视发展初期，根据对黔南州12县市影视作品调研，在黔南影视即黔南人影视创作与以黔南文化、黔南故事、黔南风土人情为影视内容的作品，前者在2000年以前居多，后者主要在21世纪，尤其是进入21世纪第二个十年，在数量与质量上都取得了不俗成就。

在黔南影视发展初期，2000年前黔南影视发展的侧面更多的是影视剧本创作生产。

以本土文化为主要内容的影视内容生产较多，根据对黔南12县市影视作品梳理，以片长、内容等对黔南影视梳理统计发现，黔南影视的发展呈现

宣传影视的特点。

同时，统计2016年以来出版的作品，黔南在影视作品中的书写，更多的是作为一种"景观"呈现；黔南本身的影视表现力度较小，黔南的影视表现（书写）在逐步发展。

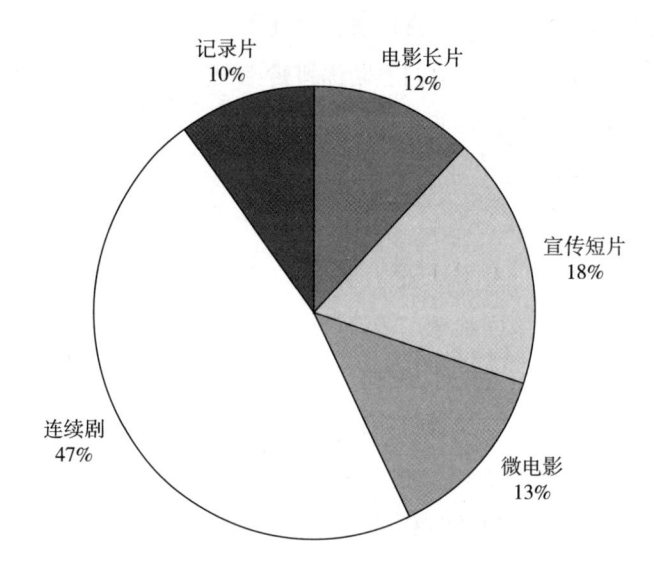

图1　2016年以来黔南影视出版类型比重

注：数据截止到2019年9月10日。
资料来源：调研组调研数据。

进入21世纪的第一个十年，黔南影视生产主要围绕行政的宣传要求，这一段时间内黔南影视生产乏善可陈。21世纪的第二个十年黔南影视发展进入高峰期，被纳入党政宣传工作，被视为意识形态领域的重要阵地，在注重宣传阵地工作的同时结合黔南民族历史文化资源，出现了大批以黔南红色文化为底色的黔南影视作品，包括《突破乌江》《少年邓恩铭》等黔南红色主题影视，《四个春天》《无名之辈》《三生万物》等院线爆款影视长片。以方言数字电影小品剧《大桥头人家》系列、微电影《邂逅都匀》等为代表的黔南元素影视创作，已经在小范围内激发黔南影视从单一、自为的创作向群体创作的转变。其原因一方面是在党政工作上给予高度关注，成为推进

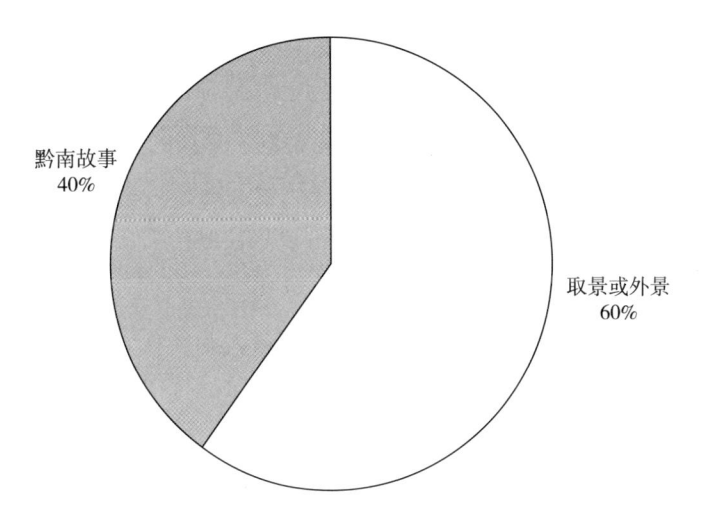

图 2　黔南影视的黔南书写比重

注：数据截至 2019 年 9 月 10 日。
资料来源：调研组调研数据。

黔南影视两个十年迅速发展的契机；另一方面也是黔南经济社会发展对黔南影视发展的内在需求。

3. 网络平台：黔南影视的重要展示手段

黔南影视也遵循市场经济规律，谋求促进影视事业的发展壮大。除院线电影之外，黔南影视主要的展示平台就是网络平台。黔南最早成立的影视文化传播公司是 2011 年 4 月成立的贵州盛鑫影视文化传播有限公司；其后，2018 年 10 月又成立了具备广播电视节目制作许可证资质的贵州星佰影视文化传播有限公司。

盛鑫公司仅是从 2016 年 6 月至今，相继在爱奇艺、优酷、搜狐等网络平台上线的网络电影就有丁帅导演的《血战夜郎谷》等 10 余部；其中，丁浩导演的《道士上山》，3 个月点击率就达到 3485 万次，票房可观。盛鑫公司还与长沙欧米业影视文化传媒有限公司联合摄制、欧米叶导演的《侠魔志》等，这些影片均取得了不俗的票房。目前，盛鑫公司已经通过国家广电部备案并拍摄完毕等待近期上线的有《血色黄金岛》《神秘宝藏》《尹帝下山》《逃跑女王》《我的卧底男友》《百万速递》《鼠山行》。现在已经备案或在申报的电影有《英雄梦》《你好英雄》《结婚再爱你》《再见自己》《单身父女》等10余部。

此外，贵州黔爻影业有限公司罗贤亮编剧、导演的多部电影在网络平台上公映后获得好评并获得各种殊荣，如《三生万物》《寻蛊》《2019小猪快走》等。其中，自编自导的《悔悟》在世界华语微电影大赛上以46万的点击率成为最受欢迎影片。

特别是近年来，黔南州崛起了一批影视新人和新作。丁帅编剧、导演、主演的微电影《筑梦传奇》获亚洲微电影节"金海棠"奖，导演的微电影《征兵》获全军微电影大赛优秀奖，编剧的微电影《英雄梦》获华谊兄弟中国青年新影人大赛原创剧本组二等奖。新锐编剧、导演覃康勇，编剧并执导网络电影《风流草》《拳霸英雄》《超时空救赎》等，他善于捕捉生活细节并融入电影，让观众产生共鸣。龙福华成立的贵州龙氏影业有限公司并编剧、导演的反映精准扶贫和脱贫攻坚的《承诺》《电筒书记》两部纪实微电影充满了正能量，在腾讯等网络平台上播出后深受好评。都匀人朱双艺，编剧创作的科幻悬疑大电影《暮色之战》（1、2）在爱奇艺、腾讯播放后引起了很大反响，他还是贵州省首部网络大电影《道士上山》的原创编剧，他的古装悬疑电视剧《锦衣：绣春刀》目前正在紧张筹拍中。

4. 影视基地：黔南影视的物质基础

黔南影视发展同样遵循经济规律，从单一的影视剧作生产，发展到影视企业注册、创作基地建立到多元拍摄联盟组合，到有效集成拍摄场地。

调研发现：黔南大部分从事影视文化的企业注册时间在2000年以后，更准确地说是在2010年以后。此前，黔南从事专业影视文化生产的企业较少，规模以上的影视企业就更少了，其中又以公共服务为主。

另外，为推动黔南影视的发展，加大对影视拍摄场地的建设方面的投入和支持力度，建成风格各异、主题不同的影视基地、景区基地，如位于都匀经济开发区的梦都影视文化旅游创意产业园秦汉影视城、毛尖小镇民国影视城和巨升红色影视文化基地。自2016年以来已有数十部不同风格、主题内容的作品于三大影视基地取景拍摄，黔南州逐步形成黔南影视生产的重要产

2010年以前
1.35%

2010年以后
98.65%

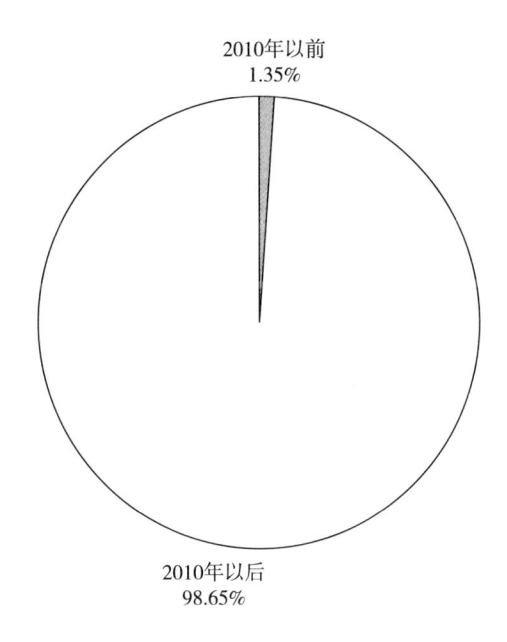

图3 黔南影视文化企业注册数量变化

注：数据截至2019年9月10日。
资料来源：天眼查。

业与内容孵化地。如2016年建成的秦汉影视城，拍摄制作的影视作品有《霍去病》《凰权弈天下》《庆余年》《双世宠妃》《丑妃驾到》《斗破苍穹》《将夜》《放开那三国》《大秦帝国》《夺命剑》《寻秦记》《陈情令》《鲲鹏与蝴蝶》《人鱼江湖》《俩王肆个2》，2016年建成的毛尖影视小镇拍摄制作的影视作品有《烽火云雾街》《天下第一镖局》，2017年建成的巨升影视基地拍摄制作的影视作品有《将夜》《双世宠妃2》《寻秦记》《伟大的转折》《丑妃驾到》等。

5. 影视节庆：黔南影视的助推器

影视节是指为创作而进行的颁奖以及交流节目、学术研讨、新闻发布、大型演出等而在一个地区定期举办的一种大型综合性会议，通过参赛节目，实现创作人员和影视观众的直接交流，同时以影视明星为主角，开展各种活动，吸引大量观众参与，从而带动该地区影视与旅游发展的一种文化形式，

是影视旅游在时间形态上的一种重要形式。

为了充分利用黔南的生态旅游资源优势，与影视文化产业要素进行深度融合，对外推介黔南影视，加强交流，吸引更多的影视行业精英、导演、演员、制片人、编剧等影视人来黔南共同助推黔南影视发展。2018年10月，黔南举办"首届中国（都匀）青少年儿童电影艺术节"，本届电影节面向全国征集以青少年儿童为题材的电影、微电影、短视频进行分类评选，并举行中国儿童电影高峰论坛等系列活动。2019年9月，黔南举办"首届都匀电影电视节"暨"第二届中国（都匀）青少年儿童电影艺术节"，开展主旋律影视作品研讨会等系列活动；作为本届都匀电影电视节主体活动之一的"匀芽奖"评奖更是备受关注，共收到537部影视作品报名参选，其中323部作品通过组委会的审核纳入评选片单。经过层层筛选，最终有42部影片获奖。

6. 影视消费：黔南影视的硬性需求

影视是国民文化消费的重要内容，经济的发展促进了消费类型的变化。加之现代影视媒介普及程度提高，在12县（市）用于经营性质的影院也在逐步增多，为居民提供更多的影视消费基础设施。从20世纪的各类工人影院发展到21世纪以来注册经营的影院数量与放映类型都在不断更新增长。

影视具有公共属性，要提供相对均等优质服务。黔南影视公共文化服务均等发展过程中，以黔南院线（黔南州农村数字电影院线有限公司）为主要推动者，招募放映队在2010年就实现了黔南州整体农村电影数字化放映。2009~2018年，完成要求电影公益放映任务204276场。其间，黔南院线组织各县市工作站共放映公益电影210190场，超额完成5914场，观影人数达2242.5135万人次。

不断完善现代企业管理制度，并结合黔南农村电影事业的发展现状。2012年在全省率先引进并完善流动电影GPS监管手段，创造性地采用放映记录表、放映日志和GPS信息"三管齐下"的方式，实现了农村电影精准化放映的目标，为农村电影公共文化服务均等化奠定了基础；创造性提出和实施了数字电影节目库建设项目，全面推广和普及农村电影数字化放映，满足

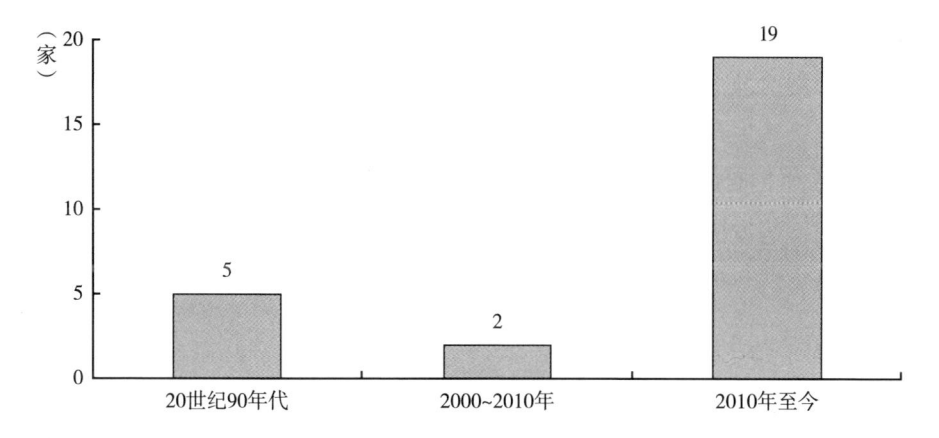

图 4　黔南影院注册数量变化

注：数据截至 2019 年 9 月 10 日。
资料来源：调研组调研数据。

了老百姓自主点播的梦想，实现了农村电影公共文化服务均等化、放映精准化、管理高效化建设目标。截至 2018 年 12 月 31 日，黔南院线数字电影节目库存量达到 2617 部（其中故事片 2202 部，科教片 415 部）；自主研制流动电影商业产品及价格体系，填补了国内同行业空白，为进一步推动农村电影市场化、产业化夯实了基础；还开通了"黔南电影网"（www.gzqnyx.ccoo.cn），结合下属各个工作站的计算机节目订购管理平台，完成了企业内部计算机管理体系建设。

7. 影视滞点：黔南影视发展的问题

影视文化，在我们的日常生活中扮演了十分重要的角色，它是人类重要的传播样式，也是人类重要的艺术样式和娱乐休闲样式[1]。它能通过丰富的作品让影视文化得到良好的发展，并为社会进步和人类做出贡献。

黔南影视一方面与当地的经济社会发展情况基本一致并受其经济发展水平的制约，另一方面没有得到相应的政策支撑且自身竞争力不足。究其原因，一是缺乏规划指导，二是缺乏扶持政策，三是缺乏产业氛围，四是缺乏

---

[1]　胡智锋：《影视文化论稿》，北京广播学院出版社，2001，第 5 页。

运作人才。一个地方文化的发展如此，影视文化莫不如是。黔南影视的发展基本遵循黔南经济发展状态，与黔南整个地域的文化发展有极大关系。

黔南影视生产水平与黔南社会经济水平限制了黔南影视发展的最终水平。在影视工业流水线方面，在人才储备、影视从业者数量及经验、影视人力资源内涵等方面不足；影视文化企业数量较少，生产统筹营销策划能力弱；政策支持力度与政策影响力横向比较也相对较弱。

二 黔南州影视发展特点

从生产与服务消费两个角度观察黔南影视，黔南影视的发展是缓慢渐进的。在生产与消费两个端口上，前者呈现出"借船出海"与黔南本土创作模式；影视消费端则以院线大片为主。

（一）创作生产特点

现代工业一个最基本的特征，即生产要素分布的全球化。影视工业更是现代工业的重要体现，故事、资本、拍摄、演员、主创、后期制作、宣传发行等影视生产零部件的分布遵循专业、经济的要求。因此，讨论黔南影视实则讨论的是作为影视产业重镇和作为影视承载文化输出重镇的"两个黔南"。

以2018年以黔南为拍摄地、主创均为贵州人的两部全国院线上映电影《四个春天》《无名之辈》为例。前者是黔南独山人陆庆屹以2013～2016年回独山过春节，在看望父母时，拍摄父母之间的交流、家庭成员的聚散为素材，并以此为基础创作成的纪录片，并在第12届FIRST青年电影展斩获最佳纪录片奖，并于2019年1月上映，一时成为爆款。后者是以"桥城"都匀为背景描述的两个毛贼与一个协警、瘫痪的女性发生的啼笑皆非的故事。两部在全国院线上映并迅速成为当时爆款，在很大程度上刺激了黔南人的影视雄心，客观上也宣传了黔南，让很多片段里的拍摄地成为争相打卡的网红景点。

两部影片，类型不同，受众不同，成本差异较大。二者同时与其他出产贵州的影视作品共同支撑起了贵州电影元年。两部影片的共同特点是主创团队中黔南（或贵州）人承担重要角色，饶晓志与陆庆屹均是以故乡为影片故事的发生地，以贵州话（独山话）为影视语言呈现。二者出资方与介入方式差异巨大，《无名之辈》是现代影视工业流水线上的合格产品，从谋划之初就是影视工业水平的集中展现；而《四个春天》则是源于社交媒体的爆款文章，长时间发酵而成的口碑倒逼，加之独立电影节的强烈推荐。《四个春天》在出成片过程中出资方才加入，带来了充裕的资金，也带来了影视工业的后期制作。

两部电影，两种生产模式。《无名之辈》是黔南故事的现代影视工业流水线模式，从故事、资金、主创、演员、拍摄、后期制作无一不是现代工业规范化生产流水线的体现。《四个春天》的主创、演员、拍摄完全是素人背景，全然是日常生活的拍摄，其成功则由互联网社交媒体发酵助推，好作品吸引资本。其成功模式更多的则是一种"借船出海"模式。

另外一种黔南影视创作模式，则是黔南故事与黔南资本二者的合力。也是当下在数量上为主的黔南影视创作方式。这种模式一般为政府购买服务或政府主导的宣传影视居多。在该模式下，影视生产的内容大多与黔南相关，各个环节黔南人参与较多，大多影视作品以实现行政目的为主，意识形态管控较为严格，宣传意图明显。市场反馈结果较弱，或者不做市场要求。

（二）影视消费特点

黔南的人口数量与经济发展水平，先天就已经决定黔南影视消费的能力与水平。在黔南 12 县市中，影视消费以城镇居民消费为主，消费的人群以中青年为主，消费的影视类型以院线上映的大片为主。

三　黔南影视发展的几点思考

2019 年 5 月 29 日，中央全面深化改革委员会第八次会议通过《关于深化影视业综合改革促进我国影视业健康发展的意见》。大会指出，"推进影视业改革，要从完善创作生产引导机制、规范影视企业经营行为、健全影视评价体系、发挥市场主体作用、加强行业管理执法、加强人才队伍建设等方面统筹推进改革，既抓住群众普遍关心、反映强烈的具体问题，又聚焦影视行业标准、从业人员诚信建设等配套性强、影响长远的要害问题，形成管用的长效机制"。这为黔南影视发展指明了方向。思考黔南影视中的"两个黔南"，应秉承影视产业与黔南文化并重，思考如何发展文化事业，更要注重扶持文化产业，要进一步促进黔南影视发展，可以从以下几个方面思考。

（一）深化黔南影视改革，推动政策支持保障

黔南影视的发展应注重政府与市场的关系，要顺应影视市场规律，出台政策引导市场、激发影视市场活力。黔南出台了《黔南州推进文化产业发展三年行动方案（2018～2020年）》。2016年，都匀市出台《都匀市文艺精品奖励扶持办法（试行）》，都匀经济开发区出台《都匀经济开发区影视文化产业若干扶持办法（试行）》。2018年，都匀经济开发区出台《都匀经济开发区景区影视管理中心影视拍摄奖励制度（试行）》。积极寻找策略，发挥放管服功能，吸引影视文化相关企业、人才入驻黔南。

发展文化事业，注重扶持文化产业。黔南州需要侧重打造优质企业，培养文化人才，出台扶持政策，打造影视平台。招商引资一批有影响力的影视文化企业商家落户黔南，带动黔南影视界有效竞争，达到宣传黔南、服务黔南、唱响黔南、逐梦黔南的目的。鼓励出好产品，用影视作品宣传黔南，更好地服务黔南、助推黔南文化事业发展。

影视人才，是影视作品的第一必备要素，鼓励创作与黔南的人文社会、经济发展密切相关的作品，也要鼓励他们进入国内、国际大舞台展示其优秀的影视作品。出台一套扶持政策。除政府给予必要的补助外，还充分利用文化建设事业费，制定相应的扶持政策，如在影视创作、佳作获奖、人才培养等方面给予扶持资助，鼓励创新团队，打造符合本地发展影视文化创意产业龙头企业，大力扶持原创精品，和影视后期制作、经纪人服务、电影发行产

业等，带动影视产业服务平台发展。影视发展，要从撰写稿件、版权交易、融资入手，整合资源，进入市场，按照需求，以文促商，促进影视事业健康有序发展。

（二）发掘黔南州影视文化内涵，汇聚人文社科实践动力

影视资源一方面来自本土的历史民族文化、地域文化，另一方面来自当下的日常生活。对于黔南而言，黔南丰富多彩的民族文化、红色文化、传统文化等无一不是当代优秀的影视素材，新时代下黔南跨越式发展与新中国成立70周年波澜壮阔的历史画卷的任何一处均有可能提供上佳的影视素材。

（三）建立黔南州影视联动机制，打造文化创新展示平台

黔南12县市，可供影视生产的拍摄基地、自然风景、历史人文景观等各类资源丰富。充分利用如秦汉影视城等主题和风格各具特色的黔南影视基地，让黔南形成以影视为主线，以影视服务、体验式旅游为主体的业态布局，吸引全国各地著名导演和剧组。

同时，依托资源开展各类影视相关的文旅活动、影视文化节等，推动黔南在地域影视文化领域积极作为。

（四）推动影视成果转换经费保障，构建黔南影视文化智库

着力推动影视发展的两个层面，一是政府层面的政策扶持、税费减免、资金引导以及对涉及民族文化相关影视制作的扶持。二是扩大对影视市场创作开放程度，有组织地扩大黔南影视内容创作队伍，对一部分好作品予以资金支持。并建立黔南影视文化智库团队，吸纳国际影视公司团队核心、一线创作团队领衔专家、制作团队核心技术人才等。在此基础上开展黔南影视深度挖掘、合作，真正生产出一批优秀影视作品，并以此为契机形成黔南文化资源、黔南影视人才、黔南影视作品与一流制作公司、创作团队的深度交流合作。

（五）提高黔南影视文化站位，提高市场竞争活力和动力

深度把握黔南影视的城市居民、农村居民电影消费两个市场和生产、消费两个端口。城市居民市场历经十余年的蓬勃发展，在影院数量、观影人次、人均消费上都有所增长。虽在很长一段时间内，农村影视文化市场作为公共文化服务均等化扶持的对象，但此中孕育了新的影视文化生活方式，生活方式促进新的消费方式，会在整体上促进影视消费。另外，城市与农村两个影视市场的发育必然会推动观众观影水平与审美能力提升，这对于地区性电影市场乃至全国、全球电影市场具有积极意义。

同时，更应关注影视本身，而非关注影视拍摄带来的"网红效应"。只有回到市场与影视本身才能真正推动黔南影视高水平发展，"网红"景点与影视旅游等都是高水平影视作品的副产品。

结　语

黔南影视发展，必须要走出一条结合黔南历史民族文化与黔南影视工业相结合的路子。协调好影视中的黔南影视工业与黔南文化、黔南山水、黔南故事的融合，规范政府与市场关系，引导影视市场的良性发展，妥善处理好影视的经济与服务功能协调发展。

参考文献

胡智锋：《影视文化论稿》，北京广播学院出版社，2001。
陈飞兵：《黔南影视产业发展势头正劲》，《黔南日报》2018年12月9日。

B.8
黔南州文艺创作发展报告

吴英文*

摘　要： 黔南州坚持"文化兴州"的发展理念，坚持以人民为中心的创作导向，探索创新文艺生产机制，构建与黔南经济社会发展相匹配的文艺发展格局。2018年，黔南州文艺创作发展呈现百花齐放、欣欣向荣的良好局面，在文艺精品创作、文化活动开展、文艺人才队伍建设等方面都取得了较好的成绩和突破，但在迎来新机遇的同时，也存在发展的短板和局限。需要从抓好各项机制建设入手，实现黔南州文艺创作规范化运作、制度化保障、有序化发展，以使黔南的文艺创作保持健康的运行态势，促进黔南州文艺创作新的格局成形与繁荣发展。

关键词： 文艺创作　精品意识　机制建设　黔南州

为深入贯彻习近平总书记关于文艺工作的重要讲话精神和《中共中央关于繁荣发展社会主义文艺的意见》精神，在文化部《"十三五"时期艺术创作规划》等文件精神指导下，黔南州着眼于建设"生态之州、幸福黔南"的奋斗目标，实施好"唱响好花红民族文化绚歌"创作工程，努力满足人民群众精神文化需求，探寻与市场经济相适应的创作生产机制，构建与黔南

---

* 吴英文，黔南民族师范学院文学与传媒学院副教授，主要研究方向为文艺美学、新媒体文学理论。

经济社会发展相匹配的文艺发展格局，使黔南的文艺创作保持了健康的发展态势。2018年，全州文艺事业呈现百花齐放、欣欣向荣的良好局面，在文艺精品创作、文化活动开展、文艺人才队伍建设等方面都取得了较好的成绩和突破，全州文艺工作得到进一步加强和改进。州相关文化部门带领广大文艺工作者，以高度的文化自觉和文艺自信，锐意进取，开拓创新，努力健全文艺创作生产机制，探索出一条符合黔南实际，具有黔南特色的文艺创作发展之路。

一 文艺创作的现状

（一）把握时代主旋律，弘扬社会主义核心价值观

黔南州宣传文化部门高度重视作品导向性，牢牢把握时代主旋律，敏锐抓住时代热点，在重要时间节点和重要纪念日，围绕重大主题，艺术再现历史文化，宣扬时代新声，塑造鲜明的艺术形象，唱响时代主旋律，创作了一大批弘扬时代主旋律和社会主义核心价值观的作品。水族纪录片《过端》在第三届加拿大金枫叶国际电影节中，从500余部作品中脱颖而出，荣获最佳纪录片奖，微电影《清水村轶事》荣获2018中国梦扶贫攻坚影像盛典二等奖，反映脱贫攻坚的电影《云上之爱》6月起在全国放映，大型原创红色题材歌剧《邓恩铭》作为多彩贵州文化艺术节系列活动之一，在贵阳孔学堂上演。反映黔南人民英勇抗战的36集电视连续剧《绝战深河桥》正在积极协调筹拍。11月16日起，在都匀实景拍摄的电影《无名之辈》在全国热映，深受广大观众热捧。

2018年，黔南州文艺界积极开展脱贫攻坚文艺作品创作，"文军扶贫"成效显著。全州文艺界创作反映脱贫攻坚和乡村振兴实践的优秀文艺作品有210件，数十名具有一定创作实力的作家创作纪念改革开放40周年和反映脱贫攻坚工作题材的文艺作品，在《黔南日报》、《夜郎文学》、多彩贵州网等媒体发表50余篇次。出版《新时代的女愚公邓迎香》纪实文学作品集。

完成纪念改革开放40周年长诗《中国天眼》，总计1400余行。《夜郎文学》杂志社与黔南日报社合作刊登3期脱贫攻坚的文学专版，该杂志于第三期推出脱贫攻坚专刊，刊发脱贫攻坚散文、诗歌、纪实文学等作品。多家文化部门共同举办2018年黔南州"撸起袖子加油干·脱贫攻坚奔小康"摄影创作活动等。这些作品围绕"中国梦"这一时代主题，通过主题思想的深度开掘，精心组织策划，将社会主义核心价值观艺术地融入其中，潜移默化、春风化雨地滋润人们的心灵，发挥了艺术作品引导社会、教育人民、推动发展的作用，也鼓舞了人心，凝聚了力量，为黔南文化建设提供了精神动力。

（二）坚持艺术创作导向，表达人民美好生活诉求

黔南文艺工作者始终把满足人民精神文化需求作为出发点和落脚点，把人民作为文艺表现的主体，把优秀的文艺作品奉献给广大人民群众，把人民作为文艺审美的鉴赏家和评判者，创作了一批贴近黔南人民生活、体现时代特色的文艺作品。长篇小说《风过远山》获中国作协少数民族文学重点扶持项目，长篇抗战报告文学著作《黑血南天》受到民革中央网、团结网、团结报等众多媒体相继登载，长篇网络小说《丝路密码》荣获"首届九域杯泛悬疑文学原创大赛"三等奖，诗集《途经此地》获第三届"尹珍诗歌奖"新锐奖，短篇小说集《粉底人》由成都时代出版社出版，散文集《高原上的刺梨花——贵州都匀女性散文16家》由团结出版社出版，诗集《落日越过群山》由广西师范大学出版社出版，十余名作家分别在全国重要文学期刊上发表文学作品23篇（首）。选派青年曲艺演员参加第九届中国曲艺节演出，州美术协会1人入选参与文化部"庆祝中华人民共和国成立70周年重大题材文艺创作"，5件作品入选中国美协展览，7名画家作品入选贵州省工笔画大展。

（三）创新工作机制，助推黔南文艺发展

为提升文艺创作整体水平，黔南州积极探索建立文化精品创作生产工作

机制，经过不断探索和实践，逐步建立并完善资金管理、选题论证、立项扶持、创作生产、宣传推介、绩效考核、表彰激励等一系列工作机制，初步形成了完整高效的文艺精品创作生产管理体系。2018年，黔南州出台几项重要文化政策措施助推文艺创作工作：一是黔南州人民政府办公室印发关于《黔南州培育发展民间文艺团队推动民间文艺活动蓬勃发展工作方案》的通知（黔南府办函〔2018〕74号），二是出台《黔南州推进文化产业发展三年行动方案（2018~2020）》，三是设立专项资金，完善出台《黔南州文艺创作扶持奖励办法》（黔南文广新发〔2018〕17号），四是《黔南州文联深化改革方案》经州委深化改革领导小组审议通过，为全州文艺事业的改革发展奠定良好基础。一系列创新性工作机制出台，确保了作品思想性、艺术性、观赏性的有机统一，为文艺创作、文艺活动的开展提供了坚实保障。

表1 2018年黔南州文艺创作扶持奖励签约作品

类别	数量	名称
舞蹈类	7个	《述阿邑》（苗族）、《猫叉狩猎舞》（布依族）、《瑶山魂》（瑶族）、舞蹈《山水青青》（布依族）、《拦凶舞》（苗族）、《水书魂》（水族）、《路上》（综合）
音乐类	12个	《脱贫妹才嫁给哥》《吉妮丽吉》《布依姑娘水一样》《家乡的刺梨花》《黔南霓裳》《想你的歌多如海》《山月儿》《好花红只为你绽放》《绿水青山好太阳》《布依竹韵》《把福带回家》《扶贫谣》
小品曲艺类	5个	《精准扶贫勇争先》《赠银》《最感动的人》《母鸡田的春天》《入村》

资料来源：黔南州人民政府网。

2018年，黔南州顺利举办了庆祝建党97周年"不忘初心、牢记使命"主题征文活动、"唱响新时代放歌新未来"2018年多彩贵州歌唱活动黔南赛区决赛活动、首届"保利杯·书写大美匀城"一篇好散文大型征文活动、黔南州首届民族服饰创意设计征文大赛活动、黔南州纪念改革开放40周年40事访谈活动、黔南州庆祝改革开放40周年成就纪实摄影活动、首届"夜郎文学奖"评选活动等。此外，为更好地开展文艺创作活动，州文联联系都匀茶博园在八号楼二楼提供200平方米的场地作为文艺创作基地，培养文艺人才，解决了文艺家协会多年来一直无办公和创作场所的困境。荔波县在瑶山建成了写生之乡，吸引了全国各地美术家到荔波县采风创作等。通过文艺创作活动开展、创作基地平台搭建，营造了浓郁的文化氛围和良好环境，有效助推黔南文艺创作走在全省前列，走出一条具有黔南特色的文艺创作之路，对全面落实"文化强州"发展战略、提升文化软实力发展发挥重要作用。

（四）立足本土民族文化创作文艺精品

黔南州广大文艺工作者始终立足黔南深厚的民族历史文化底蕴，充分挖掘黔南优秀传统文化资源，从优秀民族文化中汲取营养，吸收传统文化的美学精神，使之成为黔南文艺创作的资源富矿。同时，黔南州宣传文化部门通过"出政策，重激励，建平台，强引导"，加强对民族文艺节目创作的艺术指导，深挖地方独特的民族文化内涵，力求展现好黔南独特的文化魅力和黔南人的精神风貌，催生了一批反映地方民族特色及时代风貌的精品文艺节目，不断繁荣和发展黔南州的文艺事业。

2018年，全州共有165个集体和个人的文艺类作品获得国家、省、州级的表彰，其中，共获得国家级奖项5个，省级奖项55个，州级奖项105个。

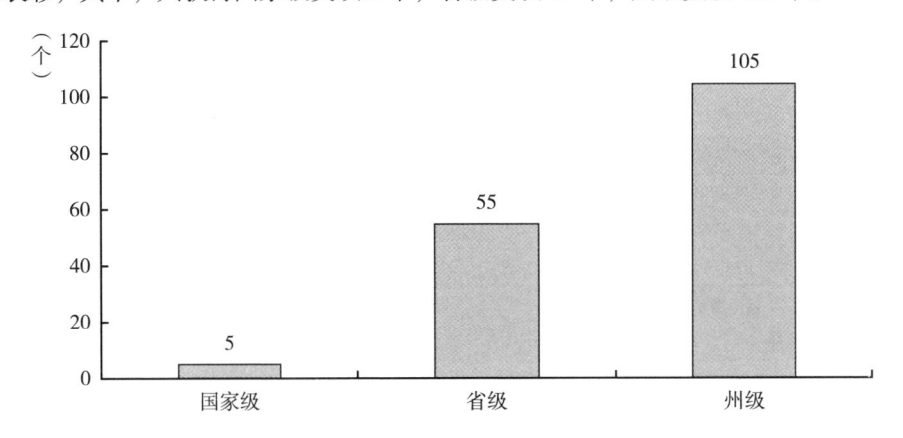

图1　2018年黔南州文艺作品获奖表彰情况

资料来源：黔南州人民政府网。

表2　2018年黔南州文艺作品获奖、参展情况（部分）

序号	奖项名称	作品题目	获奖等次	获奖级别
1	第三届加拿大金枫叶国际电影节	纪录片《过端》	最佳纪录片奖	国家级
2	第十八届CCTV全国青少年网络电视艺术大赛	《锦鸡炫舞》	金奖	国家级
3	第十八届CCTV全国青少年网络电视艺术大赛	《苗家板凳舞起来》	特别奖	国家级
4	2018年中国梦扶贫攻坚影像盛典	微电影《清水村轶事》	二等奖	国家级
5	全国第八届少儿曲艺展演	曲艺《朝阳中的水家》	参展	国家级
6	第九届舞向未来全国校园舞蹈展演	舞蹈《咕噜跳月》	"校园之星"奖	国家级
7	第九届舞向未来全国校园舞蹈展演	舞蹈《咕噜跳月》	"创作奖"	国家级
8	中国新闻奖	电视专题片《"一户一马"？"一户一码"》	三等奖	国家级
9	2018年中国长江文化艺术节暨第八届长江流域戏剧艺术节	水族舞剧《木楼古歌》	"优秀展演剧目"奖	国家级
10	第七届贵州省文艺奖	曲艺《改路》	一等奖	省级
11	第七届贵州省文艺奖	摄影《500米单口径球面射电天文望远镜》	一等奖	省级
12	第七届贵州省文艺奖	电视纪录片《喀期特神话》	二等奖	省级
13	第七届贵州省文艺奖	曲艺类《一泓清泉》	二等奖	省级
14	第七届贵州省文艺奖	民族舞《铜鼓祭》分获文艺类和舞蹈类	二等奖	省级
15	第七届贵州省文艺奖	动漫《聪明的甲金》	三等奖	省级
16	贵州省"群星奖"文艺作品大赛	小品《盗种》、戏曲类	二等奖	省级
17	贵州省"群星奖"文艺作品大赛	歌曲《相会在都匀》	二等奖	省级
18	贵州省"群星奖"文艺作品大赛	曲艺《精准扶贫勇争先》	三等奖	省级
19	贵州省"群星奖"文艺作品大赛	舞蹈《扇韵》	三等奖	省级
20	第十一届"贵青杯"校园舞蹈展演比赛	舞蹈《咕噜跳月》	一等奖	省级
21	贵州省新闻出版广电局贵州新闻奖	《"一户一马"？"一户一码"》	一等奖	省级
22	贵州广播电视奖	《"一户一马"？"一户一码"》	一等奖	省级

续表

序号	奖项名称	作品题目	获奖等次	获奖级别
23	贵州广播电视奖	《省委书记、代省长厕所颁奖记》	一等奖	省级
24	贵州广播电视奖	《fast 一周岁特别报道》	一等奖	省级
25	贵州广播电视奖	《校农结合扶贫走新路》	二等奖	省级
26	贵州广播电视奖	《"校农结合"操盘手——胡晓艳》	二等奖	省级
27	贵州广播电视奖	《黔南行看世界》	二等奖	省级
28	贵州广播电视奖	《问政考场上的"小抄"》	二等奖	省级
29	2018年度贵州优秀文艺作品奖	散文《"女儿节"与花糯饭》		省级
30	2018年度贵州优秀文艺作品奖	散文《问道福泉山》		省级
31	2018年度贵州优秀文艺作品奖	广播剧《水族1944》		省级
32	2018年度贵州优秀文艺作品奖	舞剧《木楼古歌》		省级
33	2018年度贵州优秀文艺作品奖	电视纪录片《黔南绚歌》		省级

资料来源：黔南州人民政府网、多彩贵州网文化频道。

黔南州所获奖的文艺节目，许多是长期活跃在剧场、乡间舞台及屏幕上，仅《盗种》和《精准扶贫勇争先》、《铜鼓祭》等节目，获奖前已在州内外上演近百场次，大大丰富了黔南州城乡舞台文化。《盗种》节目在贵州省"群星奖"文艺作品大赛中，因其立意新颖，结合精准扶贫主题，经专家评委组评审、推荐，成为全省"群星奖"8个提升打磨文艺作品之一，作为全省参加文化和旅游部第十八届"群星奖"评选活动的备选作品。此外，2018年启动了黔南十套文艺集成编撰，首期已完成《黔南州民间故事集成》《黔南州民间谚语集成》《黔南州民间歌谣集成》《黔南州民间舞蹈集成》4部收集编撰并交由贵州人民出版社出版。黔南广大文艺工作者热情歌咏传统文化，由衷赞美地域文化，展现黔南多姿多彩的历史与民族画卷、人民蓬勃向上的精神风貌，用具有浓郁地方民族特色的优秀作品，把多彩黔南传播到全国各地，展示了黔南文化底蕴深厚、发展成就显著的城市形象。

二 存在的问题分析

（一）文学创作整体影响力不强

就文学而言，黔南州诗歌、散文创作人数多，作品数量多，但尚未形成整体性艺术影响力，小说和报告文学发展后劲较足，但缺乏有影响力的作品带动和支撑，文学评论参与度低，全州12县市文学创作力量分布不均衡，难以形成合力，获得有影响力的高层次奖项较少。现有的作家还存在创作视野不宽，目标模糊的情况，很多作者满足于千字文、小情调，满足于自我复制，缺失精品意识。

（二）影视戏剧创作发展不均衡

黔南州影视艺术创作仍处于发展的初级阶段，尚未形成具有本土特色的影视产业链，而传统戏剧艺术创作目前尚无精品加以支撑，创作力量薄弱的状况依然存在。此外，在新媒体时代，黔南州传统艺术与现代艺术创作及其视觉化传播发展"不均衡"与"不充分"的矛盾依然突出，艺术如何协调传统元素与艺术创新的问题有待思考，以及如何传承弘扬避免失传更需考虑。

（三）音乐舞蹈创作亟待创新

2018年，黔南州音乐舞蹈艺术创作取得了一定的成绩，但整体而言，目前仍存在创新意识不足，作品同质化、水平参差不齐的状况，尤其是民族音乐舞蹈艺术创作的表现方式、叙事元素、思想内涵等均有较大程度的雷同，舞台布景相似、艺术形象模式化、叙事视野不开阔、想象力与艺术创意不丰富、艺术表现形式较为传统、审美内涵开掘不深等问题仍比较突出。黔南州民族文化资源丰富，有大量的民族文化内容和题材可供挖掘，广大民族文艺工作者亦付出了诸多努力，但目前具有代表性的民族文艺精品较少。

三 面临的主要问题与思考

（一）面临的问题

1. 机遇与挑战并存

当前，黔南州已进入"十三五"规划脱贫攻坚、同步小康决战决胜的关键时期，也是黔南大有可为的重要战略机遇期，要实现"六大战略行动"和民生福祉"六大提升工程"目标，建设"生态之州、幸福黔南"，尤其需要发挥文艺不可替代的重要作用。黔南州文艺创作既面临着良好的发展机遇，也存在严峻挑战，目前的文艺活动实践过程中仍存在短板，需要引起高度重视，认真研究存在的问题，拓展思路，广开渠道，解决好文艺事业发展中的瓶颈问题。

2. 顶层设计亟待完善

黔南州文艺创作经过努力，积累了一定的创作业绩基础，但由于目前的扶持力度依然薄弱，扶持资金不足，激励机制不够完善，在促进文学艺术资源的优化配置方面，仍然存在资金保障、项目申报、奖项设立、创作扶持、人才引进等方面出台的政策执行效率与后劲不足，间接导致艺术工作者自主创作的动力不足，创作上多以满足个人兴趣为主要目的，创作随意性较大，缺乏中长期创作规划意识等问题。

3. 人才队伍存在短板

虽然这些年黔南文艺创作人才有了一定规模，但总体数量、整体水平还远远不能满足繁荣发展黔南文艺事业的需求，主要表现为高端人才数量不足，基层文艺骨干基数偏小、业务素养不高，专业的艺术门类人才不均衡等。此外，由于文艺创作的聚集效应非常突出，而从地缘上看，黔南地处较为偏远的西南腹地，对外界的文化吸引力远远不足，若没有非常优惠的政策，很难吸引文艺创作人才、文化创意产业集聚黔南，艺术创作氛围有待进一步提升。

4. 精品创新意识不足

整体上看，黔南文艺创作虽存在出大作、出精品的意识，但创新意识不足，艺术创新程度不够，削弱了大部分精品艺术的影响力。就目前产出的文艺作品看，多取材于现实题材，历史文化、红色文化、民族文化、山地文化等均是主要题材资源，多数以现实主义表现方式进行创作，艺术张力不足，难以在更大程度上吸引眼球。就文学创作而言，作者需克服本土地域性局限，拓展艺术视野，突破篇幅较短、内容浅显、文风固化、自我重复较多的阻碍，打破文字承载力不足的短板，争取更好的发展。就影视歌舞等艺术而言，要敢于冲破传统艺术思维局限和现实视角阻碍以及创新艺术表现形式和精神文化格局，突破满足于本土性自编自演的僵化思想，大胆运用新媒体元素和互联网传播手段进行创作，以拓展交流空间，并不断提升艺术学养，强化社会担当意识，增强艺术审美功底，从而整体提升作品的艺术价值和审美价值。

（二）对问题的几点思考

1. 发挥资源优势，注重创造性转化与创新性发展

充分发挥黔南民族文化资源优势，在民族传统文化艺术的"守正"和"创新"上做好文章。积极挖掘整理有价值的非物质文化遗产资源，开展地方民族文艺普查工作，对濒危文艺品种立即组织抢救整理，扶持优秀民族文艺，组织专业文艺队伍进行艺术改编创作，创作具有一定规模的既能让观众喜闻乐见又有深刻内涵、特色鲜明的民族艺术精品，并主动组织相关文艺单位进行会演，利用新媒体广泛传播，打造真正符合当下审美标准的文化品牌。

2. 注重艺术原创，通过文艺原创进行文化资源的整合开发

合理有效地利用已设立的专项资金扶持文艺原创作品，充分调动各类文艺原创者的积极性、主动性和创造性，从而扭转黔南历史文化、民族文化资源内容原创滞后的局面。与此同时，组织深入研究当前文化消费对内容原创的新要求、新期待，深入研究黔南州历史文化、民族文化资源进入内容原创

的特点和规律，围绕黔南的历史文化题材、红色文化题材、民族民间文化题材、社会现实题材等，组织相应的文艺工作者进行有针对性、有计划性的文艺创作，赋予黔南民族传统文化新的时代内涵和新颖的现代表达形式。

3. 优化队伍结构，形成人才梯队，关注培育新的艺术队伍

随着黔南州经济社会文化的发展，新的文艺组织不断壮大，网络作家、民间画家、书法家、收藏家、舞蹈家实力超群、活动积极，但是这些文艺群体和工作者比较分散，缺乏相应的专业指导和技能培训，密切关注这类群体的发展，强化与新文艺工作者的联络，加大对他们的扶持，在场馆服务、人才资金、技能培训等方面予以相应的帮助，以吸引整合更多的社会资源和艺术资源，激发全社会的文艺创作热情。

4. 打造"互联网＋文艺"，助推黔南州文艺新形态与新格局发展

在当今的新媒体时代，"互联网＋"成为国家战略，深刻认识"互联网＋"给文艺发展带来的重大机遇，黔南州文艺工作如何突破创作发展瓶颈、拓展新的文艺创作与传播空间，是值得认真思考并下力气解决的问题。2018年，黔南州作家协会在全省率先成立了网络文学创作委员会，可以此为基础积极搭建各类网络文艺平台，进行文艺宣传、作品推介、志愿服务及教育培训，同时推动传统文艺与新媒体文艺的有机融合，重视网络文艺的创作，提升精品意识，形成线上线下的文艺互动，拓展黔南文艺创作交流空间，助推黔南文艺精品的创作、传播与审美影响再上台阶。

四　发展对策与建议

要实现黔南州文艺创作的繁荣与发展，需要从抓好各项机制建设入手，建立健全导向、统筹、投入、参与、人才等机制，是实现黔南州文艺创作规范化运作、制度化保障、有序化发展的前提和基础。

（一）强化扶持引导，健全评价体系

紧密围绕"坚定文化自信，推动社会主义文化繁荣兴盛"的总要求，

以实施《黔南州"十三五"文化事业和文化产业发展规划》为推手，落实《黔南州推进文化产业发展三年行动方案（2018～2020）》目标任务，切实用好黔南州文艺精品扶持奖励办法，以优秀文艺作品奖励以及各地各部门的扶持、评选、奖励为载体，对优秀作品和项目给予扶持、指导、奖励，引导广大文艺工作者大力弘扬"团结奋进、拼搏创新、苦干实干、后发赶超"的新时代贵州精神，大力传承和弘扬黔南优秀传统文化、优良美德和"追赶、领先、跨越"的新时期黔南精神，以社会主义核心价值体系为引领，以中国梦为时代主题，以黔南优秀传统文化、民族文化为根基，着力推出更多优秀文艺作品，以鼓舞全州人民朝气蓬勃地迈向未来。

要建立健全文艺评价体系，细化、量化文艺作品评价指标，从文艺创作产品的主题思想、艺术质量、社会效益、经济效益等方面设立量化指标，推动广大文艺工作者创作更多优秀作品，让人们发现大美黔南、幸福黔南，从而热爱黔南。充分发挥文艺评论引导创作、多出精品、提高艺术审美价值。组建文艺评论队伍，依托《夜郎文学》《黔南日报》等州内报纸杂志建立微信公众号等新媒体平台开设文艺评论专栏，定期组织刊发文艺评论文章，不定期聘请评论名家撰写评论文章，以树立文艺标杆，引导新时代的黔南文艺风尚。

（二）制定黔南文艺创作中长期规划

既要重视、用好当前已出台的《黔南州推进文化产业发展三年行动方案（2018～2020）》《黔南州文艺创作扶持奖励办法》等政策，又要着眼长远规划，通过组织召开文艺精品创作规划会、座谈会、协调会等方式，广泛开展调查研究，充分听取各文艺创作单位的意见，充分了解和把握全州文艺精品创作形势，切实加强文艺精品创作的统筹规划，健全文艺精品创作生产的长效机制。在尊重创作规律的基础上，制定科学合理的文艺创作长期规划、年度计划。加快推进《黔南州文艺精品创作生产三年行动计划》《黔南州好花红文化人才选拔培养管理办法（试行）》的实施，力争通过统筹谋划、科学论证，强化文艺工程化推进、文艺项目化管理，确保文艺创作多出精品，多出效益。组织专家认真梳理黔南文艺精品创作题材资源，依托当前的网络新媒体平台建立文艺创作题材库，有计划、有步骤地开展文艺创作，为黔南各地各部门和创作单位提供丰富的创作题材。同时，加强信息交流和沟通协调，避免州和县市之间、各县市之间在创作题材、创作门类上出现交叉重复现象，实现区域资源配置的最优化。

（三）做好服务保障，加大经费投入

结合黔南州社会经济与文化建设实际，逐步提高文艺创作扶持奖励资金的额度，充分把握政府政策导向，力争保持每年足额兑现文艺创作扶持资金。另外要拓宽渠道，构建双赢机制，借助社会力量支持文艺精品创作，同时，将各地文艺创作的经费投入列入政府工作考核目标，引导各县市建立相应的配套措施，努力形成科学合理，富有活力，有利于文艺事业发展的多样化、多渠道投入机制，确保文艺创作的资金正常到位。

（四）广泛引导群众参与，营造全民创作良好环境

顺应新时代网络化、信息化、全媒体化的文化特征，推动广大群众积极参与文艺创作。尤其是对网络文艺的发展引导、网络文艺网站的建设、网络文艺工作者的培养等给予全面的指导和支持，帮助网络文艺创作者提升创作观念、思路和方法，特别要提高网络文学作者写作水平，大力挖掘优质的网络文学作品，大胆尝试将网络文学创作与黔南州电影、电视剧、舞台剧以及动漫等文艺创作进行资源融合，鼓励带动黔南文艺团体、文艺工作者搭建具有黔南特色文化元素的文艺创作网络平台，营造全民参与文艺创作的良好环境。

（五）优化队伍结构，加大人才培养力度

拓宽引进渠道，结合黔南州近几年推行的"校地合作""校企合作"政策，充分发挥高校、科研机构、文化企业等的人才集聚功能，鼓励采取精品签约、校地合作、技术入股、岗位聘任等方式多渠道引进文艺创作人才。着

力发现和培养各艺术门类创作带头人，对各门类突出的文艺人才，实施特殊的政策，如通过建立工作室、召开作品研讨会、推荐会等措施，加大人才培养力度，努力造就一批在全省有影响的文艺人才。加强对基层文艺工作者、文艺骨干的培训，发挥他们在基层文艺创作中的组织带动作用。积极搭建平台，推动各文艺创作团体、个人与文艺创作相关单位的交流合作，吸引高校、文化单位开展文艺创作交流，共建各种形式的文艺创作载体，共同开展各种形式的文艺创作活动，提升广大基层文艺工作者的创作与审美水平，营造浓郁良好的文艺氛围，促进黔南州文艺创作新的格局成形与繁荣发展。

专题篇
Special Reports

B.9
黔南州民族文化资源产业化发展报告

文 静[*]

摘　要： 黔南州民族文化资源总量富足，形态齐全，特色鲜明，原生潜力大，为文化产业开发提供了良好的基础和发展空间。普查数据显示，黔南文化资源分布呈南多北少、东多西少、类型不均衡发展的特点。黔南民族文化资源的旅游产业化发展占据一定优势，创意产业、艺术产业发展不充分，文化衍生产品不丰满，产业链及产业集群发展滞后。抓住国家文化产业发展机遇，深入挖掘黔南优质资源，加快产业跨界融合、转型升级，大力培养文化产业专业人才，是推进黔南州文化资源产业化发展、实现文化产业质的飞跃的有效途径。

---

[*] 文静，黔南民族师范学院旅游与资源环境学院院长、教授，主要研究方向为文化资源、语言文化。

关键词： 文化资源　产业化　空间分布　黔南州

党的十八大明确文化产业要成为国民经济支柱性产业。随着我国整体经济实力迅速增强，国际影响力明显扩大，我国文化产业迎来了加快发展的黄金期，文化产业对国民经济增长的贡献率不断上升，已经成为经济增长的新动能和新引擎，在促进国民经济转型升级和提质增效、服务党和国家工作大局、满足人民精神文化生活新期待、巩固和坚定文化自信、增强中华文化影响力等方面发挥了重要作用。

黔南州"十三五"文化产业发展的核心任务就是发挥黔南特色民族文化资源优势，推进特色文化资源的产业化发展，打造以好花红品牌建设为引领的文化品牌，把文化产业培育成黔南州国民经济的战略性支柱产业。

文化资源是文化产业的核心要素，文化资源是产业开发的基础，产业开发是文化资源的延伸，文化资源的品类、质量也决定了资源型文化产业的规模与潜力，品类越多，质量越高，文化产业规模越大，潜力也越大。同时，文化产业的发展也为文化资源提供了全新的传承发展路径。

文化资源的产业化是指在市场经济条件下，以文化行业需求为导向，以实现经济效益和社会效益为目标，依靠专业服务和质量管理，形成的系列化和品牌化的经营方式和组织形式。

一　黔南州民族文化资源分布及特点

文化资源，是资源的一种特殊形式，是指在社会运行过程中形成的，以物质和精神文化为内容，能为社会经济文化的发展提供生产对象、创意基础和环境条件，并能创造物质和文化财富的要素组合，包括物质资源和精神资源。文化资源按不同的标准可以形成不同的分类体系。以"文化产业需要"为前提，按照文化产业"获取文化资源的途径"，可以将黔南州民族文化资源分为物质实证性文化资源、文字与影像记载性文化资源和行为传递性文化资源等三个类别。本报告采用的数据，是在黔南州2016年旅游资源大普查数据基础上，进一步筛选出的文化资源条目①。经过整理分析，黔南州民族文化资源分布情况如表1所示。

表1 黔南州民族文化资源统计

县市	县市面积（平方千米）	五级（个）	四级（个）	三级（个）	物质实证性文化资源（个）	文字与影像记载性文化资源（个）	行为传递性文化资源（个）	合计（个）
荔波县	2431.8	3	8	22	23	0	10	33
罗甸县	3015	0	6	31	19	0	18	37
惠水县	2470	0	4	29	15	0	18	33
贵定县	1631	0	11	41	41	0	11	52
瓮安县	1974	0	10	17	26	1	0	27
长顺县	1543	0	0	38	16	0	22	38
三都县	2400	3	7	35	21	4	20	45
平塘县	2806	4	4	9	16	0	1	17
独山县	2442.2	1	8	19	22	2	4	28
都匀市	2274	1	7	14	20	0	2	22
福泉市	1688	1	8	17	23	0	3	26
龙里县	1521	0	0	9	7	0	2	9
合计（个）	26196	13	73	281	249	7	111	367

黔南州民族文化资源总量为367个，资源的空间分布（见表1）数据显示，黔南州民族文化资源呈现南多北少、东多西少的特点。具体而言，东部地区资源分布密集，西部地区资源相对薄弱；南部地区资源类型丰富，北部地区资源单一，多以物质实证性资源为主。12县（市）文化资源分布也显现不均衡的态势，总体上物质实证性文化资源较为丰富，行为传递性文化资源次之，文字与影像记载性文化资源分布少，是稀缺资源。从各县（市）文化资源的数量分布看，荔波县资源分布最多，有3个五级资源、8个四级

---

① 《黔南旅游资源大普查汇总表》由黔南州文化旅游局提供。本报告对文化资源等级的划定，沿用原数据标准。

资源、22个三级资源；其次是平塘县，有4个五级资源、4个四级资源、9个三级资源；再次是三都县，有3个五级资源、7个四级资源、35个三级资源；龙里县和长顺县没有四级以上资源分布，资源品质不高。从文化资源的类型分布看，三都县、独山县资源类别较丰富，是资源的富集区，福泉市、平塘县的资源类型较少。贵定县、瓮安县、荔波县和福泉市物质实证性文化资源较富足，如阳宝山遗址、邓恩铭故居、猴场会议纪念馆、福泉古城等；长顺县、龙里县、惠水县分布较少；文字与影像记载性文化资源相对匮乏，主要集中在三都县、瓮安县和独山县，如水书、水语、儒学家尹珍、儒学家莫友芝等，其他县（市）没有分布；行为传递性文化资源多集中在三都县、长顺县、罗甸县和惠水县，如马尾绣、水族葬礼、水族端节、水族卯节、水族祭祖、布依族"六月六"、布依民歌《好花红》调、赶花场等，瓮安县、平塘县、都匀市和龙里县数量极少，平塘县只有一个，瓮安县没有。

（一）物质实证性文化资源分布分析

物质实证性文化资源是通过客观物质实体获得的文化资源，主要包括历史建筑、历史文物、现代造型艺术等3个二级类别。历史建筑下分为皇家建筑、民居建筑、宗教建筑、公共建筑、国防建筑、行政建筑、丧葬建筑等7个三级类别；历史文物下分艺术类文物（书画、壁画、雕塑、纺织与印染）、非艺术类文物（服饰、器物）等2个三级类别；现代造型艺术下分绘画、雕塑、约定俗成的造型符号、图腾等4个三级类别。黔南州物质实证性民族文化资源存量大，共有249个，占黔南州文化资源总量的67%。其中历史建筑220个，历史文物26个，现代造型艺术3个，历史建筑资源占物质实证性民族文化资源总量的88.4%。相较而言，现代造型艺术仅有3个，成为稀缺的资源，也从一个侧面反映出黔南州文化创意产业的疲弱。

黔南州五级物质实证性民族文化资源主要有荔波县的邓恩铭故居、小七孔古桥，三都县马尾绣，平塘县的中国天眼（FAST）、克度天文小镇、牙舟陶、藏字石，独山县的深河桥抗日文化纪念园，福泉市的福泉古城等9个。黔南州五级物质实证性民族文化资源中红色文化资源2个，科技文化资源2

个,历史文化资源3个。

黔南州四级物质实证性民族文化资源主要有荔波县的荔波古镇、大七孔古桥、拉片村古镇、黔桂古道、黎明关、茂兰生态汽车营地,罗甸县的罗甸烈士陵园、麻怀隧道,惠水县的布依堂屋、九龙寺,贵定县的阳宝山遗址、贵定县城隍庙、东山水乡、盘江音寨村、金海雪山、鸟王村万亩茶场,瓮安县的清水河大桥、大戏楼、毛泽东行居——傅氏祠堂、猴场会议会址、江界河大桥、抢渡乌江遗址、珍稀植物园、万亩茶山,三都县的排烧苗寨村、怎雷水族文化村,平塘县的FAST科学旅游文化园、FAST观景台、甲青天生桥、京舟养生乐园,独山县的影山草堂、奎文阁、深河桥抗战陈列馆、深河桥抗战胜利纪念园,都匀市的南沙洲公园、都匀桥城、三江堰生态公园、莫冲河观光休憩河段、螺蛳壳茶场群、茶博园、毛尖小镇,福泉市的葛镜桥、福泉城墙、沈万三府邸、太极宫、雄镇楼、竹王城遗址、夜郎神妍共50个。黔南州四级物质实证性民族文化资源中红色文化资源7个,科技文化资源5个,历史文化资源10个,民俗文化资源4个,茶文化资源5个,康养文化资源4个。

表2 黔南州物证性民族文化资源统计

单位:平方千米,个

县市	县市面积	等级			分类			合计
		五级	四级	三级	历史建筑	历史文物	现代造型艺术	
荔波县	2431.8	2	6	15	21	1	1	23
罗甸县	3015	0	2	17	17	2	0	19
惠水县	2470	0	2	13	15	0	0	15
贵定县	1631	0	6	35	40	1	0	41
瓮安县	1974	0	2	17	23	3	0	26
长顺县	1543	0	0	16	9	7	0	16
三都县	2400	1	2	18	14	7	0	21
平塘县	2806	4	4	8	14	1	1	16
独山县	2442.2	1	4	17	21	1	0	22
都匀市	2274	0	7	13	20	0	0	20
福泉市	1688	1	8	14	21	2	0	23
龙里县	1521	0	0	7	5	1	1	7
合计	26196	9	50	191	220	26	3	249

（二）文字与影像记载性文化资源分布分析

文字与影像记载性文化资源，分为语言文字、历史要籍、文学经典、影像资料等4个二级类别，分别包括语言、文字、历史要籍、历史人物、历史事件、外国文学经典、中国文学经典、摄影资料、电影资料、电视资料等10个三级类别。黔南州文字与影像记载性文化资源总量11个，仅占文化资源总量的0.03%，存量严重不足。其中，五级文化资源仅有三都县的水书，四级文化资源只有三都县的水历、水语，独山县的儒家学者尹珍、儒家学者莫友芝等4个资源。文字与影像记载性文化资源的匮乏，与黔南州各少数民族没有本民族传统文字、现代信息技术落后等因素有关。

（三）行为传递性文化资源分布分析

行为传递性文化资源，包括生产行为、承载文化传统的生活行为、传承思想观念的学习行为、彰显民族性格的娱乐行为、表达感恩和敬畏的节庆行为等5个二级类别。黔南州行为传递性文化资源总量106个，占文化资源总量的28.9%。五级资源有荔波县的漳江漂流和三都县的水族银饰等2个，四级资源有荔波县五眼桥至高望原始森林徒步穿越路线、荔波万亩梅花节；罗甸县的罗甸红心火龙果、茂井休闲垂钓、八达休闲垂钓罗妥避寒地；惠水县的惠水布依族民歌《好花红》调、黑糯米；贵定县的长衫龙、盘江狗肉、杨家寨风情、云雾贡茶、苗族长鼓舞；瓮安县的草塘红色文化；三都县的水族端节、水族卯节、九阡酒；独山县的独山盐酸菜、独山花灯等19个。

表3 黔南州非物证性民族文化资源统计

单位：平方千米，个

县市	县市面积	五级	四级	三级	文字与影像记载性文化资源	行为传递性文化资源	合计
荔波县	2431.8	1	2	7	4	6	10
罗甸县	3015	0	4	14	0	18	18
惠水县	2470	0	2	16	0	18	18

续表

县市	县市面积	等级			文字与影像记载性文化资源	行为传递性文化资源	合计
		五级	四级	三级			
贵定县	1631	0	5	6	0	11	11
瓮安县	1974	0	1	0	1	0	1
长顺县	1543	0	0	22	0	22	22
三都县	2400	2	8	14	4	20	24
平塘县	2806	0	0	1	0	1	1
独山县	2442.2	0	4	2	2	4	6
都匀市	2274	0	0	1	0	1	1
福泉市	1688	0	0	3	0	3	3
龙里县	1521	0	0	2	0	2	2
合计	26196	3	26	88	11	106	117

二 黔南州民族文化资源产业开发现状

我国一般将文化产业界定为从事文化产品生产和提供文化服务的经营性行业。文化产业的基本结构包括内容产业（知识产权）、传媒与广告及衍生产品等三个方面，其构成要素为文化创意、体验价值、规模生产。文化资源的产业化过程，需要满足三个条件：一是具备可视、可听、可感、可体验的物质形式；二是具有消费者可接受的市场价值；三是有明确的归属权，即产权。根据文化资源及其产业开发的特性，我们把文化产业大致分为六大类：一是旅游产业，主要为顾客提供旅游、交通、住宿、餐饮、购物、休闲娱乐等服务的综合性产业；二是艺术产业，将文化资源转化为文化产品和文化服务的产业，包括艺术品经营业、演出业、文化娱乐业；三是传媒产业，以新闻出版、广播影视、音像、互联网等为载体，依托传播，拓展经济空间的产业群体，主要有纸质传媒产业和影音产业；四是体育产业，其主体为体育竞技业和大众健身业；五是版权产业，分为版权业和授权经营业；六是创意产业，文化创意是文化产业项目的灵魂。据此，

我们按文化资源产业化形态的旅游产业、艺术产业、传媒产业、体育产业、版权产业和创意产业等六个一级类别来分析黔南民族文化资源产业化现状和特点。

（一）黔南州五级文化资源产业化现状分析

黔南州五级文化资源总数为 13 个。从文化资源的产业化类型看，所有资源都完成了产业化开发，其中都匀毛尖、牙舟陶、水书、水族银饰等资源的产业化形态达到四类以上，基本包含创意产业、传媒产业及其他产业，较为丰富，呈现良性的产业结构。深河桥抗日文化纪念园、福泉古城、邓恩铭故居、樟江漂流、克度天文小镇、藏字石等资源的产业化形态较为单一，仅作为旅游产业，产业结构单一。从文化资源的产业化程度看，文化旅游产业开发达到 100%，有 38.5% 的资源进行创意业开发，46% 的资源开发版权业进行授权性经营，13% 的资源开发传媒业。从文化产业的基本结构看，61.5% 的五级文化资源的产业化转化结构要素不均衡，缺少内容创意、传媒推广及衍生产品推动等多个产业的联动，不利于文化产业链和产业集群构建，在一定程度上影响文化品牌打造和文化软实力形成。

表 4　黔南州五级民族文化资源产业化统计

序号	县（市）	名称	文化资源类别	产业化开发形态	基本类型
1	都匀市	都匀毛尖	行为传递性	旅游业、艺术业、版权业、传媒业、创意业	旅游产品、非遗名录、茶艺表演、"都匀毛尖茶"商标、毛尖茶商品、毛尖食品、茶博会、茶博园
2	独山县	深河桥抗日文化纪念园	物证性	旅游业	旅游产品
3	福泉市	福泉古城	物证性	旅游业、艺术业	旅游产品、《福泉往事》、影视基地
4	荔波县	邓恩铭故居	物证性	旅游业	旅游产品
5	荔波县	樟江漂流	行为传递性	旅游业	旅游产品
6	荔波县	小七孔古桥	物证性	旅游业、版权业	旅游产品、"小七孔"商标、旅商品

续表

序号	县(市)	名称	文化资源类别	产业化开发形态	基本类型
7	平塘县	牙舟陶	行为传递性	旅游业、艺术业、版权业、创意业	旅游产品、文化产业园、工艺品、旅游商品
8	平塘县	中国天眼(FAST)	物证性	旅游业、版权业	旅游产品、"天眼"商标
9	平塘县	克度天文小镇	物证性	旅游业	旅游产品
10	平塘县	藏字石	物证性	旅游业	旅游产品
11	三都县	水族银饰	行为传递性	旅游业、艺术业、传媒业、创意业	旅游产品、工艺品、旅游商品
12	三都县	水书	文字与影像记载性	旅游业、艺术业、版权业、创意业、传媒业	非遗名录、旅游产品、博物馆、旅游商品、工艺品、出版物、少数民族(水)文字数字化字体库、《来自远古的记忆——水书探秘》
13	三都县	马尾绣	行为传递性	旅游业、版权业、创意业	非遗名录、民族服饰、工艺品、旅游纪念品

(二)黔南州四级文化资源产业化现状分析

黔南州四级文化资源总数74个,大多集中在旅游产业,产业化形态比较单一,有21个资源完成2个以上产业转化,占文化资源总量的28.4%。部分三级文化资源的产业发展不充分,甚至尚未开发,如水历、水语等资源。

表5 黔南州四级民族文化资源产业化统计

序号	县(市)	名称	文化资源类别	产业化类别	基本类型
1	都匀市	都匀桥城	物证性	旅游业	旅游产品
2	都匀市	南沙洲公园	物证性	旅游业、艺术业	旅游产品
3	都匀市	螺蛳壳茶场群	物证性	旅游业、	旅游产品
4	都匀市	三江堰生态公园	物证性	旅游业	旅游产品
5	都匀市	茶博园	物证性	旅游业	旅游产品
6	都匀市	毛尖小镇	物证性	旅游业、艺术业	旅游产品、《星火云雾街》拍摄基地

续表

序号	县(市)	名称	文化资源类别	产业化类别	基本类型
7	福泉市	葛镜桥	物证性	旅游业	旅游产品
8	福泉市	小西门水城	物证性	旅游业	旅游产品
9	福泉市	福泉城墙	物证性	旅游业	旅游产品
10	福泉市	沈万三府邸	物证性	旅游业	旅游产品
11	福泉市	太极宫	物证性	旅游业	旅游产品
12	福泉市	雄镇楼	物证性	旅游业	旅游产品
13	福泉市	竹王城遗址	物证性	旅游业	旅游产品
14	荔波县	荔波古镇	物证性	旅游业	旅游产品
15	荔波县	大七孔桥	物证性	旅游业	旅游产品
16	荔波县	拉片村古寨	物证性	旅游业	旅游产品
17	荔波县	黔桂古道	物证性	旅游业	旅游产品
18	荔波县	黎明关	物证性	旅游业	旅游产品
19	荔波县	五眼桥至高望原始森林徒步穿越路线	行为传递性	旅游业、体育业	旅游产品、体育竞技
20	荔波县	茂兰生态汽车营地	行为传递性	旅游业、体育业	旅游产品、体育竞技
21	荔波县	荔波万亩梅花节	行为传递性	旅游业	旅游产品
22	贵定县	阳宝山遗址	物证性	旅游业	旅游产品
23	贵定县	贵定县城隍庙	物证性	旅游业	旅游产品
24	贵定县	东山水乡	物证性	旅游业	旅游产品
25	贵定县	长衫龙	行为传递性	旅游业、版权业、艺术业	旅游产品、非遗名录、演艺《贵定长衫龙》
26	贵定县	盘江音寨村	物证性	旅游业	旅游产品
27	贵定县	金海雪山	物证性	旅游业、艺术业	旅游产品、"金海雪山"文化旅游艺术节
28	贵定县	洛北河漂流	行为传递性	旅游业	旅游产品
29	贵定县	盘江狗肉	行为传递性	旅游业	旅游产品
30	贵定县	杨家寨风情	行为传递性	旅游业	旅游产品
31	贵定县	云雾贡茶	行为传递性	旅游业、版权业	旅游产品、"云雾茶"商标
32	贵定县	鸟王村万亩茶场	物证性	旅游业	旅游产品
33	贵定县	苗族长鼓舞	行为传递性	旅游业	旅游产品
34	瓮安县	建中茶山	行为传递性	旅游业	旅游产品

续表

序号	县(市)	名称	文化资源类别	产业化类别	基本类型
35	瓮安县	清水河大桥	物证性	旅游业	旅游产品
36	瓮安县	大戏楼	物证性	旅游业	旅游产品
37	瓮安县	毛泽东行居—傅氏祠堂	物证性	旅游业	旅游产品
38	瓮安县	猴场会议纪念馆	物证性	旅游业	旅游产品
39	瓮安县	猴场会议会址	物证性	旅游业	旅游产品
40	瓮安县	草塘红色文化	物证性	旅游业	旅游产品
41	瓮安县	江界河大桥	物证性	旅游业	旅游产品
42	瓮安县	抢渡乌江战斗遗址	物证性	旅游业	旅游产品
43	瓮安县	珍惜植物园	物证性	旅游业	旅游产品
44	瓮安县	万亩茶山	物证性	旅游业	旅游产品
45	独山县	影山草堂	物证性	旅游业	旅游产品
46	独山县	儒学家尹珍	文字与影像记载性	旅游业、出版业	旅游产品、出版物
47	独山县	儒学家莫友芝	文字与影像记载性	旅游业、出版业	旅游产品、出版物
48	独山县	独山盐酸菜	行为传递性	旅游业、版权业	旅游产品、商标
49	独山县	奎文阁	物证性	旅游业	旅游产品
50	独山县	独山花灯	行为传递性	旅游业、艺术业、版权业	旅游产品、商演、非遗名录、花灯说唱《茶乡梦》
51	独山县	深河桥抗战陈列馆	物证性	旅游业	旅游产品
52	独山县	深河桥抗战胜利纪念园	物证性	旅游业	旅游产品
53	独山县	深河桥	物证性	旅游业	旅游产品
54	平塘县	FAST科学旅游文化园	物证性	旅游业	旅游产品
55	平塘县	FAST观景台	物证性	旅游业	旅游产品
56	平塘县	京舟养生乐园	物证性	旅游业、体育业	旅游产品、大众健身
57	罗甸县	罗甸烈士陵园	物证性	旅游业	旅游产品
58	罗甸县	罗甸红心火龙果	行为传递性	旅游业	旅游产品
59	罗甸县	麻怀隧道	物证性	旅游业	旅游产品
60	罗甸县	茂井休闲垂钓(避寒地)	行为传递性	旅游业、体育业	旅游产品、大众健身

续表

序号	县(市)	名称	文化资源类别	产业化类别	基本类型
61	罗甸县	八达休闲垂钓、避寒地	行为传递性	旅游业、体育业	旅游产品、大众健身
62	罗甸县	罗妥避寒地	行为传递性	旅游业、体育业	旅游产品、大众健身
63	长顺县	白云寺	物证性	旅游业	旅游产品
64	惠水县	九龙寺	物证性	旅游业	旅游产品
65	惠水县	布衣堂屋	物证性	旅游业	旅游产品
66	惠水县	惠水布依族民歌《好花红》调	行为传递性	旅游业、艺术业、创意业	旅游产品、演艺、"好花红"商标、旅游商品、"好花红杯"文化创意设计大赛及商展、"好花红"文化艺术节
67	惠水县	黑糯米	行为传递性	旅游业、版权业	旅游产品、商标、"惠水黑糯米"地理标志产品
68	三都县	水历	行为传递性	未开发	
69	三都县	排烧苗寨村	物证性	未开发	
70	三都县	水语	行为传递性	未开发	
71	三都县	水族端节	行为传递性	旅游业、版权业	旅游产品、非遗名录
72	三都县	怎雷水族文化村	行为传递性	旅游业	旅游产品
73	三都县	水族卯节	行为传递性	旅游业、版权业	旅游产品、非遗名录、出版物
74	三都县	九阡酒	行为传递性	旅游业、版权业	旅游产品、"九阡酒"商标、旅游商品、"中华老字号"

表6　黔南州部分三级文化资源产业化统计

序号	县(市)	名称	文化资源类别	产业化开发形态	基本类型
1	惠水县	布依族六月六	行为传递性	旅游业	旅游产品
2	荔波县	《水韵樟江》实景演艺	行为传递性	旅游业、艺术业	旅游产品、演艺
3	平塘县	八音弹唱	行为传递性	旅游业、艺术业、创意业	旅游产品、《平塘八音弹唱》、商演

（三）黔南州民族文化资源产业化发展的优势与问题

1. 资源优势

黔南州民族文化产业发展具有以下资源优势。一是文化资源富足、民族特色鲜明。黔南州民族文化资源多达367个，在12县（市）均有分布。布依族、苗族、水族、瑶族等民族文化风情特异，其中水书独树一帜，红色文化、宗教文化、历史文化和非物质文化遗产等多姿多彩，以瓮安猴场会议、荔波邓恩铭故居、黎明关、深河桥等为主的红色资源内涵深厚，具有十分重要的历史价值。二是文化形态齐全完整。黔南36个少数民族和谐共处，少数民族人口占总人口的55.92%。相对封闭的地理环境，使各民族保持和传承着自己固有的民族特性，众多的民族文化元素融会成以非物质文化遗产为代表的多元文化特色，文化形态更加完整。三是原生文化潜力无限。原汁原味的民族文化和非物质文化遗产蕴藏着巨大的开发潜力。发掘这些宝贵民族文化资源的特点和魅力，培育形成完整的文化产业链，促使文化从资源转变为文化产业，能够实现文化"软实力"的飞跃。

2. 存在的问题

黔南州民族文化资源虽然总量大、分布广、民族特色鲜明，但文化资源的类型分布不均衡，文字与影像记载性文化资源相对匮乏，行为传递性文化资源不够丰满，有待于进一步挖掘和整理。文化资源产业化发展结构单一，旅游产业占据一定优势，同质化现象严重；文化创意产业、传媒产业、艺术产业发展不充分，文化产业传播产业平台不健全，文化产业衍生产品平台不丰满，产业链和产业集群发展滞后。这都在一定程度上影响文化资源产业化发展良性机制形成。

文化产业本质上是产业性活动，多行业构成的产业集群、跨界融合，是文化产业发展的基本规律。如何突破黔南州民族文化资源富足与文化资源产业化同质化、单一化不均衡发展的瓶颈，值得深入思考。

三 黔南州民族文化资源产业化发展的路径

（一）抓住发展机遇

我国各级党委政府制定的产业发展规划和政策是文化资源产业化发展的指南，为文化资源产业化发展提供政策支持和条件。《文化部"十三五"时期文化产业发展规划》《贵州省"十三五"文化事业和文化产业发展规划》《黔南布依族苗族自治州"十三五"文化事业和文化产业发展规划》《黔南州推进文化产业发展三年行动方案（2018~2020）》把"十三五"期间文化产业发展的目标定位为"成为国民经济支柱性产业"，明确四个工作重心：其一，打造以"好花红"品牌为统领的特色文化系列产品；其二，培育一批文化产业园区；其三，培育提升影视产业；其四，稳步推进文化传媒娱乐业发展。因此，黔南民族文化资源的产业化要向"好花红"文化创意业、影视产业、传媒产业、艺术产业和文化产业园区等领域倾斜，加强文化资源的创意业、传媒业、艺术业的文化资本转化和多个文化产业融合发展。

（二）挖掘优质资源

如前所述，黔南民族文化资源仍然存在资源分布不均衡，资源产业化开发同质化严重的问题。文化资源是文化产业发展的基础，其品相和价值决定了文化产业的内容的深度和创新性。挖掘资源要做到以下几点。一是要对已调查整理出来的367个文化资源进行充分梳理，根据资源禀赋和产业化开发条件，进行区域性产业开发规划。二是组织开展黔南文化资源大普查，按照文化资源评价指标体系和评价标准对黔南州境内文化资源进行全面梳理和评估。文化资源调查，是文化资源评估和产业化发展的前提和基础，也为文化产业开发和管理提供科学的依据和论证基础。通过开展黔南州文化资源大普查，从文化资源产业化发展的角度对境内文化资源进行科学合理、分类分级开发和保护，避免以旅游资源普查或民族文化普查代替文化资源普查，从而进一步挖掘尚未发现的更多的文化资源，尤其加大文字与影像记载性文化资源的调查和整理力度。三是进一步开发优势文化资源，对四级以上文化资源进行重点开发，形成强带动作用。对产业化发展较为充分的黔南特色文化资源，如《好花红》、毛尖茶、水书、马尾绣等加快产业链和产业集群发展，着力打造文化产业品牌，提升文化软实力。

（三）转型发展

现代文化产业的理念和方法体现在五个方面：内容品牌化、龙头企业驱动、企业并购整合模式、创业推动模式、以内容和知识产权为核心的国际文化贸易。[①] 黔南州文化产业要按照现代文化产业理念和方法，促进和实现四个方面的转型。一是内容化转型。文化资源产业化发展，要在内容产业、传媒与平台产业、延伸产业三个领域融合发展，形成价值增值的产业链和产业集群；二是数字化转型。以大数据、人工智能为基础，推进文化资源产业化过程中的数字化进程；三是跨界化转型。文化资源的产业化要实现创意业、艺术业、传媒业、版权业、旅游业融合开发，以旅游业为基础，拉动其他产业链发展，打组合拳，进行整体开发和联动发展；四是聚集化转型。文化产业聚集是文化产业发展的基本空间载体和平台，也是文化资源产业化发展的重要平台。黔南州文化企业尚处在发展提升期，文化企业呈现数量不足和规模较小的特点。要实现产业化开发，需要在龙头企业的培育和企业并购整合模式上实现质的突破。

（四）专业人才培养

在文化产业发展实践中，人们容易把文化事业与文化产业混淆，把民族文化与民族文化资源混同。实际上，文化产业的核心要素是产业化，更贴近企业经营，是产业的文化化、文化的产业化，这就需要有一批精通文化产业和企业经营的专业人才。目前，我国各高校已经开设了文化产业专业，贵州

---

① 张立波：《文化产业项目策划与管理》，北京大学出版社，2013，第2~3页。

也有贵州大学、黔南民族师范学院等高校开办文化产业管理专业，培养高素质文化产业管理人才。专业人才是文化产业发展的基础和保障，要加大政府、企业与高校的协同培养力度，深化产教深度融合，搭建黔南州文化产业专门人才的协同培养平台，通过文化产业学科专业建设以及健全社会教育培训体系，来提升文化产业人才资源的文化素质和文化创意的组织和开发水平，推动文化产业的转型升级。

参考文献

李树榕：《文化资源学概论》，东南大学出版社，2014。
吕庆华：《文化资源产业开发》，经济日报出版社，2006。
张立波：《文化产业项目策划与管理》，北京大学出版社，2013。

B.10
黔南州茶文化发展报告

周才碧 徐兴国 周才元*

摘 要： 黔南茶文化历史悠久，相关记载屡屡见于各类典籍，其发展可以追溯至晋。当代黔南茶、茶文化蓬勃发展，茶事系列活动十分活跃，不仅促进了以"都匀毛尖"为代表的黔南茶品牌建设，还丰富了广大人民的物质文化生活，同时黔南也是贵州茶叶产业的重要代表。2019年都匀毛尖区域公共品牌价值评估32.90亿元，入选第二批"中国特色农产品优势区"，获得"中国十大茶叶区域公用品牌""全国绿色农业十佳茶叶地标品牌""最具经营力品牌"等称号。本文梳理了黔南茶文化的历史源流，从基础设施、茶园基地、茶叶加工、品牌建设、茶事活动、人才培养、茶文化专著等方面着重考察黔南茶文化置于现代茶文化发展中的定位；旨在以文促产、以文化人，加大普及宣传力度，强化茶文化建设，开展茶文化"进军营、进学校、进机关、进社区、进企业"等"五进"活动，把都匀毛尖茶的资源优势、品质优势、品牌优势和黔南的生态、文化、旅游资源优势融合转化为竞争优势，促进一、二、三产业深度融合发展，全面提高茶产业发展质量和效益，加快推进都匀毛尖茶全产业链建设，助推都匀毛尖茶产业发展。

关键词： 茶文化 茶事 茶产业 黔南州

---

* 周才碧，黔南民族师范学院讲师，研究方向为茶树次生代谢及茶叶安全性评价、功能性研究和资源综合利用；徐兴国，黔南州农业农村局农艺师，研究方向为茶叶品牌营销；周才元，贵州碧竖科技服务有限公司农艺师，研究方向为茶叶加工及品牌营销。

引 言

所谓茶文化，即人类在社会历史发展过程中所创造的有关茶的物质财富和精神财富的总和，主要包括茶业物质生产消费及其对人的意识形态和精神生活产生影响的各个方面。传统茶文化与人们在社会生活中的关系是非常密切，无论是历史文人生活中的"琴棋书画酒诗茶"，还是平民百姓生活中的"柴米油盐酱醋茶"，茶都是不可缺少的。

中国是茶的故乡，贵州是茶树起源地之一；黔南茶文化历史悠久，其现代茶文化蓬勃发展，茶事系列活动十分活跃，不仅促进了都匀毛尖茶品牌建设，还丰富了广大人民的物质文化生活，且对社会的和谐与进步产生了积极的影响，同时也有力地促进了黔南茶叶产业的发展。

一 悠久历史

（一）黔南辖地

黔南布依族苗族自治州位于贵州省中南部，东与黔东南州相连，南与广西壮族自治区毗邻，西与安顺市、黔西南州接壤，北靠省会贵阳市。黔南辖地历史源远流长，根据《后汉书·南蛮传》《华阳国志·南中志》的记载，早在殷、周时期境内就有部族活动；春秋时期属于牂牁国，战国时期属于大夜郎国；秦、汉属象郡、牂牁郡下设的且兰、母敛等县，在唐、宋、元、明时期设立羁縻府、州、县、峒、卫、所等，元明时代曾建立土司制，明清实行"土流并治"和"改土归流政策"；民国初期沿袭清末建置，民国三年（1914）将府、州、县一律改为县。新中国成立后，1956年设立自治州，都匀为州府所在地。

现全州辖都匀、福泉二市和瓮安、贵定、龙里、惠水、长顺、罗甸、平塘、独山、荔波、三都等10县，总面积26197平方公里，常住有汉、布依、苗、水、壮、侗、毛南、仡佬等37个民族，占总人口的54%，孕育了多彩的民族文化，其中包含独具特色的茶文化。

（二）黔南茶文化发展史

黔南茶叶种植历史悠久，最早见于东晋·常璩《华阳国志》记载"巴国东至鱼复，西至僰道，北接汉中，南及黔涪……茶，皆纳贡之……园有芳蒻、香茗……"，其中黔涪、僰道，包括今贵州的黔东、黔北和黔南地区，已有人工成片栽培的茶园，且出产香茗进贡朝廷。

黔南茶文化积淀深厚，相关记载屡屡见于各类典籍。汉武帝建元六年，发现夜郎市场上除了僰僮、笮马、髦牛之外，还有茶等商品。唐代陆羽《茶经》赞美黔茶"茶生思州、播州、费州、夷州……往往得之，其味极佳"。北宋《太平寰宇记》描述土司进献朝廷主要贡品为茶"夷州、播州、思州以茶为土贡"。元代贵定平伐少数民族首领的娘携云雾山"狗仔马"和"鸟王茶"觐见泰定帝。明代洪武年间名茶包括新添（贵定）茶和贵定云雾茶等97种；嘉靖年间番州府（惠水）以茶芽为贡；崇祯元年黔南茶叶被皇帝赐名为"鱼钩茶"；清代康熙年间新添、阳宝山有茶产出，制之如法味亦佳，顺治年间程番府（惠水）贡茶芽，乾隆年间为保障贡茶用地，刻石碑界定贡茶产地区域[①]；光绪年间贵州巡抚林绍年进献贵定雪芽茶，曰"贵定茶芽一匣，老佛爷留用，贵定茶芽一匣，皇上敬用"；1915年为庆贺巴拿马运河开通，中国应邀参加"巴拿马太平洋万国博览会"，获得大奖章、名誉奖章、金奖等1211枚奖牌，其中，黔南茶叶（都匀毛尖茶）就贡献了一枚大奖[②]；1956年3月为了感谢毛泽东主席带领广大农民翻身得解放，高级农业社都匀茶农精心制作了3斤"鱼钩茶"寄给毛主席，6月9日收到一封落款为中共中央办公厅的回信，并附有毛主席的亲笔信"高级农业社都匀茶

---

① 贵定云雾茶贡茶碑是中国唯一的贡茶古碑，1982年被贵州省人民政府公布为省级重点文物保护单位。
② 时隔百年，2015年巴拿马万国博览会100周年庆典暨精品回顾展，"都匀毛尖"经典重现，再次荣获百年庆"特别金奖"。

农：此茶很好，我已收到，今后高山多多种茶，我看此茶名都匀毛尖茶——毛泽东"。

二 蓬勃发展

（一）基础设施

截至2018年，在基础设施方面先后完成都匀毛尖茶工程技术研究中心、都匀毛尖茶城、中华茶文化博览园、都匀毛尖茶文化活动广场、都匀毛尖茶生产设备研发推广中心、都匀毛尖茶产业发展有限公司南方运营中心、"云端茶海"旅游度假景区建设；都匀市被中国茶叶流通协会授予"中国毛尖茶都"，都匀市政府被中华全国供销合作总社授予"全国茶叶科技创新示范县"，都匀市被中国茶文化博览园批准为"中国茶叶科普教育基地"。

（二）基地建设

1. 种质资源

北纬30度，被史学家、地理学家奉为"神奇的纬度"；在该纬度线上，分布有云南、贵州、浙江、福建等优质绿茶主产区，享誉全球的都匀毛尖、西湖龙井、铁观音等均在此纬度附近。黔南都匀市位于北纬26.15℃，东经107.31℃，聚集着1个世界级自然遗产地和8个国家级森林公园、地质公园、自然风景名胜地，是中国自然遗产最密集的地区。黔南"低纬度、高海拔、寡日照、多云雾、无污染"兼备的地理环境，使都匀毛尖茶在中国十大名茶中拥有六之"最"。黔南作为古老产茶区，茶树种质资源丰富，黔南州政协于2016年主持开展全州茶树种质资源普查，基本摸清了黔南州茶树种质资源概况，同时建立了茶树种质资源圃、信息数据库和标本陈列室。调查结果显示，黔南州茶树物种多样、类型丰富，既有最原始的茶种，也有最进化的茶种，还有山茶属的非茶组植物（离蕊茶、金花茶等）；充分说明黔南是茶树起源地和黔南是茶树遗传物质多样性中心之一，其初始茶树种质资源具有极高的保存、研究和经济价值。

2. 茶园建设

都匀市借助国家"318"工程政策相继建成高寨水库茶场（1988年）、供销社茶场等国有茶场（1994年），大力发展茶产业。截至2018年，全州12县（市）均产茶，现有茶园面积161.8万亩，投产茶园面积达94万亩，茶叶总产量4.04万吨，总产值63.84亿元；培育出都匀、贵定、平塘、瓮安、惠水、独山、三都等7个核心产茶县，建成省级茶叶园区5个、州级茶叶园区8个，万亩以上乡镇41个，万亩以上村23个，国家级出口茶叶质量安全示范区10万亩，绿化荒山380平方公里；无公害认证茶园80.5万亩，有机认证茶园2.36万亩。

3. 品种引进

1958年，国营都匀茶场（牛场）、长顺广顺农场先后引进种植浙江群体茶树。截至2018年，州内新建茶园种植品种中，适于制绿茶的有福鼎大白茶、福云6号、名山131、贵定鸟王种、龙井43等，以福鼎大白茶为主；适于制品种白茶的有安吉白茶、白叶一号等，以白叶一号为主，主要在瓮安、三都、平塘等地；适于制乌龙茶的有金观音、金牡丹等，主要在瓮安、平塘等地。

4. 茶树种植

1949年，茶树逐渐转向人工栽培，多为散生、不修剪、不施肥；1971年，普遍采用"四行（或三行）条播"密植免耕方式种植；1985年，罗甸上隆农场采用双行条播法种植，且进行低产茶园改造等。2007年颁布施行《DB52/T507-2007都匀毛尖茶无公害种植管理规范》，2014年颁布施行《DB522700/T022-2014都匀毛尖茶茶树种苗繁育技术规程》，2016年建立都匀毛尖茶叶无公害生产技术科研创新团队，研发了一套完善、高效的种苗繁育、茶树种植方法。

（三）茶叶加工

1. 茶叶机械

1954年都匀县供销社拨给团山茶农生产队水力推动制茶机一台，标志着黔南茶叶机械加工的开端；2005年欧平勇、欧正兵等先后开始研发都匀毛尖手工茶专用电炒锅。截至2018年，贵天下、碧竖科技、灵峰产业园等基本上实现了茶叶机械化、自动化、标准化生产；此外，都匀毛尖茶生产设备研发推广中心正式揭牌营运，将致力于黔南州茶叶产业数字可控化生产。

2. 加工技术

1954年以前，黔南茶叶普遍采用手工炒制；采摘一芽一二叶，利用小铁锅高温杀青及簸箕揉捻，再利用余热焙干。

1954~1960年，茶青多为一芽一叶初展，主要采取"二炒二揉一摊凉一烘干"加工方式，即杀青、初揉、摊凉、复炒、复揉、焙干。

1961~1967年，茶青多为一芽二三叶，主要采取以下5种加工方式：①高温杀青、三炒三揉（出锅揉制）一烘干（都匀）；②三蒸三揉三晒，或三蒸三揉一焙干（团山）；③四炒四揉一烘干，一锅制成（贵定）；④高温杀青、多抖少闷、三炒三揉、次次清锅、一锅成茶（高寨）；⑤炒烘结合，或炒烘烤结合，或炒晒烤结合（惠水）。

1968年，都匀茶场按照名优绿茶的加工原理，结合民间的传统加工方法，对都匀毛尖茶加工工艺进行研究、改造和规范，形成以传统手工为主、机械制茶为辅的加工方式。

截至2018年，茶青多为独芽或一芽一叶初展，主要采取以下加工方式。

①手工制茶，三炒三揉，一锅制成。

②机械制茶，茶青（采摘、精选、运送、摊凉等）、杀青、揉捻、烘焙（初烘、提毫整形、干燥）、成品（精选、包装、库贮等）。

（四）品牌建设

1. 茶叶标准

1991年颁布第一个地方标准《DB52/336-1991都匀毛尖茶》，2010年颁布《都匀毛尖茶产地环境条件》《都匀毛尖茶有机生产技术规范》《都匀毛尖茶加工技术规范》等系列地方标准，形成"都匀毛尖茶综合标准化体系"。为了全面抓好州委州政府关于茶产业发展的战略部署，依据十届州委常委（扩大）第82次会议（十届〔2014〕10号之一）及《贵州省农委、省质监局关于开展贵州省茶叶品牌标准制修订的通知》（黔农发〔2014〕54号）要求，相关部门对《DB522700/T 015-2010 都匀毛尖茶综合标准体系》进行了全面修订，形成25个都匀毛尖标准，涵盖了茶叶的生产、管理和服务等各个环节。

2. 广告宣传

截至2018年，已在中央电视台《新闻联播》天气预报板块投放"都匀毛尖·香满人间"的宣传广告；拍摄"天下黔茶"等专题片，在州内外厦蓉、贵新、惠兴、马瓮、杭瑞等高速公路沿线，以及荔波小七孔、瓮安猴场、遵义会议、黄果树、梵净山等景区播出，宣传"都匀毛尖"品牌；在贵广高铁D3521/3次"都匀毛尖号"专列10余对动车组，以及京沪高铁、京广高铁线路上投放时长15秒的都匀毛尖宣传片；印制都匀毛尖茶、云雾贡茶宣传画册6本，摄制都匀毛尖及黔南茶产业宣传片3部，在各类媒体上报道和宣传都匀毛尖品牌1万余次。

3. 建设概况

1987年，黔南州内成立了第一家国有企业性质的公司——黔南州农垦农工商公司；2005年，"都匀毛尖"被国家工商总局批准注册为地理标志商标，并于2010年被国家质检总局批准注册为地理标志保护产品（国家质检总局科技司〔2010〕133号）；2011年，经国家质检总局批准，全州首批10家企业获准使用都匀毛尖茶地理标志保护产品专用标志；2013年，全州统一打造"都匀毛尖"公共品牌。

截至2018年，全州共发展涉茶企业（合作社）1300余家，其中州级龙头企业55家，省级龙头企业37家，国家级龙头企业1家，获得外贸资格茶企17家，注册茶叶加工企业522家，茶叶合作社287家，茶叶精制加工企业65家，精深加工3家，清洁化生产线125条，获得SC认证企业82家，获"都匀毛尖"证明商标授权企业82家；此外，全州还积极推动企业品牌建设，贵天下、碧竖科技、灵峰产业园等注册了贵天下、贵台红、明知味、星火燎原、事茶人等商标400余个。全州茶叶从业人员45.6万人，吸纳返乡农民工就业5.4万余人，带动贫困人口35585人，实现贫困户人均增收1096.62元，茶农人均纯收入5112元。都匀毛尖品牌在全国累计设立专卖店316个、销售点4728个、入驻电商平台358个；都匀毛尖的公用品牌价值为32.90亿元人民币，品牌价值逐年大幅提升。[①]

（五）茶事活动

1. 技能大赛

至今，举办了五届"都匀毛尖杯"斗茶大赛、四届都匀毛尖"金手指"炒茶大赛、三届黔南州茶艺技能大赛、两届都匀毛尖茶摄影大赛、2014"都匀毛尖杯"全国手工制茶大赛、2013"贵定云雾贡茶杯"贵州省手工制茶技能大赛暨全国职业院校技能大赛贵州（区）手工制茶选拔赛、2014都匀毛尖广告语征集大赛、2014都匀毛尖茶叶包装设计大赛、2015都匀毛尖茶仙子国际选拔大赛、2017黔南州"都匀毛尖茶"杯手工制茶大赛、2018"都匀毛尖"杯家庭茶艺大赛、2018"都匀毛尖杯"贵州冲泡大赛、2019全省春季双手采茶大赛；参与十一届全国手工绿茶制作技能大赛、四届贵州省职业技能大赛——"多彩贵州·黔茶飘香"茶艺职业技能大赛、2018贵州省秋季斗茶大赛、2018"浮梁茶杯"手工绿茶制作技能大赛、2018"宁红杯"手工红茶制作大赛等。

2. 品鉴活动

截至2018年，举办都匀毛尖茶北京人民大会堂推介会、都匀毛尖特制珍品茶贵阳新闻发布会、都匀毛尖特制珍品茶北京品鉴会、都匀毛尖茶长三角（杭州、南京）招商引资会、"生态贵州·茶迎世界"等专题推介活动10余次，以及十三届都匀毛尖茶文化节、十二届贵定云雾贡茶开采祭祖仪

[①] 自2010年以来，都匀毛尖已连续九年参加全国茶叶区域公用品牌价值评估，2010年9.63亿元，2011年10.51亿元，2012年11.39亿元，2013年12.93亿元，2014年13.78亿元，2015年20.71亿元，2016年23.54亿元，2017年25.67亿元，2018年29.90亿元（位列榜单第九）。

式暨贡茶文化节、四届都匀毛尖（国际）茶人会、四届"都匀毛尖·平塘甲茶—贵州春茶第一壶"开采品鉴活动、六届五（十）一黄金周重点景区万人品茗活动、2012 瓮安茗茶节、2012 平塘"山海毛尖"茶品尝会、2012 独山"五一"节奎文阁旅游景区茶叶展销活动、2014 百里毛尖长廊采茶祭茶神活动、2015 返乡农民工宣传推介都匀毛尖茶系列活动、2015 第二届中华茶奥会"茶奥秘使"接力活动、2015 茶文化"五进"活动、2015 贵州茶产业发展大会暨都匀毛尖世博名茶百年品牌推介活动。

参与十一届中国·贵阳国际绿茶博览会、十一届中国·贵州国际茶文化节暨茶产业博览会、八届中国（北京）国际茶业博览会、七届中国（广州）国际茶业博览会、七届中国（香港）国际茶业博览会、七届中国（深圳）国际茶业博览会、四届中国（上海）国际茶业博览会、三届中国（杭州）国际茶业博览会、三届中国西部（西安）国际茶业文化博览会、中国（青岛）国际茶业博览会、五届中国国际茶文化节暨国际茶业博览会、2012 信阳毛尖茶文化节、2013 北京玉渊潭"贵州绿茶·秀甲天下"万人品茗会、2015 贵州省茶文化进企业之走进瓮福集团活动、2015 第二届中华茶奥会、2015 第十二届中国国际茶业博览会及北京香山公园万人品茗活动、2015 中国（海南）国际热带农产品冬季交易会及品茗活动、2018 粤桂黔名优农产品食品展示博览会、2019 贵州茶产业推介会、四届中国（贵阳）国际特色农产品交易会。

特别是在 2014 年 3 月 7 日全国两会，习近平总书记在参加贵州代表团审议时点赞都匀毛尖茶，说"我知道贵州的都匀毛尖，毛尖味道一般比较清淡。对于都匀毛尖，希望你们把品牌打出去。像贵州这种高海拔、低纬度、多云雾的地方，可以保持较为适宜的温度，能出好茶"。

此外，在 2015 年贵州茶产业发展大会暨都匀毛尖世博名茶百年品牌推介会，省委书记陈敏尔高度肯定了黔南茶产业发展所取得的成绩，作出了"将茶产业发展进行到底""把都匀毛尖品牌打响、争做贵州茶产业发展的领头羊、排头兵"等重要指示，并为都匀毛尖颁发 2014 年度贵州名茶最佳销售奖。

3. 文化交流与研讨

截至 2018 年，举办了 2015 都匀毛尖世博名茶产业发展座谈会、2015 "都匀毛尖·引领黔茶出山"中国茶产业发展论坛、2015 全国园艺标准园培训、2015 都匀毛尖国际茶叶经贸发展论坛、2018 黔南州茶业经济年会；参与了 2012 中国哈尔滨国际经济贸易洽谈会、2018 黔皖两省茶业渠道建设高峰论坛暨茶产业交流会。

（六）人才培养

2000 年，黔南州政府成立州茶产业发展领导小组办公室（临时机构）；2007 年，正式组建副县级事业单位黔南州茶叶产业化发展管理办公室，随后 12 县市也相继组建了茶叶办或茶叶站。2012 年全州完成茶叶技术人员培训 10442 人次，2013 年全州共完成茶叶技术人员培训 1.4 万人次，2014 年全州共培训茶农及茶叶技术人员 1 万人次，2015 年组织 200 人进行茶叶质量安全监管暨无公害农产品内检员培训。截至 2018 年，培养了都匀毛尖制茶工艺非物质文化遗产传承人，其中国家级 1 名、州级 4 名、市级 18 名，中国制茶大师 1 名。

黔南民族师范学院，为黔南州最高学府，于 2014 年开设茶学专业本科班；至今，培养本科生 170 余人，其中，近 50 人考上研究生，2 人入职贵州省内贸学校，近 10 人入职各县市事业单位。

黔南民族职业技术学院，于 1993 年开设果茶专业中职班，2012 年改为茶叶生产与加工专业中职班，2013 年改为茶叶生产与加工技术专业中职班，2014 年开设茶树栽培与加工专业高职班，2015 年设立都匀毛尖茶学院，2018 年新增茶艺与茶叶营销专业高职班。

贵州经贸职业技术学院，前身为贵州省内贸学校，于 2007 年开设茶叶市场营销专业、茶叶生产与加工专业、茶艺与茶文化专业三个中职班，2017 年获批设立贵州都匀毛尖茶学院，2017 年新增茶艺与茶叶营销专业高职班，2018 年新增茶树栽培与茶叶加工专业高职班，培养了中专生 5000 余人，大专生 300 余人。

贵州盛华职业学院，于2011年建立茶学院，下设茶树栽培与茶叶加工、茶艺与茶叶营销两个高职班，培养大专生200余人。

（七）茶文化专著

州、县有关单位在对茶文化进行深入研究的基础上，著书立说，茶文化相关出版物不断涌现；先后编印《中国十大名茶都匀毛尖》《中国苗岭贡茶之乡贵定》《闻香识上隆》《黔南州茶产业发展问题分析及建议论文集》《都匀毛尖茶（文化知识读本）》《都匀毛尖茶文化与旅游》《鱼钩巷》《黔南茶树种质资源》等专著，拍摄以都匀毛尖茶为主题的革命题材央视8套热播电视剧《星火云雾街》。

（八）茶馆业蓬勃兴起

随着经济的发展、时代的进步，文化休闲气息浓郁的现代茶馆，在各地如雨后春笋般纷纷开办。全州共有茶馆80余家，全国五星级茶馆2家，三星级茶馆3家，茶旅融合接待游客20万人次。

（九）茶旅游事业开始兴起

把发展茶产业作为乡村振兴"产业兴旺"的主抓手，依托品牌经营乡村，促进"以茶兴城、以茶兴旅"产城景互动融合，开发茶油、茶饮料、茶酒、茶枕、茶糕等茶旅产品，打造百里毛尖长廊等10余条茶旅融合示范带，建成以中国茶文化博览园为标志的都匀毛尖小镇、以线上线下销售为一体的都匀毛尖茶城和以休闲观光体验为主的都匀螺蛳壳"茶旅一条街"及瓮安建中茶旅欧标小镇、贵定云雾最美茶乡、"中国天眼"平塘科普茶文化园、独山净心谷茶天堂等，带动周边群众兴办农家乐实现经营性增收，推动旅游"井喷式"发展。

截至2018年，全州共有茶旅企业20余家，农家乐120余家，茶旅一体化接待游客50万余人次，旅游收入1.5亿元，有力地助推全州实现接待国内过夜游客753.1万人次。

（十）茶具艺术有了创新与发展

紫砂茶具、瓷器茶具的造型和艺术装饰都在不断创新，随着各种茶艺、茶道的发展需求，也创造出多种整套性茶具。尤其是黔南州特有牙舟陶，很有观赏价值，已创造出系列兼具观赏、装饰、纪念性特制的茶具。

三 发展策略

（一）政策支持

2007年省政府出台《关于加快茶产业发展的意见》（黔党发〔2007〕6号），2008年州政府出台《关于加快全州茶产业发展的意见》（黔南党发〔2008〕4号），2009年制定《都匀毛尖品牌管理办法》，2010年形成《黔南州茶产业发展规划》，2011年州政府出台《黔南州人民政府办公室关于印发都匀毛尖茶地理标志产品保护管理办法（暂行）的通知》《黔南州茶产业发展规划（2011~2020年）》，2013年州政府出台《中共黔南州委、黔南州人民政府关于进一步加快推进茶产业发展的意见》（黔南党发〔2013〕13号）、《黔南州2013~2016年茶产业发展工作考核办法（暂行）》（黔南委办字〔2013〕82号）及《黔南州2013~2016年州直部门推进茶产业发展项目资金整合方案（暂行）》（黔南府办发〔2013〕67号）等文件。

特别是，2014年省政府出台《贵州省茶产业提升三年行动计划（2014~2016年）》（黔府办发〔2014〕19号）文件，随后州委、州政府通过《关于都匀毛尖茶产业融资的专题会议纪要》（黔南党专议〔2014〕25号）及州政府《关于推进茶产业发展专题会议纪要》（黔南府议〔2014〕11号）等会议精神，形成《关于创建都匀毛尖世博名茶知名品牌三年行动计划纲要》（黔南党发〔2014〕16号），颁布了《黔南州布依族苗族自治州促进茶产业发展条例》，使黔南成为全国第一个为茶产业立法的少数民族地区。

截至2018年，州政府又先后出台《地理标志保护产品都匀毛尖品牌管理办法》《"都匀毛尖"证明商标使用管理办法（暂行）》《茶产业发展项目管理暂行办法》《黔南州促进茶产业发展条例实施意见》《都匀毛尖企业整合指导意见》《黔南州金融支持茶产业发展意见》《关于提质增效发展黔南州茶产业的建议》《黔南州发展茶产业助推脱贫攻坚三年行动方案（2017～2019年）》等。

（二）发展对策

1. 科学规划提升基地水平，夯实品牌的原料基础

品牌的核心是品质和市场份额，原料的品种、品质、标准、规模是茶叶品牌建设最基础性的工作。注重品种改良，加快茶园标准化建设，全力打造规模化、标准化、集约化的茶叶专业村、专业乡镇集群，为都匀毛尖品牌提供充足、品质优良的原料保障。

2. 执行标准推动加工升级，夯实品牌的规模基础

全面推动都匀毛尖等茶类地方标准的修订，严格执行新标准推动加工升级，以标准化生产促进清洁化生产、连续机械化生产。坚持以市场为导向，提高夏秋茶下树率；以都匀毛尖为主体，注重都匀红茶、都匀白茶等茶类多元化开发；大力推进茶饮料、茶食品等研发，夯实都匀毛尖茶品牌的规模基础，提高都匀毛尖茶产业的整体效益。

3. 制定办法规范市场，强化都匀毛尖品牌的监督管理

（1）严格品牌的统一规范管理

建立"统一品牌、统一包装、统一质量、统一宣传、统一价格、统一店型标准化体系"的"六统一"品牌管理体系。

（2）规范保护茶青市场

规范本地茶青市场，加强对都匀毛尖经营企业原料供给渠道的保护，避免优质茶青外流，确保都匀毛尖茶产业持续健康发展。

（3）加强产品甄别体系建设

建立多渠道的等级防伪标志和甄别体系，通过互联网及信息技术等让消

费者快速辨别所售"都匀毛尖"真伪。

（4）加大对假冒伪劣商品打击力度

通过法律手段、市场监督手段、舆论手段等加大对非法品牌的市场清理力度和假冒伪劣产品的打击力度。

4. 引导茶企整合抱团发展，鼓励茶企到全国各地开店推介都匀毛尖茶

引导企业整合重组抱团发展，优化资源配置，优势互补，促进茶产业升级转型，增强企业抗御风险能力，提升企业综合竞争力，力争达到 1＋1＞2 的效果。都匀毛尖茶品牌做大做强必须注重市场营销渠道的开拓，要鼓励企业到全国各地去开专卖店推介都匀毛尖茶。同时，要搭建好茶文化宣传平台，深入开展茶文化进机关、进社区、进企业、进校园等活动。着力形成全社会能喝到都匀毛尖、爱上都匀毛尖、天天喝都匀毛尖茶的良好氛围，让都匀毛尖香满人间。

5. 弘扬普及民族茶文化，助推都匀毛尖品牌跨越式发展

茶文化是茶叶产业经济的根基，弘扬茶文化是发展茶产业的原动力。都匀毛尖品牌应紧密围绕黔南茶文化特色，深入挖掘茶文化内涵，加大普及宣传力度，强化茶文化建设，把黔南茶文化融入茶叶生产、营销、品牌整个产业链中，有效地发挥黔南茶文化对茶叶产业的推动作用。

黔南少数民族在长期的生产、生活过程中创造了丰富多彩、富有鲜明地域特色的民族茶文化。政府要高度重视，加大资金投入，成立专业性的茶文化保护机构，挖掘、整理、保护黔南茶文化资源；将珍贵的黔南茶文化资源整理成册，加大对黔南茶文化的普及宣传工作力度，让茶文化深入人心，让都匀毛尖茶走进每个黔南人的生活。通过茶文化包装产品来提升其价值，以茶文化来提升茶消费，开展茶文化"进军营、进学校、进机关、进社区、进企业"等"五进"活动，举办茶文化节，开展赛事活动、茶事活动等一系列茶文化活动来普及弘扬黔南茶文化，人人学会讲都匀毛尖茶故事，实现文化与产业的交融，将都匀毛尖茶产业与养生、旅游、休闲、食品等产业相结合，把都匀毛尖茶的资源优势、品质优势、品牌优势和黔南的生态、文化、旅游资源优势融合转化为竞争优势，促进一、二、三产业深度融合发

展,全面提高茶产业发展质量和效益,加快推进都匀毛尖茶全产业链建设,助推都匀毛尖茶产业发展。

(三)建设成效

(1) 1982 年,被评为"中国十大名茶"

(2) 1988 年,荣获首届中国食品博览会金奖

(3) 1995 年,荣获"95 中国传统名茶奖"

(4) 1999 年,荣获"贵州省名牌产品"称号

(5) 2002 年,荣获"贵州省名优茶"称号

(6) 2003 年,荣获贵州省著名品牌

(7) 2004 年,荣获"中绿杯全国名优绿茶金奖"

(8) 2004 年,荣获"蒙顶山杯国际名茶金奖"

(9) 2005 年,荣获"华茗杯全国名优绿茶金奖"

(10) 2005 年,荣获"中茶杯"金奖

(11) 2005 年,荣获"放心茶中茶协推荐品牌"

(12) 2005 年,都匀市荣获"中国茶产业发展政府贡献奖"

(13) 2005 年,都匀市被国家列入"114 个名茶示范基地县"

(14) 2005 年,被国家工商总局批准注册为证明商标

(15) 2006 年,荣获"多彩贵州"旅游商品设计大赛金奖

(16) 2007 年,荣获"贵州省名优绿茶奖"

(17) 2007 年,都匀市被授予"中国毛尖茶都"荣誉称号

(18) 2007 年,荣获"中茶杯全国名优绿茶金奖"

(19) 2008 年,荣获"中绿杯全国名优绿茶金奖"

(20) 2009 年,荣获"中国鼎尖名茶奖"

(21) 2009 年,成功入选贵州省非物质文化遗产名录

(22) 2009 年,荣获第十六届国际茶文化节"金牛奖"

(23) 2009 年,荣获信阳恒天杯全国名优绿茶"金奖"

(24) 2009 年,荣获北京中国国际茶业博览会"金奖"

（25）2009年，荣获"贵州十大名片"荣誉称号

（26）2009年，荣获日本世界绿茶评比"金奖"

（27）2010年，荣获"中国精品名茶"称号

（28）2010年，被国家质检总局批准注册为地理标志产品保护产品

（29）2010年，区域公用品牌价值9.63亿元，位列全国第18

（30）2010年，入选国家"中华老字号"名录

（31）2010年，荣获"第八届国际名茶评比金奖"荣誉称号

（32）2010年，荣获"中绿杯金奖"

（33）2010年，荣获"中国世博十大名茶""上海世博会联合国馆指定用茶"荣誉称号

（34）2011年，荣获"中国农产品品牌博览会优质农产品金奖"

（35）2011年，荣获"杭州国际名茶博览会金奖"

（36）2011年，区域公用品牌价值评估10.51亿元，位列全国第18

（37）2011年，被评为"消费者最喜爱的100个中国农产品区域公用品牌"

（38）2012年，区域公用品牌价值评估11.39亿元，位列全国第22

（39）2012年，都匀市荣获"中国绿色茶叶示范市"

（40）2012年，都匀市荣获"全国茶叶科技创新示范市"

（41）2013年，荣获"贵州省自主创新品牌100强"

（42）2013年，都匀市被评为"全国十大茶产地"

（43）2013年，都匀毛尖区域公用品牌价值12.93亿元，位列全国第20

（44）2014年，都匀毛尖茶产品荣获"贵州省著名商标"

（45）2014年，都匀毛尖茶产品荣获"贵州省名牌产品"

（46）2014年，都匀毛尖区域公用品牌价值13.78亿元，位列全国24

（47）2014年，都匀市获"中国名茶之乡"荣誉称号

（48）2014年，习近平总书记点赞都匀毛尖茶，并作出"对于都匀毛尖，希望你们把品牌打出去"的重要指示

（49）2015年，都匀毛尖区域公共品牌价值评估20.71亿元，荣获"最具发展力品牌"，位列全国第13，是贵州省唯一入选中国20强的茶叶品牌

（50）2015年，都匀毛尖以910的品牌强度和181亿元的品牌价值荣登区域品牌茶叶类地理标志产品榜单第二位

（51）2015年，都匀毛尖荣获1915~2015美国巴拿马太平洋万国博览会百年庆典特别金奖

（52）2015年，陈敏尔书记高度肯定了黔南茶产业发展所取得的成绩，并作出"将茶产业发展进行到底""把都匀毛尖品牌打响、争做贵州茶产业发展的领头羊、排头兵"等重要指示

（53）2016年，都匀毛尖公用品牌价值评估23.54亿元，位列全国第12，被评为"最具发展力品牌"

（54）2016年，都匀毛尖以211.49亿元的品牌价值位列茶叶类地理标志产品榜单第四

（55）2017年，都匀毛尖区域公共品牌价值达25.67亿元，位列全国11位，被评为"最具传播力品牌"

（56）2017年，被农业部评为"中国十大茶叶区域公用品牌"

（57）2017年，获"中国特色旅游商品大赛"金奖

（58）2018年，都匀毛尖区域公共品牌价值评估29.90亿元，首次进入中国茶叶区域公用品牌价值十强，位列榜单第9，并被评选为"最具经营力品牌"

（59）2018年，入选第二批"中国特色农产品优势区"

（60）2018年，荣获农业部举办的第二届中国茶叶博览会金奖

（61）2019年，被评为"全国绿色农业十佳茶叶地标品牌"

（62）2019年，被评为首届中国品牌农业"神农奖"

（63）2019年，都匀毛尖区域公共品牌价值评估32.90亿元，位列榜单第11，并被评选为"最具经营力品牌"。

参考文献

刘德炳、邹锡兰：《黔南州委书记龙长春：做到绿水青山，就是金山银山》，《中国

经济周刊》2014年第21期。

欧平勇、莫丽娟、陆景珍、莫可焕:《都匀毛尖茶历史文化概述》,《贵州茶叶》2014年第42(03)期。

罗以洪、陈涛、谢孝明:《基于茶文化视角的黔茶产业转型升级路径研究》,《贵州师范大学学报(社会科学版)》2018年第1期。

周大军:《让"都匀毛尖"茶香飘全世界》,《贵州日报》2014年5月13日(002)。

刑刚、韦忠益:《落实习总书记指示精神再创都匀毛尖辉煌》,《贵州民族报》2014年5月16日(A02)。

魏明禄:《充分利用优势着力做强产业》,《贵州日报》2017年12月28日(006)。

韦昌国:《都匀毛尖转型升级的重要基础》,《贵州政协报》2018年8月2日(A04)。

徐兴国、袁绍阳、何广:《迈向绿色发展新时代——2017年黔南州茶产业改革发展十大亮点》,《当代贵州》2018年第9期。

徐兴国、王铁清、袁绍阳:《百年毛尖新辉煌》,《当代贵州》2019年第8期。

岳振、王铁清:《以茶兴业 以茶惠民 以茶养文——访黔南州委书记龙长春》,《当代贵州》2016年第36期。

陈涛、罗以洪、李应祥:《新常态下都匀毛尖品牌建设问题浅析》,《中国市场》2016年第35期。

罗以洪、陈涛:《贵州省都匀毛尖品牌转型升级研究》,《中国茶叶加工》2016年第4期。

陈涛、罗洪福:《都匀毛尖品牌建设路径分析》,《中国茶叶》2015年第37(12)期。

李坤:《举全州之力把都匀毛尖品牌打出去——访黔南州委书记龙长春》,《当代贵州》2015年第34期。

罗以洪、李应祥、罗洪富:《中国十大名茶"都匀毛尖"茶品牌发展策略研究》,《现代商业》2015年第25期。

《都匀市"六个围绕"强力推进毛尖茶产业建设》,《中国茶叶》2014年第36(12)期。

B.11
黔南州文产企业发展报告

黄大帅　杨欣然　刘杲羿子*

摘　要： 黔南州文产企业以微小企业为主，近年来黔南州的文化产业发展规划侧重于文化旅游产业、民族歌舞演艺业、民族民间工艺品业、茶文化产业、文化休闲娱乐业和新兴文化产业。尽管黔南文产企业得到了快速发展，但调研发现仍然存在以下问题：产品缺乏核心竞争力，人才缺失，投融资渠道不畅，品牌和专利意识薄弱，政府扶持力度不大等。结合黔南州政府关于文化产业的工作计划，本文提出了助力黔南文产企业发展的建议：一是提高政府有关部门的市场意识，加大对具有潜力的小微文产企业的扶持力度，同时依托非遗资源着力打造民族特色文化产业，例如将苗药叶咔香、三都马尾绣、水书、平塘牙舟陶进行系统化开发；二是通过专利技术培育打造文产企业核心竞争力；三是优化民族文化教育模式，提升文化自信，培育文化人才；四是要在全社会广泛开展文化产业各个相关机构协作——政府部门、金融机构、文化公司经营者、培训机构和艺术家以及普通民众（消费者）的联动性，形成广泛的社会参与意识，营造良好的社会氛围。

---

* 黄大帅，黔南民族师范学院旅游与资源环境学院讲师，澳门城市大学工商管理博士生，"苗药叶咔香"黔南州非物质文化遗产代表性传承人，主要研究方向为文化产业理论与实践；杨欣然，黔南民族师范学院旅游与资源环境学院讲师，澳门城市大学博士生，主要研究方向为品牌营销、文化产业管理；刘杲羿子，黔南民族师范学院旅游与资源环境学院讲师，主要研究方向为文化品牌传播、文化品牌管理。

关键词： 文产企业　文化产业　黔南州

一　黔南文产企业发展现状

（一）文产企业整体发展状况

2015年，黔南州文化产业增值38.18亿元，占GDP的4.23%，其中，"三上"文产企业72家，总资产21.88亿元，增值3.27亿元；"三下"文产企业1115家，总资产84.07亿元，增值23.30亿元；个体工商户2438家，从业人员达8754人。[①]

截至2019年7月8日，黔南州已在国家备案注册的文化产业相关企业共2301家，本文将按照企业经营状态、企业类型、企业规模、服务范围四大类进行数据汇总及说明。

在全州共2294家文化产业相关企业中，企业状态为存续的有1502家公司，被吊销的有29家，注销的有763家公司。已吊销及注销的公司不再列入本次文产企业发展现状的讨论范畴。

（二）企业类型及规模

在黔南1502家文化产业相关企业中，属于有限责任公司的共214家；属于股份有限公司的共12家企业，其中11家为贵州省广播电视信息网络股份有限公司的分公司，1家为横店影视股份有限公司的分公司；属于集体所有制的共1家企业，所属行业为广播、电视、电影和影视录音制作业；属于国有企业的共18家；个体工商户992家；个人独资企业257家；普通合伙企业8家。[②]

[①] 黔南布依族苗族自治州文化广电新闻出版局、贵州大学旅游与文化产业发展研究院：《黔南布依族苗族自治州"十三五"文化事业和文化产业发展规划》，2016年12月。

[②] 天眼查。

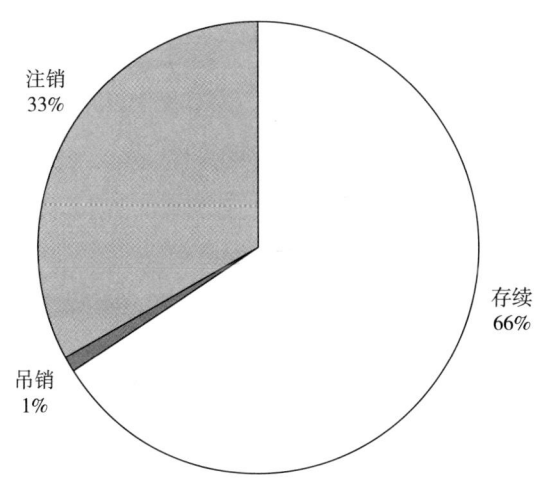

图1 黔南州文产企业状态

注：数据截至2019年7月8日。
资料来源：天眼查。

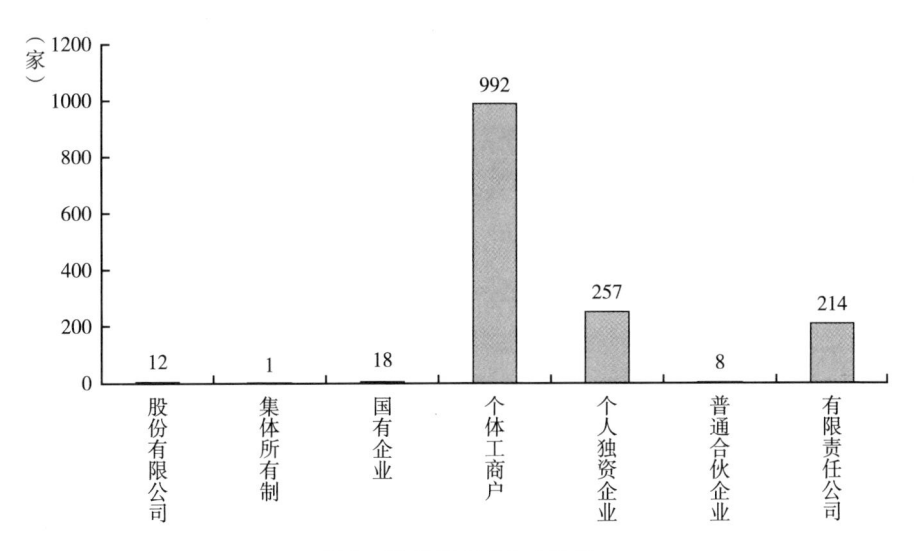

图2 黔南州文产企业类型

注：数据截至2019年7月8日。
资料来源：天眼查。

在黔南1502家文化产业相关企业中，注册资本为0～100万元的公司1348家，其中参保人数（下简称员工）小于50人的有1354家企业，50～

99人的有1家企业；注册资本为100万~200万元的公司66家，200万~500万元的公司29家，500万~1000万元的29家，此三个档位公司员工均少于50人；注册资本1000万元以上企业30家，其中29家员工少于50人，1家员工100~499人。按照2019年企业规模划分标准①，黔南州文产企业主要为小微企业。

（三）企业服务范围

按照行业大类划分，将文产企业分为体育业，娱乐业，广播、电视、电影和影视录音制作业，文化艺术业，新闻出版业五大类。黔南州内各大类企业分别为54家、1242家、57家、143家和6家。

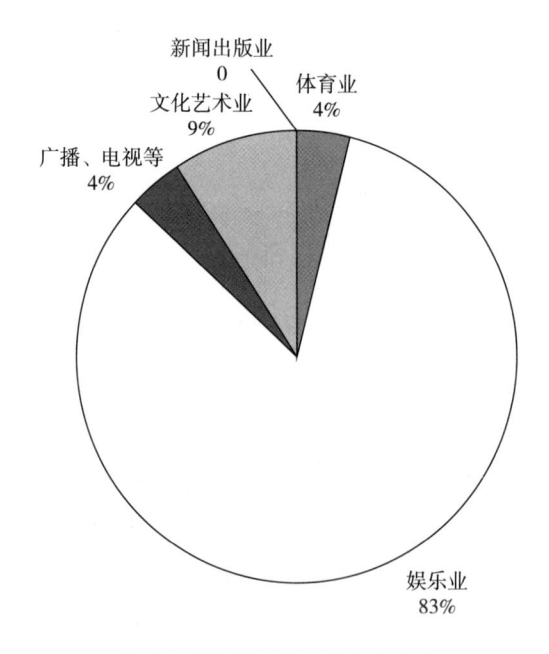

图3 黔南州文产企业行业分布

注：数据截至2019年7月8日。
资料来源：天眼查。

---

① 国新办。

根据黔南州文化产业相关文件及对企业的走访调查，本文将重点列举新闻出版发行服务类、文化艺术服务类、影视类、工艺美术品类的代表性企业。

（1）新闻出版发行服务类企业

表1 新闻出版发行服务类代表企业

公司名称	企业状态	成立年份	人员规模	企业类型	经营范围
贵州煤田彩印厂	存续	1998	小于50人	国有企业	出版物、包装装潢、印刷品
黔南日报社	注销	1994	—	国有企业	报纸刊物
夜郎文学杂志社	存续	1998	—	国有企业	编辑出版刊物

（2）文化艺术服务类企业

文化艺术服务类企业又可细分为五类，第一类文艺创作与表演企业共94家，第二类艺术表演场馆企业共4家，第三类文物及非物质文化保护企业1家，第四类群众文化类企业6家，最后一类其他文化艺术业类企业35家。

表2 文化艺术服务类代表企业

公司	业态	企业状态	企业类型
贵州省九州文化传媒有限公司	文艺创作与表演	存续	有限责任公司
都匀文化艺术发展有限公司	文艺创作与表演	注销	国有企业
贵州荔波巽烽文化传媒有限公司	艺术表演场馆	存续	国有企业
贵州水都传说文化旅游发展有限公司	文物及非物质文化保护	存续	有限责任公司
中铁贵州旅游文化发展有限公司	群众文化类	存续	有限责任公司
贵州小七孔文化演艺有限公司(其他)	其他文化艺术类	存续	有限责任公司

（3）广播、电视、电影和影视录音制作业（见表3）

（4）工艺美术品类企业

截至2019年7月9日，黔南州有民族手工艺作坊81家，民族工艺品生产企业100余家，从业人员超4000人，年收入近5亿元。

表3 广播、电视、电影和影视录音制作业

公司名称	成立年份	企业类型	经营范围
贵州三都影视城有限公司	2016	有限责任公司	广告、影视策划创作、影视拍摄、后期制作等
贵州梦昀影视文化创意园投资开发有限公司	2016	有限责任公司（国有控股）	影视业的投资、影视文化艺术活动交流与策划、拍摄场地租赁、场景布置服务等

表4 工艺美术品类代表企业

公司名称	成立年份	企业类型	经营范围
平塘县禄麒牙舟陶工艺美术	2012	有限责任公司（自然人独资）	来料加工陶瓷制品制造及销售、牙舟陶艺技术培训等
贵州贵安新区桃花马尾绣艺术品有限公司	2016	有限责任公司（自然人独资或控股）	水族马尾绣、民族服饰、民族工艺品、银饰、刺绣、土布蜡染、牛角雕的研发、加工、销售等

（四）企业分布

全州文产企业分布为：都匀市321家、福泉市102家、荔波县66家、贵定县77家、瓮安县175家、独山县115家、平塘县127家、罗甸县99家、长顺县80家、龙里县88家、惠水县148家、三都水族自治县104家。

（五）黔南文产企业发展环境

根据黔南"十三五"文化产业发展规划①，近年来黔南州的文化产业发展规划侧重于文化旅游产业、民族歌舞演艺业、民族民间工艺品业、茶文化产业、文化休闲娱乐业和新兴文化产业。具体落实到文产企业的发展规划，按以上六类可细分如下。

1. 旅游业

文化产品生产类企业、工艺美术品生产类企业、民族文化旅游产业类发

---

① 《黔南州文化产业发展规划》，黔南州政府。

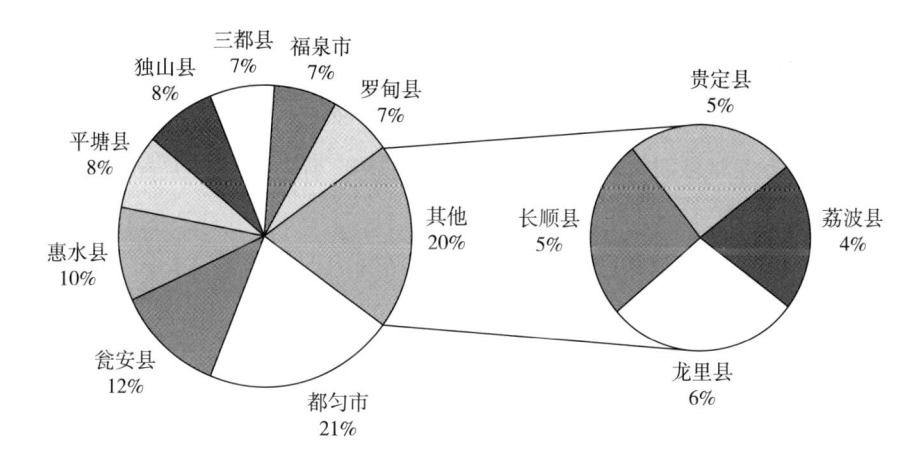

图4 黔南州文产企业分布

注：数据截至2019年7月8日。
资料来源：天眼查。

展配套生产开发影视、动漫、书籍、民族手工艺品等相关文化产品；文化创意企业协助政府做好旅游品牌建设；各类文产企业配合开发新的文化旅游项目，建设综合性文化旅游集团。

2.民族歌舞演艺业

首先，在演艺业企业的建设上，发展一批演艺文产企业，将其发展为产业化项目，培育扶持演出经纪公司，形成区域性的演出网络，推进国有文艺院团的市场化运作。其次，在市场中，政府主导结合市场运作，将演出业与旅游业结合，进行产品营销和形象推广，争取打造在国内外有影响力和高收益的演艺精品。最后，逐步形成民族文艺创作—印刷服务—文化创意—民族服饰—民族乐器—民族演艺—文化中介服务—舞蹈培训的文化产业链。

3.民族民间工艺品

一是推进民族民间工艺品的品牌建设，重点把马尾绣、苗绣、独山盐酸、毛尖茶、匀酒、九阡酒等培育为黔南具有地理标志作用的著名民族民间工艺品品牌；二是加强此类产品生产基地的建设；三是积极拓展工艺品的营销市场，发展州内企业并积极引进有实力的工艺品经营企业或策划机构，参与规划营销活动；四是培育生产主体，重点扶持有资源依托、特色突出、市场优势明显的民族民间工艺品龙头企业，此外，推进工艺品专业户小企业的成长资助；五是加强对以苗药叶咔香秘方为代表的非物质文化的传承和保护。

4. 茶文化产业

通过文化创意企业塑造"都匀毛尖"品牌力；延伸茶文化产业链，将茶不再局限于茶，开展一系列如游茶山、摘茶叶、制毛尖、品茶宴等风情游活动；构筑茶文化产业网络，发展茶具、茶艺、茶楼等。

5. 文化休闲娱乐业

争取发展规模较大、品质较好的主题餐厅酒吧等高档休闲娱乐场所，打造陶吧画吧竞技等室外休闲娱乐场所，发展文化休闲旅游业、户外休闲体育旅游等。

6. 新兴文化产业

发展信息网络文化服务业，加快文化行业的改造升级，例如，发展网上图书馆、网上博物馆，建立电子政务信息平台；推进动漫文化产业发展，建设动漫产业基地和园区；加快广告业发展，提高媒体广告的公信力。

7. 其他文化产业

除了以上六大方向，民族节庆及会展业企业、新闻出版产业企业、广播影视业也被列入黔南州"十三五"文化产业发展规划的重点发展对象。

（六）政策和资金支持

根据"十三五"文化发展总体要求，文化建设对于统筹推进"五位一体"总体布局和协调推进"四个全面"战略布局、落实五大新发展理念有重大意义，黔南州在本州的"十三五"规划中，将建设民族特色文化强州作为总目标，力争文化产业发展达到新水平。

国新办 2019 关于落实中央经济工作会议精神的新闻发布会提出，民营和小微企业融资难、融资贵的问题已在逐步落实解决，中央主要从三大方面给予支持：一是加大货币政策的支持，2018 年至今已五次降准，融资成本已降低；二是发挥债券市场引领作用，推动民营企业债券融资支持工具的实施；三是强化多方政策合力，强化政策传导评估。①

二 黔南州文产企业的发展困境

黔南州文产企业整体处于发展阶段，企业数量少，体量小，且文化创新能力不足，尚未形成名企、名牌、名品；且文化产品仍以浅层次的文化旅游、传统手工艺品，低端的文化娱乐为主，整体文化产业缺乏创新创意。骨干企业少，竞争力不强，较难适应当前市场发展需求，海内外市场份额小。

而在黔企业多数为中小微型企业，经营主要以"先谋生存再谋发展"的模式进行。相较于发达地区，企业资金实力薄弱，文化产品缺乏创新，宣传力度弱，对消费者吸引力不大。

（一）文创产品核心竞争力不强，市场占有率低

贵州省作为少数民族聚集地，自然生态资源丰富，少数民族文化浓郁。各地州区域文化相似性高，民族文化差异性小，存在产品可复制性或替代性强等问题，从而导致黔南文产企业整体竞争力弱，市场份额占比小。主要体现如下。

第一，文产企业对知识产权重视度不高。知识产权的获取，是需要通过国家统一登记的方式进行，其核心是具有专利性，意味着，如若文化产品通过知识产权进行保护，即可防止他人对企业文化产品的侵犯，以保护知识产权所有者的权益。目前，黔南州文产企业因对知识产权了解不多、意识不强，往往忽视了对其自身产品的保护，多数文产企业较少申请相关著作、商标、专利等产权保护。这意味着，如果企业的某一产品获得消费者喜爱及市场肯定，呈现供不应求的状态，但由于经济利益的驱使，周边相似企业极易会进行产品复制，因缺乏相关产权的保护，极易出现企业产品被复制甚至原

---

① 国新办。

生企业被替代的现象。

第二，缺乏文化创意，产业服务意识不强。黔南州文产企业多数以传统手工制造业为主，由于自身企业基础设施不完善，市场份额小，亟须结合市场需求进行改革创新，将文产产品推入市场以真正扩大其知名度。如2014年11月，水族剪纸已被列入国家级非物质文化遗产代表性项目名录拓展项目名录，其代表着黔南州少数民族文化特色，潜在市场价值巨大。为传承发展非遗文化，非遗水族剪纸传承人韦帮粉在都匀市石板街开设了门面，但由于剪纸工艺实用性不强、技术要求不高，实现销售及文化推广并不理想。这就要求企业在生产经营过程中，不可单纯依托某一原始工艺品，而是需要进行深加工和创新改造，赋予深层次意义，真正将非遗文化进行广泛宣传和传承，发挥其核心价值。

（二）文产企业专业人才亟待引进和培养

经市场调研，黔南文产企业经营管理层整体素质不高，专业技术和管理人才有较大缺口。

第一，普通文产企业对人才素质要求不高。基于在黔文产企业发展现状，多数以自然生态资源、少数民族文化为背景，侧重于传统手工业的生产，致使企业管理者偏重于产品产值与销售，对提升企业产品价值及品牌认识不深，致使企业对工作管理技术人员素质要求不高，重视程度不够。

第二，缺乏有实际经验的技术和管理人才。企业的建立和发展是需要建立一个全局眼光和长期规划，以实时跟踪纠正企业发展，这就要求企业管理者需要拥有较高的综合素质、较强的抵御风险分析能力，善于引导把控企业发展方向。而黔南州文产企业人员以专科、本科学历为主，硕博士少，且具有在大型企业或新兴企业工作经历的人较少。这在一定程度上意味着企业发展将停留在一个初级基础性发展阶段，抵抗市场风险的能力弱，企业难以超前发展，实现质的飞跃。

第三，本地文产企业缺乏对专业人才的吸引力。当前黔南州整体经济发展缓慢，且大型机构企业少，没有本土文产企业实现IPO，整体薪资较沿海发达地区偏低，导致黔南对高素质、高学历的管理人员缺乏吸引力。而企业的发展是需要一个专业互助的团队做支撑，以加强企业各工作环节之间的融合，达到效益最优化、利益最高点。对文产企业而言，对高素质团队人员的要求会相对更高，而不能单纯依靠外部管理者。如目前黔南州非遗传承人多数为务农人员，尽管擅长产品的生产制造，但由于综合素质不高，发展视野受限，难以掌控企业各环节事宜，难以把控全局发展，导致全州相关非物质文化遗产产业发展缓慢，宣传效果不佳，市场知晓率低，扩张市场缓慢。

（三）缺乏资金保障

第一，文化产业经济价值评估难。基于文产企业自身轻资产属性，主要以意识形态、抽象概念等无形资产为表现形式，其价值主要体现在文化产品的创意、文化消费的引导及新兴设计理念和构思等方面。因目前对文产还没有统一的价值衡量标准，使相关评估机构难以对文化产业产品进行经济价值的评估核算。当前，黔南州文产企业多数仍处于发展初期即生存期和扩张期阶段，在激烈的市场竞争、有限的运营资本、较低的市场占有率的条件下，自身企业发展面临挑战，产品更是需要一个漫长的检验期，尤其是对于不稳定未完善的文化产品而言，对其经济价值的测评将难上加难。

第二，文产企业筹资难。充实的资金是有力保障，适宜扩张经营是发展的必经之路。在黔企业多为微小企业，注册资金、体量、经营规模整体偏小，面对繁重的运营成本压力较大。在经营过程中，受抗击能力弱，恢复时间长，还存在企业固定资产有限、可抵押资产较少、缺乏抵押担保等问题，这致使银行或者金融机构难以对企业进行放贷。

尽管部分文产企业可以通过商业贷款等形式筹资，但由于还款利率高，加大企业运营成本和还款压力，一旦面临市场重大冲击，极有可能面临资金供应链断裂、倒闭破产等危机。所以多数企业仍采取保守经营方式，在合理规避风险的前提下谋求发展，致使黔南州文产企业呈现整体以传统产业居多、规模小、骨干企业少的发展局面。

第三，金融机构服务意识弱，产品种类少。金融机构作为一个投融资平台，为企业发展提供了一个便捷高效的筹资机会。尽管企业开拓市场、扩大经营愿望强烈，但鉴于银行贷款程序烦琐、资质要求高、还款利率高等各项因素，企业宁愿选择维持现状，故而难以扩大生产规模。尽管当前金融机构为适应市场需求积极实施改革，如精简借贷程序，针对特有群体制定利率较低的借贷产品，但金融机构对于文产企业整体关注度不高，侧重性不高，宣传力度有限，致使在黔文产企业对借贷或投融资缺乏了解并且积极性不高。

如2015年贵州省推出的"文企贷"，它是政府与银行合作的新型式平台，对文产企业进行贷款，其目的是解决文产企业融资难、融资贵等问题，联合银行为中小微企业打造金融产品①。据了解，"文企贷"在黔南并未得到普及，文产企业对相关金融产品并不熟悉甚至并不知晓。在一定程度上，因为银行对文产企业重视程度不高，未加强对"文企贷"等相关金融产品的引领宣传，企业因资金问题不敢"迈大步"经营。根据对36家代表性黔南文产企业的采访，大部分企业未接受过政府补助或支持，仅有1家企业接受过政府较多支持，1家企业接受过微企10万元租用地优惠支持，1家企业被列为贵州省文化厅文化产业发展"三个一工程"范畴并获得补助，1家企业获得补助。而在银行贷款这一问题上，36家企业中仅3家企业（占比8%）曾有过银行贷款，多数企业表示银行贷款存在门槛高、异地贷款难的问题，希望政府出台相关政策解决文产企业融资问题，适当降低对文产企业贷款抵押的门槛。

（四）政府有关文化职能部门发展新视角

黔南州以非遗创意、文化旅游、文化演艺、影视、传媒、娱乐等产业为重点，预计到2020年，实现全州新增规模以上文产企业100家，文化产品增加值达到100亿元以上②。这意味着，政府作为政策的制定者、引导者、

---

① 《贵州联手工行打造"文企贷"为中小企业"撑腰"》，中国新闻网，http://www.chinanews.com/fortune/2015/07-25/7427284.shtml。
② 《黔南州推进文化产业发展三年行动方案（2018~2020）》。

实施者发挥着必不可少的作用。黔南州作为少数民族聚集地，拥有丰富的少数民族文化资源，各个民族由于其独特的风俗以及生活习惯孕育出丰富的民族文化资源，例如，平塘县牙舟陶，都匀毛尖茶，苗药叶咔香，艾纳香，水族马尾绣，银饰等民族特有产品；同时由于历史原因造就了大批特有的红色文化资源，呈现了以邓恩铭故居、猴场会议遗址、独山深河桥抗战遗址等为代表的红色旅游文化景点。黔南州州府所在地都匀市，建成了亚洲最大的秦汉影视城，并建成"民国影视基地""抗战影视基地""毛尖小镇"等影视拍摄基地，并逐步将都匀市打造成西南最大的专业影视基地。如此丰富的文化资源更要求政府有责任和义务加强地方文化的保护的同时，大力度积极推进黔南州文化产业发展建设。

根据2019年黔南州政府工作报告，伽太利华被评为全省十佳信息软件企业，大数据与实体经济融合发展指数从28提高到32.2，大数据产业产值达210亿元，软件和信息服务业收入10.18亿元，增长95.4%。社会消费品零售总额完成287.55亿元，网络零售总额突破9亿元。瓮安、平塘、罗甸获"全国电子商务进农村示范县"称号。黔南州大数据产业和电子商务的蓬勃发展为黔南文产企业的发展奠定了良好基础。成功举办都匀毛尖（国际）茶人会、中国物流（都匀）国际峰会。市场活力不断激发，引进500强企业12家，首次入黔500强企业4家，引进省外500万元以上投资项目到位资金962.78亿元，增长12.1%。进出口总额完成3.18亿美元。新增市场主体3.5万家。获得专利授权1270件，综合科技进步水平指数达59%。民营经济增加值812.29亿元，占GDP比重达61.8%，新增就业5.3万人，占新增城镇就业总人数的62.7%。而市场活力的成功提升推进则提升了居民的文化消费力，多重进步使第三产业多点联动蓬勃发展，使文化产业园累计完成投资176.1亿元，文化产业增加值占GDP比重达4.5%。

虽然文产企业在自己的努力和政府的引导下稳步发展，但目前来看，由于脱贫攻坚任务繁重、实体经济面临重重困难，政府在面对多重挑战的情况下，对于文产企业的管理与支持存在以下几个问题。

1. 政府有关文化部门市场意识需要提升

文化事业单位改制企业难以独立迎合市场挑战。尽管当前黔南州文化体制不断改革，适当进行放权管理，实施市场化经营，以优惠政策积极鼓励相关文产企业发展，一些部门只重视少数民族文化事业属性，而缺乏产业化意识。一些文化事业单位没有经过规范的管理体制改革，就被推向市场，导致企业难以适应市场竞争。尤其对于有国有性质的企业，因其资本全部或主要来源于国家投入，相较于私人企业，缺乏竞争力和创新能力，一旦脱离政府帮扶极易面临经营等相关问题。同时，由于当前社会及群众对文化产品认识度不高，难以推进文化产业的发展，这就亟须依靠政府有关部门提升市场意识，减少偏好性的政策性帮扶，让改制的企业勇于接受市场的检验。但非营利性的文化企业以及规模基础偏小、成立时间较短、资金有限、经验不足、与其他产业融合度不高的文产民营企业，较难在市场立足，仍需政府的大力支持。

2. 政策支持力度不强

第一，税费减免政策待加强。企业的目的是追求盈利，以适应市场发展需要、满足消费者要求为目标，但企业的发展需要一个积累过程，尤其对于文产企业而言，因其更多的是以一种休闲娱乐、精神满足的方式出现，难以在短时间内盈利，故而充足的资金成为发展必不可少的条件。就黔南州文化产业建设的现状而言，以中小企业为主且多数以传统手工艺为主，在成立品牌或产品推广过程中困难重重，需要一个缓慢的过程进入市场，而高额的税费必将增加企业运营成本。如政府能加大税费减免优惠，在一定程度上必将减轻企业运营压力。

第二，政府专项资金扶持力度弱。据调查，在黔文产企业接受过政府补助或扶持占比极少，且普遍对相关文企扶持政策并不了解。如2012年中央就发布了关于对文化产业发展专项资金的管理暂行办法。但是，因少数民族文化稀缺性的特点，加大对民风民俗文化的保护与开发力度刻不容缓，政府应继续积极加大对文产的政策扶持力度，给予一定政策支持和发展方向的引领。

第三，宣传力度不大，政策执行效果不佳。鉴于黔南州文化产业发展现状，大部分文产企业仍处于发展初期，难以在短时间内为黔南州经济发展创造大量产值。同时，相关政务人员对文化产业认可度不高，重视性不强，忽视了对文产相关法律法规及优惠政策的宣传，致使在黔的文产企业难以准确把握最新国家政策，尤其是对一些税费减免、专项资金申请信息缺乏了解。同时，尽管相关政府部门会针对性地对黔南州文产企业开展相关培训或讲座，如管理人员业务能力提升、专业技术提升、政策法规宣传等以加强企业运营能力，但实际取得的效果不佳，存在培训流于形式等问题。

（五）产业融合度不高，文化品牌意识弱

全球化市场经济为各行业提供了一个发展契机，在激烈的竞争中谋求发展，致使产业通过不断创新增强核心竞争力，产业之间也通过资源整合抢占市场。就文化产业自身包容性强、延伸范围大的特点，意味着其可以与多种产业进行融合，以谋求开拓新兴市场，而产业融合可以分成两种融合方式，一种为替代性融合，另一种为互补性融合，其可以将产业的边界模糊甚至消失①。

1. 文化需求与供给不平衡

第一，产业发展不平衡。黔南州文产发展是以都匀市为文化产业聚集中心，积极向四周发散的发展模式。但由于各县市所拥有的自然生态物质资源、非物质文化遗产资源、少数民族特色资源等不同且各地经济发展水平不一，政府政策导向不同，全州文产企业发展不平衡。

第二，文化产业融合质量不高。当前文化产业仍处于初级阶段且多以初级手工业为主，整体对外宣传力度小，市场认知度不强。如文产与旅游业融合，其是将创意文化理念植入旅游产品中，通过文化概念的总结和依

---

① 魏红妮：《产业融合理论下的旅游文化产业业态模式研究——以西安为例》，西安外国语大学硕士学位论文，2013。

托文化理念来对旅游进行宣传，以此扩大文化产业的消费市场与传播效应。但事实上，由于二者仍处于发展阶段，各项基本设施不完善，加上从事文化产业人员缺乏，难以将融合产业进行融合和升华，质量低下，效果不佳。

第三，市场占有率低，海外市场缺失。黔南州作为贵州省南部政治、经济、文化中心和黔中经济区五大主要中心城市之一，具有良好的交通集散优势和游客集散优势。这意味着便利的交通为文产企业提供了交通优势，但据调查，企业产品主要销往珠三角、长三角沿海地区，销往海外市场企业产品寥寥无几，海外市场有待开发。

2. 品牌意识薄弱，文化品牌价值提升难

品牌的建立有利于促进企业发展、提升市场知名度，一个好的品牌可以提升企业美誉度。基于在黔文产企业自身发展现状，整体经济基础薄弱，政府扶持力度有限，企业经营管理者对品牌意识认识不透，重视程度不高，致使文产企业发展缓慢，品牌知晓率低，美誉度不广。

第一，品牌化认识不深，定位不清晰。品牌化是指为了塑造形象鲜明的品牌而展开的系列产品开发和营销推广活动。其需要一个长期缓慢的规划过程，通过产业融合的方式，对相关资源的精髓进行升华，再通过文化、图片、符号等形式对资源进行提炼，以一种精短有效的方式促进企业发展。因企业经营管理人员整体素质不高，对品牌化概念了解不深，其更侧重于短期效益。而一个品牌的塑造，首先是站在一个高定位且拥有大局意识的角度进行研发，其次品牌的发展要一个日积月累的过程，由专业的运营团队进行资源整合及宣传；再次产品的好坏、品牌的认可度高低及市场价值大小都须交由市场进行检验。

第二，品牌融合度不高，难以提升核心经济价值。根据黔南州文产企业现状分析，基于少数民族文化风情、非遗文化传承等不可替代的资源优势，整体文创产品缺乏深层次研发，创新创意理念薄弱，基本停留于产品实用性的生产制造，一定程度上难以与其他相关产业深入融合，可通过植入相关概念等方式提升产品价值。

三 文产企业推进策略

（一）依托非遗资源打造特色文化产业

根据黔南州非物质文化遗产保护中心提供的数据，黔南州非遗类型主要包括少数民族节日庆典、婚丧嫁娶、宗教祭祀、民间歌舞、喜剧、曲艺、雕刻、绘画、剪纸、泥塑、刺绣、民间乐器等。截至2018年11月，黔南州有水书习俗、水族端节、水族马尾绣、毛南族打猴鼓、瑶族猴鼓舞等国家级非物质文化遗产14项，有水族婚俗、瑶族打陀螺、都匀毛尖茶制作工艺等省级非物质文化遗产项目72项，有布依族古歌、巴江农民画等州级非物质文化遗产项目121项；有福泉葛镜桥和古城垣等国家级重点文物保护单位4处、省级文物保护单位35处、县级文物保护单位258处。现有国家级非遗传承人9名、省级传承人46名、州级传承人144名、县级传承人918名。

调查发现，以2019年黔南州申报成功为第五批贵州省省级非遗项目为例，其中10个类别6项（36处）项目，依托非遗资源是文产企业实现快速发展的重要途径。例如，都匀市的匀酒公司申报的传统技艺"匀酒酿造"，匀酒公司负责人表示，申请获得非遗保护将使匀酒文化内涵与品牌价值获得极大的提升；贵定县的苗姑娘集团更是将"益肝草"申报获得了国家级非遗项目。非遗项目作为政府承认其文化内涵和价值的一个官方的荣誉，更是其在纷繁的消费市场上区别于其他商品的重要特征之一。它提高了消费者对于其品牌的信任程度，在一定程度上也会影响消费者选择，从而提升销量，使企业获得长足发展。

而在黔南旅游产业发展的过程中，打造非遗文化将成为避免文化小镇的同质化、文化商品的同质化的一个重要手段。"好花红"作为州政府力推的民族元素，其主管属地惠水县为其提供了有力的经济支持，从而获得了国家级非遗项目，目前，"好花红"文化小镇正在打造中，而"好花红"小镇的打造，势必成为黔南文化旅游产业新的标杆。

（二）培育专利技术，打造核心竞争力

就走访调查发现，当前黔南州文产企业普遍缺乏知识产权保护意识，容易产生纠纷，知识产权保护的必要性日益显现。以贵州合友实业有限公司为例，该公司成立于2016年，短短两年时间依托非遗项目"苗药叶咔香"以及相关11项国家发明专利技术，开发出"叶咔香"系列产品，短短三年间已经成为贵州省日化领域前三的企业，并于2018年受邀参加2018日本创新科技大会，获得国际业界好评。该企业的成功案例为黔南其他文化企业发展提供了经验。

知识产权保护手段具有内源性力量，充分利用现有的知识产权制度保护文化特色项目及产品具有可行性，主要的路径包括著作权保护、商标权保护、专利权保护和商业秘密保护。申请技术专利是实现对特殊文化和技艺有效保护的重要途径之一。通过专利申请可以有效地保障知识产权，同时在与经营机构合作时，可以有效将技术、创意等物权实体化，更好地保障发明人的权利。

（三）优化民族文化教育模式

当前民族地区正在进行大规模的城镇改造，大量的农村人口迁居到城镇中，同时由于社会文化环境的变迁和经济的快速发展，外来文化的冲击和传统文化缺乏经济效益的影响使大部分传统文化逐渐走向衰退，这些问题已经逐渐成为民族地区文化产业继续发展的瓶颈。

本地学生对于文化的认同和理解，将影响他们未来专业学习的选择和择业的方向。对于本地区的文化越认同，就越有利于我们培养本土的文化创意人才，为文产企业带来源源不断的人才后备力量。以非物质文化产业领域为例。在传承人认定方面，应当加大各项传承人的普查力度和考察范围，完善和适度简化申报和认定程序，增加传承人申报补贴，改变原有的"唯项目论"的地方政府功利竞争式的申报思想，有效调动传承人传承非物质文化的积极性。通过调研可以看到传承人大多生活在农村，经济条件较差的甚至连基本的生活条件都难以得到保障。而传承人群体的老龄化加剧严重影响了非遗的内在活力，制约了非物质文化遗产的传承发展潜力。要有针对性地打造适合年轻人的创新模式和有效的奖励模式，激发他们的积极性和创造力，让更多的年轻人加入非遗传承人的队伍，缓解由传承人老龄化可能导致的传承断代威胁。对于市场接受度不高，难以进行产业化发展项目应给予传承人更多的物质帮扶和精神尊重。

同时利用本地的高校与企业资源，带动产学研融合发展。在黔南民族师范学院、黔南民族职业技术学院等高校和中小学中通过讲座、特色课程加入非遗文化，使他们了解和喜爱民族非遗文化，开展相关的活动。

（四）产业协同发展

要在全社会广泛开展民族文化保护和利用的宣传和教育，培养文化产业相关各个协作机构——政府部门、金融机构、文化公司经营者、培训机构和艺术家以及普通民众（消费者）的联动性，形成广泛的社会参与意识，营造良好的社会氛围。现在黔南州通过组织成立文化产业协会、非遗协会、文化创意协会等民间组织，积极组织和开展各类相关的文化活动，让黔南特色文化项目和相关企业能够通过深圳、广州的营销文化公司拓展市场，通过大型的大学生文化设计大赛让更多的年轻人能够认识到当地民族文化的科学性和文化内涵，让他们利用民族元素来打造新的文创产品，让更多人可以参与到少数民族文化的发掘和体验当中。再者，城镇化、民族融合化乃至全球化都加速了文化趋同进程，而少数民族民间传统文化的命运与地位越发削弱。在这种文化转型期，以黔南地区为代表的西部少数民族地区的文产企业的发展也遭遇了瓶颈期。为了突破这一阶段，黔南州政府出台一系列相关政策为树立"文化自信"做出贡献，通过与高校、文产企业、民间或官方的研究机构与组织积极举办各类国际国内学术理论研讨会、讲座和论坛，加强文产企业之间的技术、学术和市场的沟通交流。

B.12
"志、智"双扶脱贫研究

——黔南州"文军"扶贫实践探索

宋烨*

摘　要： 党的十九大报告强调,"坚持大扶贫格局,注重扶贫同'扶志、扶智'相结合"。黔南州在扎实推进扶贫同"扶志、扶智"相结合的工作中涌现出了"文军"扶贫等一系列有代表性的实践探索,脱贫攻坚成效明显,但也存在"文军"扶贫资源配置不足,受益群体规模小,帮扶经验不足,创新帮扶方式的成功经验推广不够,帮扶过程的服务质量难以评估,帮扶资源对接不畅,没有形成一套可复制可推广的经验,保障措施不健全等问题。为了更好地发挥"文军"扶贫的作用,本文提出了建立协调机制,内引外联,提升帮扶质量,强化保障措施等方面的对策和建议。

关键词： 扶志　扶智　"文军"扶贫　黔南州

一　引言

近年来,黔南州委、州政府坚持以习近平新时代中国特色社会主义思想为指导,深入贯彻落实党的十九大精神和习近平总书记在贵州省代表团重要

---

* 宋烨,社会工作硕士,黔南民族师范学院讲师,研究方向为社会工作与社会政策、儿童社会工作。

讲话精神，全面贯彻落实《中共中央 国务院关于打赢脱贫攻坚三年行动指导意见》和《中共贵州省委 贵州省人民政府关于深入实施打赢脱贫攻坚三年行动发起总攻夺取全胜的决定》，坚持把脱贫攻坚作为头等大事和第一民生工程，坚持以脱贫攻坚统揽经济社会发展全局，坚持精准扶贫、精准脱贫基本方略，贯彻"约法三章"，以"四场硬仗、六个专项治理、四个聚焦和一场振兴农村经济的深刻的产业革命"（简称"4641"）为主抓手，扎实开展脱贫攻坚"春风行动""夏秋攻势""冬季充电""春季攻势"，深化"七个一"工作机制，涌现了"文军"扶贫等一系列有代表性的实践探索，脱贫攻坚成效明显，取得了阶段性胜利。

黔南州辖都匀、福泉、瓮安、贵定、龙里、惠水、长顺、罗甸、平塘、独山、荔波、三都12个县（市），其中瓮安、贵定、龙里、惠水、长顺、罗甸、平塘、独山、荔波、三都等10个县属于滇桂黔石漠化片区贫困县。三都县为深度贫困县，罗甸县为纳入深度贫困县政策支持范围贫困县；有平塘县大塘镇和长顺县代化镇2个极贫镇、836个贫困村（其中有349个深度贫困村）。全州2014年末农村户籍总人口为3492242人，截至2018年底，全州有建档立卡贫困人口928509人，2014～2018年累计减少贫困人口773092人（其中2018年减少贫困人口211480人），剩余贫困人口162561人，贫困发生率为4.65%；共脱贫出列贫困村631个（其中深度贫困村出列179个）；瓮安县和龙里县2018年9月实现脱贫摘帽，贵定县和惠水县2019年4月24日省人民政府宣布摘帽退出；2019年长顺、平塘、独山和荔波等4个贫困县计划脱贫摘帽，计划减少贫困人口11.44万人、100个贫困村出列；按照省委省政府安排，2019年已摘帽退出的瓮安、龙里、贵定、惠水和非贫困县都匀、福泉实现剩余贫困人口清零；2020年罗甸和三都2个贫困县计划脱贫摘帽，剩余贫困村、贫困人口全部脱贫。在充分肯定成绩的同时，我们也要清醒认识到，部分地区的贫困问题仍然比较突出，尤其是脱贫内生动力问题应当引起高度重视，这是消除贫困的基石。党的十九大报告强调，"坚持大扶贫格局，注重扶贫同'扶志、扶智'相结合"。这就要求我们在精准扶贫中深入研究精准扶贫与扶志扶智的关系、扶志扶智的具体

内涵与当前面临的主要问题，充分发挥扶志扶智在精准扶贫中的重要作用，达到理论来自实践并指导实践的目的。①

二 黔南州扶贫工作在"扶志、扶智"方面遇到的困难

（一）缺"志"导致的脱贫内生动力不足

脱贫的内生动力起于"智"，更源于"志"。"笨鸟先飞""愚公移山"的志向是脱贫致富关键，只有"咬定青山不放松""撸起袖子加油干"，再充分利用外部环境的力量才能实现脱贫致富。没有了"志"就没有了"魂"，即便外部的支持与帮扶实现了脱贫，但自身没有脱贫致富的志向依然会有返贫的风险。调研发现，部分贫困人口"等、靠、要"思想依然严重，仍然存在"以当贫困户为荣""干部热火朝天、群众冷眼相看"的现象。对口帮扶干部提供的钱粮、物资、牲畜到手就化为娱乐之资、锅边之肉。这是一种"精神贫困"问题。习近平总书记关于"扶贫同扶志扶智相结合"的科学论断，精准地找到了扶贫的症结与重点。缺"志"是脱贫内生动力不足的原因之一，当前黔南州部分贫困群众缺"志"主要表现在以下四个方面。

1. 思想上存在一定依赖性，"等、靠、要"思想不同程度地存在

部分贫困户思想上依赖政府送政策、扶贫干部送物资，认为"不要白不要""多多益善"。部分贫困户依赖村中专业大户、"特惠贷"、土地流转获取一定收入，满足于不愁吃、不愁穿的现状，等到2020年就自然脱贫。有的贫困户还习惯了扶贫干部"保姆"式的对口帮扶，主动找对口帮扶干部索要物资、钱财，甚至以不配合、不签字、不脱贫为由要挟干部。在调研过程中就发现这样的案例，贫困户遭遇车祸，保险公司已按程序给予赔付，帮扶干部出于关心，号召乡政府给予其生活上一定的帮助，该贫困户不但不

---

① 根据黔南州扶贫开发局所提供的数据整理得出。

感恩还致电帮扶干部要求其"意思意思"。这是一个极端的案例但充分折射出部分贫困户认为帮扶给予物资、钱财、获得政策优待是理所当然的，在思想上严重依赖政府、帮扶干部。

2. 部分贫困群体存在"守株待兔"的发展观

认为贫困是自己的"命"，安贫乐贫，得过且过。政策再好、干部再能干都与自己无关，"天命如此"，即使在国家的帮助下脱了贫，遇到困难还是会再度返贫，何必"折腾"。价值观的消极为政府和干部帮助老百姓脱贫拉开了一条鸿沟。

3. 以被评定为精准扶贫户为荣的现象仍然存在

部分贫困群体认为，被评定为贫困户既可以享受国家扶贫政策又可以得到很多部门和同志的关心和帮助，四处炫耀，以此为茶余饭后的"谈资"。这种思想就像传染病一样，不仅让自己在无形当中淡忘了脱贫的"初心"，还影响了其他群众的思想观念，尤其是那些正与贫困奋战的群众，增强了这些群体的相对剥夺感，激化了矛盾，加剧冲突，破坏脱贫攻坚内生动力生态圈。

4. 部分群体脱贫"初心"不够坚定，缺乏抗逆力

部分贫困群众一开始积极响应政府、扶贫干部的号召，撸起袖子加油干，待遇到问题时，由于缺乏识别问题、应对问题、解决问题的能力，做事畏首畏尾，甚至为自己的一点蝇头小利打小算盘，打退堂鼓，破坏集体的团结和协作。

（二）缺"智"导致的贫困主体自我发展能力不足

"扶智"即为"本"，是治本之策。《老子》曰："授人以鱼不如授人以渔"。物质上的扶贫解决了贫困群体的燃眉之急，提升了生活水平，但富了"口袋"不富"脑袋"反过来会限制其自我发展能力，助长"等、靠、要"思想。相比东部城市，黔南州在教育、文化、卫生、科技等领域均存在短板，而这些短板是导致贫困的"根"。贫困主体中还存在"有体力、无能力""脱贫又返贫"的现象。黔南州贫困地区多为偏远封闭地区，积贫积

弱：一是教育资源分配不均，乡村师资力量不足，基础教育重视程度不高，辍学失学现象时有发生，教育的贫困问题依然存在；二是贫困群体的思想观念落后，思变能力不足，将希望寄托在外部环境的影响上；三是整体文化氛围滞后，部分贫困群众沉迷赌博、参与封建迷信活动，有问题求神拜佛，有病宁可相信传言的"土方子"而不到医院就医；等等。外界的帮扶手段再强，科学技术再先进，没有智力支持、文化氛围的熏陶同样难以让帮扶真正落地。

三 黔南州"文军"参与"志、智"双扶的实践探索

大文化推动大扶贫，"文军"是指那些在推动文化事业发展战线上让群众共享发展成果的一线人员，他们以文化励民、文化惠民、文化富民为主要目的，从宣传、教育、文化、思想政治等方面入手为群众提供精神动力。扶贫先扶志，扶贫必扶智。扶志就是帮助贫困群众从思想上、观念上、信心上树立起脱贫的斗志和勇气；扶智就是帮助贫困群众在知识、技术、思路上提升脱贫的综合素质。"扶志"又"扶智"才能帮助贫困地区的干部群众在思想上、心理上、能力上实现脱贫，而"文军"扶贫恰如其分地为贫困群众精神上的富裕提供了最坚实的基础。黔南州的"文军"队伍，紧紧围绕州委"志智双扶、感恩奋进"思想开展扶贫工作，紧扣"四场硬仗""五个专项治理""四个聚焦""一场产业革命"等关键战役，从宣传、文化、社科、挂帮和网络扶贫等方面协同联动，务求实效，充分发挥了"文军"的独特优势。

（一）黔南师院的"校农结合"升级版直面贫困群体的"志"和"智"

高校是"文军"队伍的重要的组成部分，既拥有相应的专业能力和人才队伍，也具有服务社会的功能，是扶志扶智的重要力量。作为"校农结合"的首倡者，黔南民族师范学院已成为高校参与扶贫攻坚的领头雁。黔

南民族师范学院的"校农结合"工作已作为全国典型正在持续推进,得到了省委省政府的高度重视,将"校农结合"扶贫项目列为重点项目。当前黔南民族师范学院在前期校农结合取得成绩的基础上正打造"校农结合"升级版,旨在以党建扶贫为引领,以"1+4"模式来助推"校农结合"升级版,"1"即以消费需求带动产业为核心,三种采购模式合为一体,通过即将建成的"校农结合"农特产品体验中心来解决产品销售的问题,采用直销、直播的方式将农产品送货上门,从"面向职工到面向市民"去实现销量的突破,通过 App 线上下单,让产品面向更广阔的市场。其中"4"是指发挥高校的"人才""智力""科研""教育"四大优势助推高校"扎根大地""志智双扶""大地论文""希望圆梦"四大扶贫工程开展,携手打造"校农结合"升级版。黔南民族师范学院党委书记杨未指出,高校人杰地灵,"校农结合"升级版就是要把高校智力资源引导到脱贫攻坚一线,把"输血"转变为"造血",跨越到扶志、扶智,并据此探索一条可复制推广的路径和模式。另外黔南民族师范学院还着手从民族文化、乡村旅游、民族医药等方面对毛南族文化进行深入挖掘,启动了毛南族乡村旅游规划、大数据脱贫动态监测评估、少数民族乡村振兴研究中心等一批项目。

(二)黔南州民宗委"双培"行动解决贫困群众就业之"智"

语言障碍是少数民族地区贫困的一大诱因,为解决这一问题,黔南州民宗委通过调查摸底发现黔南州有 4 万余人存在汉语言障碍。立即将"双语"培训工作列入专项,整合各部门资源,出台一系列政策,深入贫困一线,利用农民讲习所来宣讲民族政策,解读国家、地方扶贫政策,开办夜校班为贫困群体开设汉语课程;联结专家资源开展实用技能培训、职业技能教育、妇女特色技能培训等。接受过"双语"培训的少数民族贫困群众大多能用汉语与人沟通,能掌握一项技能,自力更生,对自己的发展更加坚定自信。双语培训的"文军"找到了少数民族地区贫困群体的语言短板,补足了贫困群众的就业之"智"。

（三）黔南州文联用文艺的精神火炬，点燃易地扶贫搬迁社区贫困群众的"志"与"智"

对黔南州易地扶贫搬迁的移民调研发现，移民在搬迁后仍然能与新迁入社区中的居民保持交流，居民的交流并未因为搬迁而受阻，交流频次变化比较稳定，但搬迁后邻里交往方式单一，仅限于打招呼、聊天。共同出游、体育、文娱活动、互帮互助频次较低。邻里交往方式单一，其中最主要的原因是生活习惯不同、交往场所不够、安全防范意识的阻碍，多数移民认为社区应当组织文体活动、举办民族节日活动、建立支援队伍为小区服务。另外移民尤其关心社区组织的文体活动和民族节日活动。黔南州文联意识到这一问题后，立即组织州、县两级文联形成了39支1200人的"文艺轻骑兵"队伍，深入易地扶贫搬迁社区，帮助当地社区制定村规民约，与社区居民一同设计绘制院墙画作，邀请当地文艺积极分子参与文艺活动，培育文艺表演队伍，组织专家帮助谱写山歌词曲，深入调查研究，帮助社区了解村情村史。除此之外，"轻骑兵"队伍还将活动范围拓展到了贫困的农村，针对农村贫困群体开展同样的服务。他们在播撒文艺种子的同时，促进了村民自治、乡村美化、文化活跃、感恩奋进思想、乡村归属感的延续。文联的这支山地"文艺轻骑兵"通过实践总结出了一套"五帮五促"的帮扶模式，"文军"扶贫力量得到彰显。

（四）黔南州律师行业补贫困群体"法治之钙"

农村法治教育、宣传形式单一，村干部法治实践能力不足是一个普遍现象。基层权力行使缺乏有效的制度规范，部分贫困农村干部人治思维和官本位思想仍很严重，法治观念比较淡薄。凭经验和个人意志作决策，下命令，甚至在开展工作中"讲人情"，不懂法，不用法，有法不依，执法不严。开展的普法行动，由于贫困村的人群主体是老人、妇女、儿童及残障人员，文化程度较低，有些甚至语言不通，不清楚自己的合法权益，"遇事找熟人"的惯性思想根深蒂固，学法意愿很低，普法难。以发传单、讲座、赠送书籍等宣传的方式不适合以苗语、水语等为主要交流语言的少数民族贫困村寨的实际需要，使法治宣传不能真正入村进寨、入脑入心。针对这一问题，黔南州司法局牵头，黔南州律师行业党委、多家律师事务所、企业组成法治"文军"，深入贫困村开展法律服务活动，开展服务过程中列出问题清单，逐一解决，帮助贫困群体提高"法治之钙"。此项由"文军"主导的法律服务活动，推进了贫困村"讲文明 迎法治 树新风"再上新台阶。

（五）荔波县农商银行开通"金融夜校"补贫困群众产业发展之"智"

荔波县朝阳镇八烂村更坡组村民的收入主要靠种植琵琶，每年琵琶丰收后交易时最令人头疼的问题是收付款，容易出现不会使用电子支付、支付错误、算错账、收到假币等情况。荔波县农商银行"文军"们每年都会针对这些问题对群众开展培训。多次的培训增加了农商银行"文军"对贫困群众的了解，他们逐步意识到在金融方面贫困群体的需求不仅局限于电子支付、假币识别、算账。为补贫困群众金融知识短板，荔波县农商银行为贫困群众开设了"金融夜校"，金融"文军"们没有创办夜校场地的条件也要创造条件，他们把屋前院坝作为主会场，为贫困群众讲解金融知识，开展诚信教育，以通俗易懂的方式讲解常见的电信诈骗、非法集资案例。培养村支两委、村中能人为金融讲师，把扶贫与扶志、扶智紧密结合起来，以能力促动力，充分激发了群众的内生动力，鼓励大家走上自主脱贫的道路。

（六）社会组织以教育扶贫为重力点参与"志、智"双扶

1. 都匀市联众力社会工作服务中心贫困家庭儿童支持服务项目

都匀市联众力社会工作服务中心自2017年开始助力脱贫攻坚，受都匀市民政局委托，承接都匀市归兰乡潘硐村贫困家庭服务项目。项目是由都匀市联众力社会工作服务中心、黔南民族师范学院、都匀市归兰乡潘硐村村委、都匀市阳和中心学校共同开展的针对居住在都匀市归兰乡潘硐村的贫困家庭及儿童的专业社工服务项目。潘硐村是归兰乡最贫困的村落之一，贫困

状况较为突出，村民的收入方式较为单一（以种养殖为主），青壮劳动力基本都选择外出务工，留在村中的多是体弱多病的老年人和儿童，留守儿童基数大，青壮劳动力缺乏。为了有效助力"志、智"双扶工作，都匀市联众力社会工作服务中心（以下简称"联众力"）选择驻点归兰乡潘硐村，与归兰乡阳和中心学校携手，开展贫困家庭支持服务，旨在增强贫困家庭儿童抗逆力，阻断贫困的代际传递。联众力根据全村需求调查反映的情况，结合该村贫困家庭及贫困家庭儿童不同层次需求，运用社会工作专业工作方法，精准介入贫困家庭的生产、生活当中，重点关注贫困家庭儿童心理健康、生活习惯、行为习惯等领域，通过驻地建设社会工作服务中心与社区、学校携手，结合其贫困因素对家庭和个体的影响开展服务，在服务过程中总结和梳理经验，形成了政府、社区、学校、社会组织、家庭在社会生态系统中的准确定位，形成对于贫困家庭的发现机制、报告机制、救助机制以及监控机制，了解贫困家庭的切实需求，从经济、物质、精神等方面帮助贫困家庭获得更好的生活。在项目实施地逐渐掀起一股浓厚的社会工作服务氛围，"有问题、找社工，有时间、当义工"的宣传口号潜移默化地影响着项目实施地的村民。联众力实施"三区计划"期间还得到了当地社区、各企事业单位的认同，包括中国儿童中心、联合国儿童基金会儿童保护处、中科院心理所、贵州日报社、黔南日报社、黔南广播电视台、黔南医专、黔南州图书馆、都匀市图书馆等。2018年，《中国社会报》、《贵州日报》、多彩贵州网、《黔南日报》、都匀市新闻中心均对联众力助力精准扶贫的工作进行了专题报道，民政部官方微信还对联众力社工助力精准扶贫的工作事迹进行了专题推送。

2.惠水县好花红社会工作服务中心贫困家庭青少年支持服务

惠水县好花红社会工作服务中心，2016年承接了共青团惠水县委贫困家庭青少年服务项目。针对贫困地区青少年较常见的五类问题提供服务，分别是生理健康、逃课辍学、职业生涯规划、偏差行为、家庭社会支持不足。主要从健康扶贫、教育扶贫方面开展工作，通过专业社会工作服务，帮助青少年及其家庭链接资源，挖掘潜能，培养独立性，阻断贫困的代际传递。在项目实施过程中形成了"团干部＋社工＋志愿者"的工作模式，并将该模式进行推广，辐射到贫困家庭青少年帮扶、农村留守儿童关爱、易地搬迁青少年社会融入、边缘青少年陪护成长的专业服务中，形成了贫困地区青少年社会治理的新样本。

（七）小结

从黔南州"文军"参与"志、智"双扶的实践探索中可以看出，政府机关、高校、群团组织、社会组织、国有企业是"文军"扶贫的主要参与机构。这些机构体现了服务大局的政治担当。找准了坐标定位，履行了社会责任，以苦干实干回应新时代的新期待，真正起到了"领航者""定盘星"作用。这些"文军"扶贫方式灵活多变，高校采取"校农结合"的方式把智库引入贫困地区，集"产、学、研"和社会服务于一体，力所能及地满足贫困地区生产发展、社会发展等各种需求；群团组织可以发挥自身特长和利用资源网络，有组织、有计划、有规模地帮扶，如文联的"文艺轻骑兵"；社会组织以项目的形式为贫困群体提供专业的社会服务；国有企业结合自身属性为贫困补短板。这些机构从教育、文化、社科、就业的角度助推了黔南州"志、智"双扶脱贫工作，取得了可圈可点的成绩，但仍存在一些问题，如"文军"扶贫资源配置不足，受益群体规模小，帮扶经验不足，创新帮扶方式的成功经验推广不够，帮扶过程的服务质量难以评估，帮扶资源对接不畅，还没有形成一套可复制可推广的经验，保障措施不健全等，导致"文军"扶贫在黔南州"志、智"双扶脱贫工作中成绩不够显著，激发贫困主体脱贫的内生动力案例不够亮眼。

四 黔南州"文军"扶贫激发脱贫内生动力的对策和建议

"文军"扶贫是激发脱贫内生动力，助推脱贫攻坚行动的组成部分，存在的问题既有普遍性又有特殊性，因此如何发挥好"文军"扶贫实践探索的经验既需要服从于全省"文军"扶贫参与脱贫攻坚的大局，也需要考虑黔南州的实际情况有所侧重。针对黔南州扶贫工作在扶"志、智"中遇到的问题和黔南州"文军"扶贫的实践探索经验，本文提出如下对策。

（一）优化资源配置，扩大贫困群众受益规模

黔南州当前的"文军"扶贫工作中，免费广告精准扶贫还未探索出一条有效的路子。一要加大"文军"扶贫专项经费的投入，为做好黔南州"文军"扶贫"后半篇文章"，进一步推动黔南州扶贫攻坚"志、智"双扶工作，实现贫困群众由"要我脱贫"向"我要脱贫"转变，建议在"文军"扶贫工作中加入免费广告精准扶贫专项。二要将"文军"扶贫实践适度向还未脱贫出列的县倾斜。以《关于"文军"征战深度贫困地区助推脱贫攻坚的指导意见（2017～2020年）》《新闻媒体开展免费广告助推脱贫攻坚工作方案》为指导，以现有成熟的"文军"扶贫队伍为依托，引导各部门、各群团组织主动培育各自"文军"扶贫队伍。三要发挥群团组织与社会组织协同服务的优势，工会、共青团、社科联、文联、妇联、残联等群团组织需要积极争取资金和政策支持，加强与高校、慈善组织、专业社会工作机构、企业的合作，结合自身优势，以问题为导向培育一支有凝聚力、战斗力、执行力的"文军"示范队伍，为贫困群体服务，激发其内生动力。

（二）强化多元并举，进一步提升"文军"扶贫实践成效

一要加强技能培训。建议由黔南州人社局牵头，组织省内外舆论扶贫、免费广告精准扶贫、文化扶贫、社科扶贫、挂帮扶贫和网络扶贫专家对黔南州"文军"开展培训，提高各自专业技能水平，保证服务质量。二要加强省内经验交流。建议由黔南州宣传部牵头，组织考察、观摩省内其他县市"文军"扶贫典型经验。如"文军"帮扶正安县激活脱贫产业大发展的经验和模式。三要推广成功经验。建议由黔南州社科联牵头编制《黔南州"文军"扶贫案例集》，总结黔南民族师范学院"校农结合"升级版、黔南州文联"文艺轻骑兵"、都匀市联众力社会工作服务中心教育扶贫的经验和模式，在全州进行宣传和推广。四要强化"文军"扶贫服务成效的过程评估。重点考核"文

军"扶贫的服务精准度和当地贫困群众的参与度、满意度,进行服务的改进和调整,评估的结果作为政府加大"文军"扶贫经费投入的依据。五要开展全省"文军"扶贫先进集体、先进个人评选,通过评选激发"文军"队伍创新扶贫方式的内生动力并对优秀的集体和个人给予奖励。

(三)加强内引外联,实现内外资源有效对接

一要设立黔南州"文军"扶贫指导中心和实践基地。鼓励省内外"文军"前来指导和开展实践工作,为调动省内外"文军"的积极性,建议对开展成效显著的"文军"团体和个人给予专项经费支持。本土"文军"团体和个人在指导中心和实践基地开展工作成效显著的给予政策上的优待。如绩效考核、职务晋升、职称评审等方面。二要吸纳专业人才参与到"文军"队伍中来。建议在派遣挂靠帮扶队伍时,根据现有"文军"分类优化挂靠队伍结构,全方位提升脱贫攻坚工作水平和服务能力。三要广泛动员社会组织加入"文军"队伍,发挥自身优势开展专项帮扶工作,如都匀市联众力社会工作服务中心开展教育扶贫工作是与其挂靠单位都匀市民政局共同对贫困村进行摸底调查,双方在总结贫困村教育需求的基础上发挥自身优势链接资源,引入联合国儿童基金会、中国科学院心理研究所、中国儿童中心等资源针对贫困家庭儿童进行精准帮扶,并由都匀市民政局实行参与式监测评估。四要主动对接对口帮扶城市广州的社会资源。加强帮扶城市群团组织与社会组织的交流合作和人才互派,争取外部资源。

(四)加大政府购买服务力度,招标社会服务

整合"志、智"双扶的服务板块,分类打包,向专业的社会工作机构招标专项社会服务。目前黔南州社会工作机构有专门服务于儿童的领域的、青少年领域、老年领域;还有一些社会工作机构擅长社区工作,可以灵活运用地区发展模式、社会策划模式帮助贫困社区进一步发展。社工机构除了做专项领域的服务外,还有一项专长就是个案工作。社工针对个案有一整套完整的流程和专业的价值操守,对于一些极端的贫困个体不仅可以起到疏导的

作用，还可以增强其个人能力。因此，需要建立政府与社会工作机构的双向沟通机制、项目参与机制，保障社会工作中的"文军"队伍参与的空间。政府各职能部门与社会工作机构密切相关的部门如民政、教委、共青团、妇联等应设立专门的岗位和专门的社会工作机构联络人，政府职能部门各项扶贫工作精神、工作要求的传达可以通过专门的联络人进行传递，社会工作机构的项目投标、项目方案、项目评估、项目需求、项目工作开展需要协调解决的问题等可以向政府各职能部门的社会工作机构联络人传递，以此建立政府与社会组织的双向沟通机制，在项目的实施过程中，社会工作机构联络人可以投身政府购买的项目中进行项目督导、项目评估。联络人在参与购买的项目后可以将情况及时反馈给部门领导和上级部门，同时还可以监督和指导社会工作机构项目执行的方向。通过社会服务的外包，发挥从事社会工作"文军"的创造性和专业性。

（五）利用正向谚语激励，警示谚语鞭策，双管齐下促内生动力

调研发现，在干劲十足的贫困村多看到正向谚语和警示谚语交叉使用的情况，且那些交叉使用正向谚语和警示谚语的村返贫的情况相对较少。使用正向谚语可以激励贫困群体砥砺奋进的内生动力，如"无志者脱贫千难万难，有志者致富千方百计""脱贫致富靠志更靠智，缺志少智似鸟断翅""家有读书郎，富裕更久长""脱贫先脱懒，致富先致智"。使用警示谚语可以鞭策贫困群体自省思变。如"口袋空穷一时，脑袋空穷一世""不怕家贫穷，就怕家里出懒虫""右手赚，左手赌，会把贫穷带入土""婚丧嫁娶无底洞，大操大办富变穷""陋俗人情一把刀，宰你一生难直腰"。脱贫相关的正向谚语和警示谚语是激发贫困群众内生动力的一条有效的可持续路径。谚语因为言简意赅广泛流传于民间，融合了人们丰富的生活实践经验，通过口头流传，具有鲜明性和生动性，因此，可以说，谚语是民族文化的"百科全书"，是大众文化的一种转化。黔南州贫困地区不乏民间谚语，大街小巷、马路住宅都能看到谚语，说明谚语是有深厚群众基础的，可以利用谚语激发贫困群众内生动力，目前很多村寨都有与脱贫相关的谚语，但这些谚语往往千篇一律、杂

乱无章，未能取得预期的效果。建议黔南州文联牵头，发挥"文艺轻骑兵"的先锋作用，调研各贫困村"志与智"的需求，有针对性总结、提炼与脱贫相关的谚语，分类、交叉使用正向、警示谚语。比如对问题、需求表现集中的贫困村有针对性地交叉使用不同内容的谚语。在使用过程中，通过谚语指向的类别交叉使用，激励和鞭策贫困群体可以达到双管齐下助推贫困群体脱贫攻坚的内生动力的效果，真正做到精准"扶志"和"扶智"。

（六）强化保障措施，全力确保扎实有序推进

一要实行联席会议制度。制定和完善黔南州"文军"扶贫的相关政策措施，明确政府、群团组织、社会组织等机构的职责，强化协同服务能力，加大资源整合力度，细化"文军"扶贫工作方案。二要试点先行，在创新"文军"扶贫方法的过程中整体推进，利用黔南州"文艺轻骑兵"的成功案例为契机，选择不同类型贫困村进行试点，在试点经验基础上探索可复制、可推广的模式。三要加强"文军"队伍人才的支持，强化物质与精神激励。对参与"文军"扶贫的人才在待遇、补贴和职务晋升、职称等方面提供必要的支持。对贡献突出、成绩显著的团体和个人纳入全州和地方脱贫攻坚先进集体和个人的表彰范围。四要营造"文军"参与扶贫扶"志、智"的社会氛围，增强基层贫困群体对"文军"的了解。

总而言之，在大扶贫战略下，黔南州"文军"扶贫为激发贫困群众内生动力做了实事，起了实效，从宣传、教育、文化、思想等方面为贫困群众提供了充足的精神动力和智力支持，在黔南州"志智双扶、感恩奋进"思想扶贫工作上体现了责任与担当，起到了"领航者""定盘星"作用，为助推脱贫后的乡村振兴工作打下了坚实基础。

参考文献

中共中央党史和文献研究院：《习近平扶贫论述摘编》，中央文献出版社，2018。

慕德贵：《"文军扶贫"行动的经验与启示》，《人民日报》2018年5月16日。

杨胜雁、杨佳森：《深入推进民族地区精准扶贫精准脱贫》，《黔南日报》2018年11月7日。

苟颖萍、白冰：《习近平精准扶贫思想浅析》，《西南交通大学学报（社会科学版）》2017年第3期。

胡安徽：《"文军扶贫"的贵州经验》，《中国社会科学报》2019年8月8日。

王红蕾：《发挥自身优势践行"文军扶贫"责任担当》，《贵州日报》2018年7月3日。

刘永富：《打赢全面建设小康社会的扶贫攻坚战——深入学习贯彻习近平同志关于扶贫开发的重要讲话精神》，《人民日报》2014年9月7日。

B.13
后发赶超的内生动力
——新时代贵州精神之黔南溯源

吴 钧*

摘　要： 民族精神具有传承性，同时又具有与时俱进的特征。大关精神、背篼干部精神、麻怀干劲、大射电精神，这些厚植于黔南山水间、流淌于黔南人民血脉中的精神力量与遵义会议精神、长征精神、水钢精神等共同构成了"团结奋进、拼搏创新、苦干实干、后发赶超"的新时代贵州精神，是全州、全省实现后发赶超的内生动力。黔南应牢记嘱托，感恩奋进，弘扬好新时代贵州精神，挖掘特色精神价值，助推黔南脱贫事业和干部教育事业发展。

关键词： 贵州精神　干部群众　生成逻辑　黔南州

"问渠哪得清如许？为有源头活水来。"改革开放四十年的拼搏奋进，贵州高原上绽放朵朵生态之花，结出累累硕果。无论是全社会的改革创新还是经济建设成就，无论是超级工程的探索还是基础设施的完善，无论是脱贫攻坚的硕果还是苦干实干的作风，无论是生态绿衣还是文化千岛，整个贵州在近年来特别是党的十八大以来坚守底线，敢闯新路，自信自强，成绩斐然。从占领精神高地，冲出经济洼地开始，一种将历史以来的文化蓄积化身

---

* 吴钧，法学硕士，中共黔南州委党校讲师，主要研究方向为民族学、文化学。

为推动贵州经济社会发展，焕新贵州党政干部精神风貌，增强贵州各族人民自信心、自豪感的贵州精神拔地而起，成为推动贵州脱贫攻坚、全面建成小康社会的持久发展动力。这种精神的形成源自贵州悠久的历史、高原人民的知行合一以及敢为人先的创新创造。

从大关、敦操、麻怀到大射电，这些流淌在黔南山水间的精神力量，一脉相承，与时俱进，紧跟党和国家的重大发展战略，反映了黔南人民在"谋出路、促脱贫、奔小康、谋复兴"这一过程中的实践成绩，更展现了贵州省改革开放四十年社会发展的历史轨迹。从大关村干部何元亮带头谋出路，到背篼干部脚踏实地促脱贫；从女愚公邓迎香苦干实干奔小康，到平塘科学家南仁东等跨越赶超谋复兴，黔南干部群众不断创造的贵州精神，既是激发人民创新创造的力量，也是一部社会变迁的历史。

一 新时代贵州精神的生成逻辑

新时代贵州精神是指习近平总书记在参加党的十九大贵州省代表团讨论时指出的，以"团结奋进、拼搏创新、苦干实干、后发赶超"16个字为主要内容的精神。2017年11月，贵州省委十二届二次全会召开，将"团结奋进、拼搏创新、苦干实干、后发赶超"确定为新时代贵州精神。

（一）历史逻辑

新时代贵州精神是动态的、发展的，是一个从实践到理论、从具象到抽象、从个别到一般的理论深化和不断完善的过程。各个时期、不同阶段总结概括的"贵州精神"为"新时代贵州精神"提供了历史基础，构成了新时代贵州精神形成和发展的历史脉络。纵观贵州500多年的历史，贵州不仅是红色的热土，更是出产精神的地方。从历史上看，明朝时期，王阳明龙场悟道产生了"知行合一"的贵州人文精神；红军长征时期，产生了遵义会议精神；中华人民共和国成立以后，顶云精神、三线精神、大关精神、麻怀干劲、冷洞精神、敦操精神、平正大发渠、平塘大射电等精神事迹接续产生，反映了不同时期贵州各地干部群众的精神风貌。

在党的十九大之前，贵州一直没有系统地提出能够代表贵州各族干部群众精神风貌的精神内涵。具体来看包括：2007年，贵州省委十届二次全会提出"自强自信、开放创新、能快则快、团结和谐"的新时期贵州精神；2010年4月，时任国务院总理温家宝在贵州兴义考察指导抗旱救灾工作，在冷洞村提炼出"不怕困难、艰苦奋斗、攻坚克难、永不退缩"的贵州精神；2011年，贵州省委十届十二次全会表决通过《中共贵州省委关于贯彻党的十七届六中全会精神推动多民族文化大发展大繁荣的意见（草案）》，意见提出将大力弘扬"开放创新、团结奋进"的贵州时代精神；2012年，时任贵州省委书记栗战书同志在《求是》发表署名文章，强调"要弘扬自尊自重、自信自强、改革创新、锐意进取、不畏艰苦、百折不挠、团结协作、互帮互助的精神"[①]。2013年又推出建设"自觉自信自强、创新创优创先"的精神高地。贵州精神在此期间如同百家争鸣、百花齐放。

直到2017年10月19日，习近平总书记在参加党的十九大贵州省代表团讨论时指出，要大力培育和弘扬"团结奋进、拼搏创新、苦干实干、后发赶超"的精神，系统回答了"贵州精神是什么，如何概括"这一长期困惑，总结提炼了贵州各地干部群众的精神风貌，是贵州全省"牢记嘱托、感恩奋进"的行动路线，是全面决战决胜脱贫攻坚的行动指南，是"中国特色社会主义进入新时代"这一重大历史节点上，对贵州开展各项工作的总体要求。

（二）实践逻辑

新时代贵州精神源于历史，基于现实，同时引领未来。首先，从生产活动看，贵州省由于历史和自然环境因素，农业发展条件差，工业基础弱。尤其是喀斯特地貌发育典型的深山区、石山区，"地表水贵如油"的现状给人们的物质生产和自身生产带来了严峻的挑战。因此，贵州人民通过自身的苦干实干，在石漠化地区创造出"火烧田""血汗田"，在山高谷深的丘陵山

[①] 栗战书：《构筑"精神高地" 冲出"经济洼地"》，《求是》2012年第12期。

地创造出"百级梯田",在"鸡窝田"里种出金银花。艰苦的自然条件让人们不得不创新生产活动的方式方法,从而谱写出一幕幕"战天斗地"的典型事例,孕育出苦干实干的精神品质。

其次,从革命历史看,黔南人邓恩铭作为中共一大唯一的少数民族代表,组织领导山东革命,1928年不幸被捕,于狱中写下"三一年华转瞬间,壮志未酬奈何天;不惜唯我身先死,后继频频慰九泉"的诀别诗句,为共产主义事业奉献了青春生命。王若飞、周逸群、周达文、龙大道、旷继勋、冷少农等贵州籍共产党人前赴后继,不畏牺牲、献身革命的精神感召后人。1930年至1936年,中国共产党领导的中国工农红军第七军、第八军、第三军、中央红军、红二军团、红六军团在贵州开展了轰轰烈烈的革命,红军足迹遍布贵州67个县,贵州人民始终与中国共产党在一起,在创建滇黔桂、黔东、黔北、黔西北等革命根据地①,掩护主力转移,继续开展革命斗争方面做出了巨大贡献。

最后,从社会建设看,新中国成立后的贵州在三线建设、改革开放、西部大开发、全面建设小康、内陆开放型试验和决胜脱贫攻坚中,书写着引以为傲的贵州成绩,并且加快改革,加快转型,推动大数据、大扶贫、大生态等战略实施。贵州在不同时期涌现了三线建设精神、顶云公社改革精神、大射电精神、大发渠精神等,何元亮、南仁东、黄大发、邓迎香、杜富国等一批代表人物"感动中国",用自身实践传承和践行着"团结奋进、拼搏创新、苦干实干、后发赶超"的精神。

总之,精神源于实践,又高于实践。新时代贵州精神高度概括了贵州人民在各历史时期干事创业的具体实践,生动展现了贵州人民的精神风貌和先进形象。贵州各族人民在长期的生产实践中形成的伦理精神、人生价值是新时代贵州精神的生成逻辑。它既有战争时期的革命精神,又有社会主义建设时期的建设精神;既有面对困难挑战的献身精神,又有各少数民族的传统文化精神。它是对中华民族精神的彰显与传承,具有广泛的群众性、民族性和先进性。

---

① 贵州通史编委会:《贵州通史》(第四卷),当代中国出版社,2003,第126页。

二 黔南干部群众在实践中涌现的精神价值

贵州是一片充满革命历史的红色热土，中华人民共和国成立70周年来，黔南大地先后涌现大关、麻怀、敦操等地践行共产党员先锋模范带头作用，不忘初心向贫困宣战的先进感人事迹；涌现出登高望远、精益求精、勇于争先的大射电精神。1983~1997年大关村民劈石造田拔穷根；1999~2011年麻怀人民开山取石凿隧道；2012年，敦操乡干部用背篼肩负为人民服务的初心；2006~2016年，全国20余所大学和研究所、100多家工程建设单位、3000多人直接或间接地参与FAST建设，书写了追梦团队跨越赶超、勇担使命的精神价值。这些自改革开放以来的精神事迹，既是对贵州革命精神的继承和发扬，也是"知行合一"人文精神的再现，更是当代中国共产党人为人民服务的担当，成为贵州精神的重要组成部分，一路引领黔南经济发展和社会建设，成为助推黔南脱贫攻坚和全面小康事业的宝贵精神力量。

（一）大关精神

大关精神是指罗甸县云干乡大关村干部群众在20世纪80年代劈石造田的实践中所涌现的"自力更生、艰苦奋斗、坚韧不拔、实干巧干"的精神。大关人民通过自身的艰苦奋斗，历时13年造出良田千余亩，改变了麻山地区"一方水土养不活一方人"的历史旧貌。

1. 实践表现：劈石造田拔穷根

罗甸县地处滇黔桂喀斯特石漠化中心区，境内部分地区无土缺水，石漠化严重，而大关村就是其中之一。当地喀斯特地貌发育典型，多地下暗河、溶洞，地表水稀缺，加之土层薄弱，村民无法耕种水稻，只能在山间地头散种玉米，吃饭成困难。1983年底，村民何元亮、李必兴、李必先3人受到劈山挖路和公路上黄泥洼的启发，创造性地想出"分层铺设法"，率先在村里造出水田0.2亩，揭开了劈石造田的序幕。1984年初，何元亮当选村支

记,他总结造田经验,决心发动全村农户劈石造田。在他的鼓励带动下,村民相继加入造田行列。13年里,大关村村民锤敲锄挖,肩挑背扛,大关村良田从1983年的62亩增加至1997年的1000余亩,大关村建成蓄水池和小水窖200余处,彻底摆脱了吃不上大米、吃不饱饭的日子,率先从"三缺三靠"的极贫村中出列,创造了"自力更生、艰苦奋斗、坚韧不拔、实干巧干"的大关精神。大关精神彰显了人民群众面对恶劣自然条件时所迸发出的开拓性精神和不息生命力。大关人团结奋斗、拼搏创新所创造出的业绩,充分显示了开发贫困地区精神资源的特殊重要性。他们敢于拼搏,坚韧不拔,用血汗改变生产条件和生活环境,体现了"千磨万击还坚劲"的精神品质,以及"自力更生"的反贫斗志。更是把喀斯特发育典型的石漠区、石山区变成"山、水、林、田、路"生态协调的生产区,反映了贵州人"天人合一"的朴素思想。"在大关人身上蕴藏着深厚的精神资源,他们继承了中华民族自强不息、艰苦奋斗等优良传统,保留着特别刻苦耐劳、刚强坚毅的山民特质,具有丰富的实践经验和生存智慧。"[1]

2. 精神内涵:干部群众团结奋进谋出路

坚强、坚持、坚韧、苦干实干的"大关精神"是新时代贵州精神中"拼搏创新"的重要体现。在大关村改造生存环境、改善生产条件的"劈山造田"运动中,大关人民敢于拼搏,12年累计"投工51.9万个,翻动石头83万立方米,挖填泥土15.6万立方米"[2]。为了造一亩田,人均翻动800立方米石头,回填150立方米泥土[3]。这些便是大关人民敢于拼搏的具体表现。

在造田的方式方法上,大关人民创造性地采用"分层铺垫造田法";在开山破石的途径中,买不起火药就用硝胺拌和锯木屑自制土炸药,没有条件制作土炸药的农户便把柴草堆在石头上烧,再用冷水泼淋使石头炸裂,达到

---

[1] 黄钧儒、史昭乐、吴承旺:《精神资源与扶贫攻坚——贵州省罗甸县大关村调查》,《贵州社会科学》1998年第3期,第31页。

[2] 肖先治:《大关精神——实践邓小平理论的典范》,《贵州社会科学》1998年第6期,第33页。

[3] 黄钧儒、史昭乐、吴承旺:《精神资源与扶贫攻坚——贵州省罗甸县大关村调查》,《贵州社会科学》1998年第3期,第32页。

爆破效果；在种田的实际耕作中，先后采用了拉绳分厢插秧及旱育浅植等农业技术，这些无不是创新创造的体现。因此，艰难困苦、玉汝于成的"大关精神"集中反映了新时代贵州精神中的"拼搏创新"。

（二）背篼干部精神

背篼干部是指长顺县敦操乡扶贫干部在实际工作中坚持和弘扬"密切联系群众""一切为了群众"的宗旨意识，背着背篓开展扶贫工作，得到人民群众的认可，被亲切地称为"背篼干部"。他们在扶贫攻坚中表现出"拼搏创新、勇担使命"的精神，反映了和谐共生的干群关系。

1. 实践表现：使命担当双肩负

背篼干部发源于贵州省长顺县敦操乡，背篼干部精神被誉为点燃贵州精神高地的星星之火。敦操乡有62个自然村，全乡34名干部分别包点到户，成立了34个服务点。每逢周四，干部便进村走寨，到各自服务点解决群众所需所急，并背上背篼帮群众捎带日常生活用品。2012年1月19日《黔南日报》首次刊载了长顺县敦操乡"背篼干部"这一事迹。3月15～19日，中央电视台《新闻联播》连续五天报道敦操乡背篼干部的感人事迹，敦操乡背篼干部因此全国知名。背篼干部的身体力行，展现了我们党为人民服务的宗旨意识和密切联系群众的优良作风。敦操乡全体干部长期从小事着眼，从实处着手，坚持走村入户，用背篼捎去生活物资，为群众带去国家惠民政策和致富信息，帮助群众发展生产改善生活，与当地群众建立了深厚感情。时任贵州省委书记栗战书同志得知他们的感人事迹后，作出重要指示："以敦操乡党员干部为榜样，大力弘扬背篼干部精神，为推动贵州跨越发展提供强大动力。"[①] 这种精神"植根于经济洼地，绽放出了精神高地的璀璨花朵，是蕴藏于贫瘠土地、放光于精神世界的宝贵财富"。[②]

"背篼干部"精神是新时代共产党人世界观、人生观、价值观和道德观

---

① 罗玉达、庄博然、贺涌：《文化强省背景下的"贵州精神"研究》，"构筑'自觉自信自强、创先创新创优'精神高地"理论研讨会，贵阳，2012，第13页。
② 刘友平：《弘扬"背篼精神"推动黔南跨越发展》，《黔南日报》2012年4月25日。

在具体工作中的实际体现，是最具时代性、引领性的精神食粮，是广大党员干部的先进示范。

2. 精神内涵：扶贫干部拼搏创新促脱贫

"情为民所系，利为民所谋。"背篼干部用双肩背负使命，用双脚丈量土地，实现了敦操乡政府与百姓的鱼水情深。背篼干部"帮助贫困家庭寻找致富路；帮助外出务工人员照顾空巢老人、留守儿童；帮助急病家庭解决新农合缺口；帮助刑事人员重找生路；帮助群众捎带日常生活用品"这五项帮扶措施深深植根于群众日常生活的土壤中，具有鲜活的生命力，真正做到了对群众民生幸福的本位性关怀。他的精神实质是践行全心全意为人民服务的宗旨，体现了共产党人"从群众中来、到群众中去"和"密切联系群众""一切为了群众"的优良作风。

（三）麻怀干劲

麻怀干劲是指罗甸县沫阳镇麻怀村的干部群众在历时12年的隧道挖掘过程中所表现出的"敢于挑战、锲而不舍、勇于突破、协力攻坚"的精神。其代表人物主要有邓迎香、李德龙、金玉才等人。

1. 实践表现：立下愚公移山志

1999年农村电网改造工程启动，麻怀因大山阻隔，大型设备无法进村。村主任李德龙提出挖隧道的设想，村民纷纷响应，因此拉开了麻怀村凿洞扩洞的序幕。不曾想隧道一挖就是12年，中途村主任因洞中放炮而听力严重受损，妇女主任邓迎香接替丈夫完成伟大事业，党员干部带头示范，全村人民团结响应，一条用钢钎和锄头凿出的隧道改变了麻怀村人的命运。从过去的"以道不通"阻碍经济文化发展，到如今旧貌焕颜"产业兴旺"，麻怀人用勤劳的双手和百折不挠的意志竖立起"宁愿苦干、不愿苦熬；依靠群众、艰苦奋斗；苦干实干、敢闯新路；干出事业、干出民心"[①]的

---

① 吴大华：《"麻怀干劲"的精神实质和重要启示》，"挺起大山的脊梁，决战脱贫攻坚"研讨会，罗甸，2018年11月24日。

"麻怀精神"。

从1999年12月15日到2011年8月16日,全村前后9次对隧道进行拓宽、排障,长216米、高5~8米、宽3.5~5米的麻怀隧道建成通车,隧道贯通使麻怀村和外界紧密联系起来。在这12年的开凿历程里,我们能够清晰地看到凝聚在隧道之上的家庭责任、伟大母爱、村子的希望、干部的担当、妻子的接力以及人民的团结。罗甸县将其定义为"敢于挑战、锲而不舍、勇于突破、协力攻坚的'麻怀精神'"[1]。贵州大学赵馨姝、李传兵两位学者认为"麻怀干劲"求实奋斗和爱国奉献的内涵,蕴涵着对社会主义、共产主义坚定的理想信念。这种"自力更生、艰苦奋斗"的干劲同"敬业奉献、锲而不舍的大关精神"一道,彰显了凝心聚力、感召激励和教育导向的价值。"其实质是爱国奉献和求实创新的精神以及坚持国家利益高于一切的气概。"[2]

表1 麻怀隧道开挖时刻

时间	事件
1999年	动因:农村电网改造,麻怀因大山阻隔,大型改造设备无法进村,村主任李德龙提出挖隧道的设想,村民纷纷响应,因此拉开了麻怀村凿洞扩洞的序幕 分工:村支书金玉才带领麻怀、屯上等组修明路联通隧道;村主任李德龙率领翁井组27户村民挖隧道
1999年12月3日（农历十月二十六）	翁井组召开群众大会,27户村民一致通过凿穿隧道的计划和实施方案,并集资1500元购买工具
1999年12月15日（农历冬月初八）	隧道开挖正式启动
2000年2月3日（腊月二十八）	工程顺利推进40米
2000年3月3日（农历正月二十八）	凌晨,隧道两端施工的村民杨光才和邓宏凿通一个小孔,两只激动的手紧紧拉在一起

---

[1] 罗甸县文明办:《麻怀村的故事与时代楷模邓迎香》,《理论与当代》2017年11月10日。
[2] 赵馨姝、李传兵:《"麻怀干劲"承载的精神价值》,《贵州日报理论周刊》2018年4月3日。

续表

时　间	事件
2002年1月7日（2001年农历冬月二十四）	隧道基本打通，能过人，无法通行交通工具，但已足够把11根电线杆顺利抬进村里
2003年11月2日	隧道拓宽，能够通过摩托车和马车
2004~2009年	隧道修整停滞
2010年	凿洞修路工作持续停滞，计生专干邓迎香只身一人用大锤、钢钎、锄头打隧道。以行动带动翁井全组27户村民复工
2010年12月13日	麻怀村其他小组的村民纷纷加入拓洞的队伍中
2011年8月16日	长216米、高5~8米、宽3.5~5米的麻怀隧道建成通车

注：根据不同时期的资料和报道进行整理。

表1展现了麻怀村委担当、干部带头、村民团结的文明风范，敢想敢干、勇于拼搏的奋斗精神，以及自力更生、艰苦奋斗的创新精神，是"团结奋进、拼搏创新、苦干实干、后发赶超"的新时代贵州精神的历史基础。

2. 精神内涵：山区人民苦干实干奔小康

"不等、不靠、不要"，"敢于挑战、锲而不舍、勇于突破、协力攻坚"的麻怀干劲是新时代贵州精神中"苦干实干"的真实写照。一位从农村走出的普通妇女邓迎香，为了实现"打通隧道"的夙愿，接过失聪丈夫的接力棒，带领村民开山凿洞，在隧道拓宽工作久滞不前时毅然只身前往，这样的担当源自她对村子的责任和对丈夫理想的接力，平凡而又朴素。全村人民在她的感召下，重新开启隧道拓宽工作，一锤一凿硬生生将仅通摩托的隧道拓宽至汽车能畅行。其中既有党员干部的模范带头作用，又有麻怀村民团结奋斗的集体贡献。

在今天脱贫攻坚的伟大事业中，习近平总书记屡次强调"扶贫先扶志""扶贫必扶志""扶志与扶智相结合"。邓迎香打通隧道后，带领村民建立合作社、办公司、发展绿色农产品便是"志智双扶"的体现，建起了黔南州脱贫攻坚的精神家园，对决战脱贫攻坚、全面同步小康、实现乡村振兴等都具有重要的引领作用。因此可以说，麻怀人打隧道、做产业的实践是新时代贵州精神中"苦干实干"的真实写照。

（四）大射电精神

大射电精神是指国家重大科技工程"500 米口径球面射电望远镜"在提出、预研直到建设过程中由建设者共同创造出的精神，其内涵集中体现为"登高望远、精益求精、勇于争先"[1]，包含了"开拓进取、勇攀高峰"的精神和"团结奋进、协同攻关"的作风[2]。

1. 实践表现：脚踏实地探星辰

1993 年，南仁东参加在日本东京召开的国际无线电科学联盟大会，获悉科学家们提出要在全球电波环境继续恶化之前，建造新一代射电望远镜，接收更多来自外太空的信息，于是提出了建设新一代射电望远镜的计划。1994 年，南仁东便组织启动选址工作，并且做了长达 13 年的预研究。1995 年，南仁东第一次带队到贵州人迹罕至的大山深处考察选址，筛选出的 300 多幅卫星遥感图，覆盖罗甸县和普安县的几十个村寨，考察团队几乎走遍了贵州所有的洼地，耗用了 12 年的时间，为大射电望远镜寻找到平塘县克度镇大窝凼台址。2007 年，FAST 获批为"十一五"国家重大科技基础设施项目，于 2008 年 12 月启动建设工程。2013 年 7 月，贵州省以政府令颁布实施《贵州省 500 米口径球面射电望远镜电磁波宁静区保护办法》[3]，以 FAST 为圆心半径 5 公里区域设为核心区，严禁设置、使用无线电台，严禁建设产生辐射电磁波的设施，严禁修建遮挡射电望远镜工作的建筑和构筑物，为 FAST 调试和未来运行提供了环境保障。

---

[1] 2016 年 5 月 20 日，原贵州省委书记陈敏尔在省委常委会议专题听取黔南州工作汇报时指出，加强班子和干部人才队伍建设，特别需要强大的精神来引领。黔南各级干部要大力发扬大射电精神，做登高望远、精益求精、勇于争先的创新型干部。

[2] 2016 年 9 月 25 日，国家主席习近平在致 500 米口径球面射电望远镜落成启用的贺信中指出：要发扬开拓进取、勇攀高峰的精神，弘扬团结奋进、协同攻关的作风。

[3] 贵州省人民政府令第 143 号《贵州省 500 米口径球面射电望远镜电磁波宁静区保护法》于 2013 年 7 月 16 日颁布，自 2013 年 10 月 1 日起施行。2019 年 1 月，该办法废止，贵州省新公布了《贵州省 500 米口径球面射电望远镜电磁波宁静区保护办法》，自 2019 年 4 月 1 日起施行。

表2　FAST工程大事记

时间	事件内容
1994年6月	启动FAST选址工作,开始了历时十余年的预研究
1999年3月	中科院知识创新工程首批重大项目"大射电望远镜FAST预研究"启动
2005年1月	国家自然科学基金委交叉重点项目"巨型射电天文望远镜的新模式"启动
2005年9月	中科院组织召开了国家科技重大基础设施"FAST建议书专家评审会",项目顺利通过评审
2006年3月	中科院基础科学局举行"FAST项目国际评估与咨询会",与会专家一致认为项目可行,建议尽快立项和建设
2007年7月	国家发改委批复FAST工程正式立项
2008年10月	国家发改委批复FAST工程可行性研究报告
2008年12月	FAST工程奠基
2009年2月	中科院、贵州省人民政府批复FAST工程初步设计和概算
2011年3月	FAST工程正式开工
2012年1月	国家"973"计划项目"射电波段的前沿天体物理课题及FAST早期科学研究"正式启动
2012年12月	FAST台址开挖与边坡治理工程通过验收
2013年7月	《贵州省500米口径球面射电望远镜电磁波宁静区保护办法》颁布实施
2013年12月	FAST工程圈梁钢结构顺利合拢
2014年11月	FAST馈源支撑塔制造和安装工程通过竣工验收
2015年2月	FAST索网工程完成合拢
2015年11月	FAST馈源舱(代舱)首次升舱成功;舱停靠平台通过验收
2016年6月	FAST综合布线工程通过验收;140~280MHz接收机完成安装
2016年7月	FAST反射面单元完成吊装,FAST主体工程完工
2016年9月	FAST工程竣工

资料来源:时代楷模南仁东先进事迹馆公开展示资料。

从预研到建设,全国20余所大学和研究所、100多家工程建设单位、3000多人直接或间接地参与FAST项目建设,来自五湖四海的科学家、工程师、工人、农民工参与其中。勘探员、工程师、吊索操作司机、拍摄员等岗位有许多贵州籍人士。罗甸县当地群众投工投劳,建设进场道路,建设蓄水池,大窝凼及附近村民集体搬迁,支援项目建设。罗甸县委县政府、黔南州委州政府、贵州省委省政府全力配合中国科学院国家天文台,修订办法、出台意见、安排资金、协调调度、服务管理，保障了大射电工程项目建设的顺利推进和如期完成。在各部门通力合作与各科学家、工程师、干部和各族群众的共同努力下，追梦团队脚踏实地，历时22年，顺利建成FAST并调试成功，使我国在天文领域实现后发赶超，从1993年新疆建成的25米射电望远镜①跨越到拥有世界上最大的"500米口径球面射电望远镜"，在"选用贵州天然喀斯特巨型洼地为台址，突破地面射电望远镜的口径极限；设计了主动变形反射面，拓展了FAST的观测能力；自主研制了轻型索拖动机构和并联机器人，实现了馈源舱的高精度定位"②三个方面的创新领先世界。

2. 精神内涵：追梦团队后发赶超谋复兴

一个国家屹立于世界民族之林离不开强大的科技支撑，其中射电望远镜的探测能力被视为一个国家高科技水平的重要标志。"人类科学发现历史表明，每一次大装置的投入，都会在其后若干年陆续扩展人类知识的视野。"③平塘大射电望远镜的建成标志着我国在天文领域的领先地位，其涵盖了天文、地理、力学、物理、材料、地质等多学科交叉的知识体系，并将在探测、材料、光缆、电磁屏蔽、科普、教育等领域带动产业技术进步和新的巨大的经济效益。截至目前，"中国天眼"共发现优质脉冲星候选体80颗，其中被认证的新脉冲星达到60颗。验收后的FAST将帮助人类探测更遥远的宇宙。实现这样的宏伟愿景不是一个人能够完成的，从提出、预研、调查、选址、可研、立项、建设、调试各环节，有来自各行各业的3000多人共同努力。因此，以南仁东④、朱博勤、聂跃平、宋建波等人为代表的追梦团队，在实现"两个一百年"奋斗目标的伟大征程中，用22年的探索和实

---

① 新疆天文台南山25米射电望远镜建成于1993年12月并投入使用。之后，我国先后建成北京密云50米、昆明40米、上海佘山65米射电望远镜。
② 时代楷模南仁东先进事迹馆公开展示资料。
③ 张承民：《中国天眼的梦想与超越》，《中国科学报》2019年3月12日，第8版。
④ 中国科学院国家天文台研究员、FAST工程首席科学家、总工程师南仁东先生于2017年9月15日因病不幸逝世。9月20日，中科院党组印发了《关于开展向南仁东学习活动的通知》，要求广大科研人员要主动学习南仁东的爱国情怀、科学精神、高尚情操与杰出品格，以更加奋发有为的精神面貌，为建设世界科技强国而努力奋斗。

践铸就了大国重器,打造了天文高地,为实现中华民族伟大复兴和推动人类文明进步筑牢了高科技基础。

三 黔南涌现的精神与新时代贵州精神的辩证关系

民族精神具有传承性,同时又具有与时俱进的特征。黔南精神是新时代贵州精神的历史基础和重要内容,同时新时代贵州精神又是对黔南精神的高度概括。两者之间相互促进、辩证统一,是全面建成小康社会、决战脱贫攻坚的重要精神力量,也是全面从严治党、教育党员干部的经典教材。

(一)黔南精神是新时代贵州精神的历史基础

精神源于实践又高于实践。黔南精神是指黔南各族干部群众在实践中形成的精神财富,既包括邓恩铭、冷少农等人在革命中敢于牺牲、不畏强权的斗争精神,又包括建设时期涌现的大关精神、麻怀干劲、敦操干部精神、大射电精神。从时间线索看,上述黔南精神的实践先于新时代贵州精神的提出;从精神价值的内涵看,邓恩铭、冷少农等革命烈士展现了团结奋进、敢于拼搏的精神内涵,何元亮、邓迎香等时代楷模以及他们所带领的群众展现了苦干实干精神品质和拼搏创新的精神,敦操乡背篼干部在干群关系上后发赶超、平塘大射电在天文科技领域后发赶超。因此新时代贵州精神的提出是基于历史实践的,其中,黔南精神便是新时代贵州精神的历史基础之一。

(二)新时代贵州精神是黔南精神的理论升华

黔南精神内容丰富,历史跨度大,既有革命精神又有建设精神。在众多精神价值的基础上,没有学者对其进行整体概括。这些精神虽熔铸于黔南人民的血脉之中,却散落在民间各个角落,没有系统总结和统一概括。在发扬典型、学习典型的实践中,难以发挥出磅礴而集中的力量。习近平总书记联系贵州实际、关注贵州建设历史,高度概括出"团结奋进、拼搏创新、苦干实干、后发赶超"的精神价值,并被定义为新时代贵州精神,成为干事创业、引领发展的"指南针"、牢记嘱托、感恩奋进的"原动力"。因此,新时代贵州精神是黔南精神的理论升华。

(三)黔南精神是新时代贵州精神的重要组成部分

"劈石造田拔穷根"的大关精神、"使命担当双肩负"的背篼干部、"立下愚公移山志"的麻怀干劲、"脚踏实地探星辰"的大射电精神,这些厚植于黔南山水间、流淌于黔南人民血脉中的精神力量与遵义会议精神、长征精神、水钢精神、三线建设精神等一同在贵州革命事业、反贫事业、小康事业中脱颖而出,成为新时代贵州精神的脊梁和支柱,共同构成了"团结奋进、拼搏创新、苦干实干、后发赶超"的新时代贵州精神。作为新时代贵州精神的重要组成部分,黔南人民在实践中涌现的事迹彰显了团结奋进的源泉动力、拼搏创新的劳动品质、苦干实干的精神风貌、后发赶超的建设成绩,为推动贵州经济社会发展注入了强大的精神动力。

四 弘扬新时代贵州精神 助推黔南社会发展

长期以来,我们对物质文明的关注过于集中,对精神文明的建设不够。特别是新时代以来,人民群众对精神文明的需要愈加迫切。大关精神、背篼干部、麻怀干劲、大射电精神等黔南典型的精神实践,是黔南各族人民奋力拼搏实现富民兴黔、决战脱贫攻坚、同步全面小康、助推乡村振兴的时代精神和力量之源。因此,弘扬好新时代贵州精神,打造黔南精神文化高地、干部教育基地,积极弘扬大关、敦操、麻怀、大射电等精神,挖掘邓迎香、南仁东等时代楷模的典型事迹,对于构建黔南决战脱贫攻坚的精神家园,培养黔南干事创业的好干部,涵养黔南人民久久为功的发展动力具有重大意义。

(一)用新时代贵州精神引领黔南脱贫攻坚

新时代贵州精神是推动贵州后发赶超的强大精神动能。"团结奋进"要求我们最大限度地调动干部和群众的积极性，强化党和人民的凝聚力，实现心往一处想，劲往一处使。大关、敦操、麻怀的具体实践便体现了这一举措。团结人心是"大关精神""麻怀干劲"的动力源泉，巩固民心是敦操乡背篼干部的目标指向，通过"苦干"带人心，通过"奉献"聚民心，最终实现团结奋进，助力经济建设和脱贫攻坚。

当前我国正处于脱贫攻坚的决胜期，距离全面建成小康社会只剩最后一年的时间。截至2019年9月，黔南州还有三都、荔波、罗甸、独山等8县市未脱贫出列，大关、麻怀与敦操干部群众的实践经验，南仁东、邓迎香、何元亮等人的动人事迹，对推动黔南脱贫攻坚和促进经济社会发展具有很好的引领作用，是感召干部群众继续奋进拼搏、苦干实干的精神力量。实践中要弘扬好新时代贵州精神，引领黔南决胜脱贫攻坚，全面同步小康。

一是要沉淀实干文化，总结先进事迹，发挥榜样力量。"村看村、户看户、群众看干部"，如何摆脱贫困，关键在人。习近平总书记指出："伟大时代呼唤伟大精神，崇高事业需要榜样引领。"这就要求我们要把榜样力量转化为广大群众的生动实践，在全社会形成崇德向善、见贤思齐、德行天下的浓厚氛围，大力学习宣传和培育树立先进典型。大关、麻怀和敦操的经验告诉我们基层党组织和党员干部在脱贫攻坚事业中处于主导地位，具有引领作用、示范作用。因此，要加强农村基层党组织建设，发挥好党员干部的模范带头作用，树立起支持困难群众脱贫致富、帮助群众排忧解难的榜样。另外，在脱贫攻坚的实践中，无数默默无闻的英雄奋斗在基层，他们的事迹是熠熠生辉的历史，是推动扶贫事业前进的重要力量。因此，不仅要沉淀大关、敦操、麻怀等实干文化，更要总结和宣传罗红梅、杨正贤、黄光贤、张明坤[①]等优秀扶贫干部的先进事迹，鼓舞一线脱贫战士，助推脱贫攻坚。

二是要开发群体性精神资源，激发群众内生动力、脱贫造血能力。脱贫

---

① 获得2019年全省脱贫攻坚优秀共产党员称号的部分黔南干部代表。

攻坚既要解决老百姓的物质贫困，又要提升老百姓的精神动力。群体性精神资源作为熔铸于民族精神、民族血脉之中的力量，具有广泛的鼓动性、带动性、示范性以及创造性。从大关、麻怀两地的具体实践中，我们可以看出基层党员干部、乡贤、地方精英等群体对人民群众主观能动性的调动是大关实现"造米粮川"、麻怀实现"天堑变通途"的主要原因。并且黔南还有"背篼精神""大射电精神""猴场会议精神""长征精神""邓恩铭精神"等丰富的精神资源，挖掘这些群体性精神资源、提炼其内在价值，并以村（社区）为主体，做好宣传工作，激发群众创造，有利于改变少数群众"等、靠、要""散、懒、慢"的现象，有利于集体事业的推进。

（二）挖掘整合黔南精神资源，打造特色干部教育基地

干部教育是指培养训练干部，提高干部政治、文化和业务水平的教育。中国共产党历来把干部教育视为党的干部政策的重要组成部分，是党的干部工作中的一项经常的重要任务。我们党在各个历史时期都采取具体措施，联系实际情况培养干部。干部队伍的素质如何，决定了革命和建设工作能否顺利完成，因此培训干部是我们党的重要工作之一。在新时代的干部培训工作中，各地区之间的干部交流机会增多，短时间内跨区域的干部学习培训成为主流形式。在这样的背景下，干部培训市场扩大，竞争也更加严峻。因此，就应该丰富和完善传统干部教育的形式和内容，挖掘地方特色，打造特色干部教育基地，开发精品培训课程，以增强自身的竞争力和向心力。

黔南州各族干部群众在历史上创造出的大关精神、敦操干部精神、麻怀干劲、大射电精神等典型事迹和精神，形成了"谋出路""促脱贫""奔小康""谋复兴"这一套完整的逻辑递进的价值体系，展现出不同历史阶段、不同地区的黔南人民在改革和建设中的历史变迁。挖掘好这些"感天动地""独一无二"的实践素材，结合新技术、新应用、新媒体和新的呈现方式，打造黔南州特色干部培训基地、党性教育基地、主题教育基地，以此锤炼好党员、培养好干部，传播黔南新形象，宣传黔南好声音。

综上所述，纵观黔南实践，人民群众战天斗地谱写奋斗品质、背篼干部双肩挑负鱼水情深、超级工程扎根深山探索宇宙奥秘、生态文明理念化成青山绿水，各族人民群众在党的领导下苦干实干，共同创造"幸福黔南"的跨越发展史，这一过程中所涌现的精神价值，反映的精神文化，凝练成为新时代贵州精神，成为新时代贵州精神的重要组成部分，并不断引领未来发展。

B.14
黔南州文化品牌"好花红"研究

赵文晋*

摘　要： 黔南州于2016年12月出台了《黔南州布依族苗族自治州"十三五"文化事业和文化产业发展规划》，其中确立了以"好花红"为全州地域文化品牌，为黔南州文化事业和产业发展指明了方向。针对如何打造"好花红"品牌，本文主要从"好花红"产生背景和发展现状出发，通过资料查阅和问卷调查数据分析，找到目前文化品牌建设中存在的问题，试着从"好花红"的物质特征和精神特征角度出发，通过分析对比国内优秀的文化品牌案例，分别从文化资源挖掘、调整文化品牌发展理念、找准品牌形象、提升相关文艺表演水平、保证文化品牌人力和物力支持等角度来找到合适"好花红"文化品牌的建设、宣传手段。

关键词： 文化品牌　好花红　品牌建设　黔南州

位于贵州省中南部的黔南布依族苗族自治州（以下简称"黔南州"），居住有布依、苗、水、毛南等42个少数民族，多民族聚居背景下，民族习俗和民族文化相互影响借鉴，孕育了丰富而极具地方特色的少数民族文化。而与之不相适应的是，黔南州一度面临文化定位不准，对地方特色宣传、推广力度不够等问题，而今在周边如黔东南、黔西南大力发展文化旅游相关产

---

* 赵文晋，黔南民族师范学院讲师，主要研究方向为设计管理。

业的同时，黔南州更应抓住机会，加大力度，宣传好自身的民族文化特色。

从 2000 年 10 月召开的十五届五中全会正式提出了发展文化产业的重大政策建议到"十二五"期间我国将文化产业发展为支柱产业目标的确定，对文化在经济发展和提升地方形象中作用的认识得到不断加深，为了加快完善发展黔南州文化事业和文化产业，打响黔南州文化品牌进而增强地域文化竞争力，提高文化产业在 GDP 中所占比重，黔南州于 2016 年 12 月出台了《黔南布依族苗族自治州"十三五"文化事业和文化产业发展规划》，这一规划在"十三五"建设全面小康决胜时期背景下，从各个角度，为黔南州文化产业发展指明了方向。借助深厚的少数民族文化资源，黔南州在规划中确立以"好花红"为全州地域文化品牌，为黔南州的特色文化宣传做了清晰定位。

为了实现规划目标，将"好花红"打造成为知名的文化品牌，需要对该文化品牌目前的发展现状准确把握，并制定详细的发展策略。

一 "好花红"文化品牌提出背景和发展现状

（一）文化品牌提出背景

"好花红"一名最早出自黔南州惠水县好花红乡。好花红乡原名毛家苑乡，于 2002 年经贵州省政府批准更名。"好花红"的提法，脱胎自布依族广为传唱的民歌《好花红》，根据原黔南州歌舞团王泽甫先生介绍：明末清初时期，祖籍江西的王氏三兄弟为躲避战乱来到惠水县，在长期生活居住中，逐渐在文化生活上与当地的布依族土著居民相融合，与此同时该地区的王姓支系布依族便创作并开始传唱《好花红》了，由于曲制、文化交流闭塞等的限制，直至新中国成立前，《好花红》都没有真正传唱开。但值得注意的是，作为没有通用文字的少数民族，布依族通常用歌来记录事件、历史，而《好花红》却是用汉语演唱，结合布依族民族音乐形态和汉族音乐文化形成的，这也说明了贵州省多民族聚居融合的特点，该民歌是民族文交融的产物。

从内容上看，民歌《好花红》表达了布依族人民对爱情的向往，对美好生活的渴望，原本是一首非常世俗化、生活化的情歌，20世纪80年代初，全国进行民族识别以后，民族音乐家借用《好花红》原曲调和歌词，将其从一首民间情歌改编成为歌颂民族团结的歌曲，经过改良进一步提高了这首民歌的传唱程度。经过长期发展，《好花红》逐渐从一首民歌形成了布依族民歌系列，各个地区演变出不同形态，如今的《好花红》作为一类文艺演出涵盖很多形式和内容。

进入21世纪，在"西部大开发"战略背景下，乘着发展西部少数民族文化、抢救少数民族文化遗产的春风，经过文化艺术工作者和各界从业者的辛苦努力和不断完善，布依族民歌《好花红》逐渐走向大众，受到社会各界关注。经过媒体宣传报道，"好花红"的曝光量不断上升。2014年11月，黔南州第六届旅游产业发展大会提出全力打造"好花红"文化旅游品牌；2016年5月8日，贵州省委办公厅、省政府办公厅印发的《关于建设多彩贵州民族特色文化强省的实施意见》提出依托历史文化、民族文化、红色文化、阳明文化、山地文化、"三线"文化等丰富文化资源，大力实施民族特色文化强省八大工程，其中更是对文化品牌的创立作了明确部署。2017年3月9日，在贵州省人民政府批复同意实施的《贵州省"十三五"文化事业和文化产业发展规划》中也将黔南州"好花红"文化品牌纳入发展规划，作为全省的文化品牌来进行打造。

（二）发展现状

依托这些规划政策的正确引导，黔南州文化产业得到了长足发展，以"好花红"冠名的一系列文艺演出和活动也越来越丰富，并得到社会广泛的关注。

值得注意的是，虽有完善的规划措施，但由于各种历史的原因，欠开发、欠发达、欠开放的州情导致黔南州文化发展基础较薄弱，在具体实施品牌建设和营销的过程中，"好花红"并没有取得理想的宣传效果。一项针对

"好花红"文化品牌知名度的高校网络调查显示:无论来自省内还是省外,在330名被访者中有超过半数的人(53.5%)"没听说过'好花红'"(见图1),而听说过的人群中,仍有23%的人不知道这一品牌来自黔南州(见图2)。同时调查还显示,"好花红"品牌所要传达的意象是模糊不清的——被访问者中对于"'好花红'究竟是一首歌、一处景点、一个品牌抑或是其他"的选择显得犹豫不决(见图3)。值得欣慰的是,经过品牌多年的耕耘和培育,被访者对于"'好花红'是一个旅游品牌"的认识占了最大的比重。

2.您听说过"好花红"吗?

选项	小计(份)	百分比(%)
是	151	46.5
否	174	53.5
有效填写量	325	

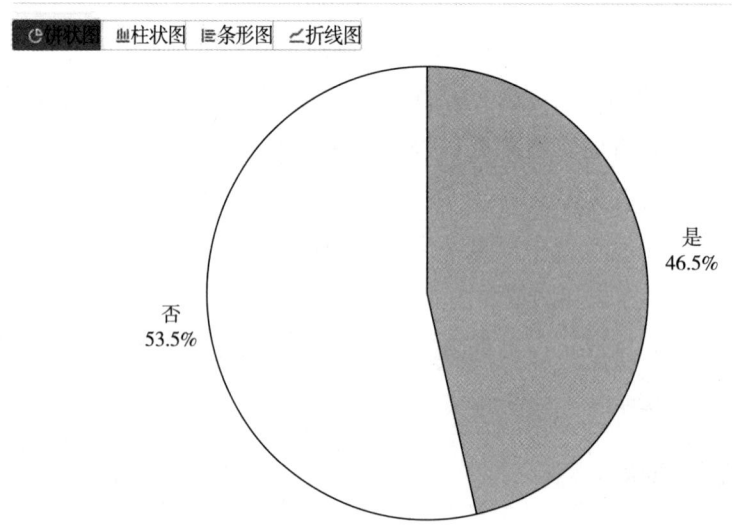

图1 是否听说过"好花红"文化品牌调查结果

资料来源:腾讯问卷。

需要说明的是,该问卷调查的主要群体是受教育程度较高的大学本科及本科以上人群,作为与互联网、新媒体等接触广泛的人群来说,这个数据从一个侧面表明,关于"好花红"文化品牌的定位、包装、宣传工作效果不

2.您听说过"好花红"吗？（单选题）×
3.您是否了解"好花红"来自贵州省黔南布依族苗族自治州？（单选题）

	是（份）	否（份）
是	119	4
否，完全不知道有这个东东	5	127
不确定，只知道来自贵州省	30	44
其他	0	0

听说过"好花红"文化品牌及该品牌发源地交叉问卷结果（%）：
- 是：是96.75，否3.25
- 否，完全不知道有这个东东：是3.79，否96.21
- 不确定，只知道来自贵州省：是40.54，否59.46
- 其他：—

图2　听说过"好花红"文化品牌及该品牌发源地交叉问卷结果

资料来源：腾讯问卷。

什么是"好花红"（多选）问卷结果（%）：
- 是一首歌：41.0
- 是一处旅游景点：43.8
- 是一个旅游品牌：52.2
- 其他：11.2

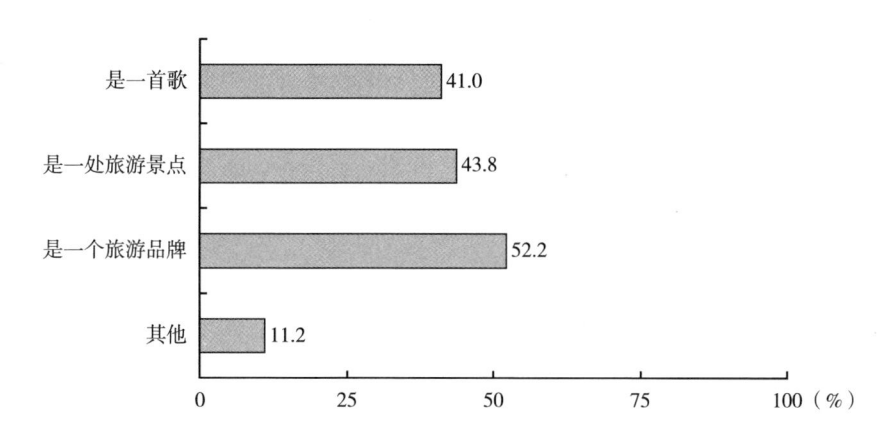

图3　什么是"好花红"（多选）问卷结果

资料来源：腾讯问卷。

佳，要建立全省乃至全国的知名文化品牌尚须投入更多的资源，倾注更多努力。

2019年2月14日发布的黔南州政府工作报告指出，2018年黔南州"文化产业增加值占GDP比重达4.5%"，而根据《黔南布依族苗族自治州"十三五"文化事业和文化产业发展规划》，黔南州计划建设成为以"好花红"为代表的特色民族文化强州，文化产业增加值占GDP的比重达到5%以上，并以建设民族特色文化强州为总目标，以"好花红"品牌建设为引领，力争到"十三五"末，公共文化服务和文化产业发展达到一个新水平。针对目前的发展状况，想要实现规划提出的目标，就要将文化品牌建设的重点放在品牌的准确定位和培育措施的完善上，而要找准定位，首要任务是把握"好花红"所包含的物质、精神特征，再借由各种视觉、听觉、群众喜闻乐见的"语言"来包装传达，让它"走出去"，让好花更"红"。

二 "好花红"的物质特征与精神特征

品牌由其物质特征和精神特征两部分构成，分别代表其有形资产和无形资产。物质特征是精神特征的基础和前提，决定了精神特征的性质和方向，而精神特征从物质特征中派生出来，依附在物质上，品牌即物质特征和精神特征的统一。在此基础上，文化品牌也有两个层面的含义：对于一般产品来说，是指能够给消费者提供额外的精神享受的有文化意义的产品和服务；对于文化产品来说是指为满足文化消费者的特定文化需求而提供的某种特定的文化消费产品和文化服务。

文化品牌包括的层级较多，内涵丰富，一般来说有四个层级：一是国家层级的文化品牌，如中国的戏曲；二是区域层级的文化品牌，如西安将自己定位为"华夏文明讲述者"，深圳把自己定位成"设计之都"；三是企业层级的文化品牌，如贵州茅台的"酒文化"；四是产品层级的，如某一具体产品的商品名称及商标等。

区域及城市的文化品牌属于第二层级，这需要结合区域的文化特色及它们的物质表现来进行画像，通俗来讲，需要有相应品牌的产品作为支撑。"好花红"从最初的在少数民族聚居地流行的区域性民歌到形成艺术表演系列，再到成为黔南州的文化品牌，其物质形式目前存在较多的还是民歌《好花红》的相关衍生和改编以及相关的文艺表演和旅游服务。在百度搜索引擎中输入"好花红"得到100万余条搜索结果，经过筛选会发现其中大多数是关于民歌《好花红》的介绍或不同版本歌曲的试听，将关键词缩小为"好花红产品"会得到316000条结果，包含如白酒、副食品、旅游、文化传播等相关企业的广告。在淘宝网中进行搜索，以"好花红"为关键词的产品也多是唱片、歌本、白酒、酒店等产品和服务。"好花红"的物质特征需要依托这些已有的、具有较高知名度的系列产品来表达，并通过不断扩展和完善相关产品矩阵来丰富品牌体验。

（一）"好花红"的物质特征

根据已有的产品，可以将"好花红"文化品牌的物质特征归纳如下。

1. 文化产品的开发依托区域物质、文化资源

按前文所述，"好花红"文化品牌下的产品多集中在文艺表演、音像、白酒副食上，这得益于其所依托的民族物质和文化资源。惠水县作为"好花红"品牌的源头，多民族聚集之下拥有源远流长的民族文化，又有如芦笙、蜡染、吊脚楼、枫香染等多种多样的少数民族民间文化瑰宝，且惠水县物产丰富，是黑糯米之乡、优质米之乡、金钱橘之乡。文化品牌的物质特征与地域的物质基础紧密相连，文化产品的品类也多来自这些优势资源。当然，作为全州的文化品牌统领，"好花红"已经不仅仅局限于代表布依族或是惠水县的文化特征了，它有了更广阔的语意。

2. 文化产品初具规模

文化品牌要通过文化产品的物质形态向外折射，因此要想传播品牌必须具备一定的物质基础。从辩证唯物主义观点看，也符合物质是第一性、意识是第二性的论断。"好花红"文化产品成规模的主要还是集中在文化表演类别下。从1979年9月贵州省黔南州民族宗教研究室编辑出版了第一期《采

风》杂志将布依族民歌《好花红》正式刊载在该期刊封底开始，《好花红》从民间流传到形成大型歌舞节目在国内外崭露头角，以"好花红"为名创作的文化演艺，如大型民族歌舞《好花红》、举办的各种赛事活动，如近期正在如火如荼举办的2019年黔南州"好花红"导游之星评选，有多达几十种。按照《黔南州推进文化产业发展三年行动方案（2018~2020）》的目标，可以预见文化旅游、文化演艺、影视、传媒、娱乐等产业仍是该品牌建设的重点。

3. 文化产品具有生命力

文化产品是文化品牌的物质体现，要想得到更多人的关注，需要具备鲜活的生命力。文化产品的生命力，首先通过历史传统来体现，这对于拥有深厚少数民族历史文化的"好花红"是具有先天优势的。

另外，可以利用文化产品来讲好故事。"好花红"的歌曲广为传唱，其背后的故事也非常动人。

相传很久以前，惠水县毛家苑乡辉油寨有个英俊、高大的后生阿水，因为家里贫穷，快三十了还没有娶亲成家；阿水有一副好嗓子，唱歌悠扬动听，每当他干完活，都回到辉油寨梧林河边去唱山歌解闷。有一个名叫阿红的布依族姑娘，传说她是天上月神的幺公主下凡，长得非常美丽。阿红常躲在河对岸的刺蔡蓬后听阿水唱歌，天长日久，她暗暗地爱上了阿水。为了接近阿水。阿红分别变为偷橘子的小孩、丢失银手镯的大嫂和红柴的老奶奶来试探阿水的人品，忠厚老实的阿水没有让阿红失望。从此以后，只要阿水在河边唱歌，阿红就会在河对岸和他对歌。第一次对歌时，阿水唱了《好花红》："好花红来好花红，好花生在刺蔡蓬，好花生在刺蔡上，哪采朝阳哪采：红。"阿红接着对道："好花鲜来好花鲜。好花生在刺蔡尖，好花兰在刺蓼上，哪朵朝阳哪朵鲜："两人隔水相望，情投意合，他们用美妙的歌声传递着深情。阿水、阿红相爱了，并约好了第二年三月三这天相见……快到了他们约定的这一天，阿水一早就来到河边等阿红，他唱了一首又一首情歌，太阳快落山时，漂亮无比的阿红从刺蔡蓬后站了起来。阿水激动地看着阿红，他唱道："隔河望妹像天仙，隔山隔水来不得，哪个神仙搭条路，绕山绕水也要连。"阿红高兴地回唱："好对金鸡隔大山，好对鲤鱼在深潭，妹将纱帕搭座桥，接哥过河永相连。"唱完，阿红把头帕抛上河上空，变成一座美丽的花桥，他俩高兴地上桥相会。后来他们结为夫妻，过上了美满幸福的生活。这件事一传十，十传百，后来每年的三月，生活在涟江边的姑娘、后生们都会来到河边唱起《好花红》，希望在大河两岸找到自己的意中人。

在文化产品中增强故事性，如一处景点、一首歌在增加了背景故事以后，它们就不再只是简单的事物，而是活了起来。如果为这个故事的叙述增加图片、音频、视频以及演出或多媒体交互等手段，就能够让产品更具有立体感和现实感。

最后，文化产品具有和未来生活产生联系的能力，如以《好花红》为背景，开展能让群众参与的花灯节、庙会、品酒会等活动，可以提升相关产品的体验感，逐步将文化品牌打造成生活方式。

（二）"好花红"的精神特征

品牌的精神特征以物质特征为基础，是一种更深层次、更为核心的抽象特征。商业品牌的精神特征是由品牌经营者创造的、被消费者广泛接受的文化理念，而文化品牌的精神特征则是根植在文化传统当中，经过长期的发展积累，最终形成的、为受众广泛接受的文化观念，文化品牌的精神特征是使其异于其他品牌、保持文化独特性的关键因素。

"好花红"的精神特征归纳起来有以下三点。

1. 文化品牌的特异性

文化产品可以具有相同的品类，且目前来看很多文化产品具有同质化的趋势。比如由著名导演张艺谋打造的山水实景演出《印象》系列，具有较为一贯的视觉语言和统一的演出模式，但使各地、各种主题的《印象》产

生差异感的正是对其中不同的精神文化的提炼。精神文化赋予了文化品牌不同的形象，故而使文化品牌产生了特异性。"好花红"文化品牌脱胎自民歌《好花红》，具有很强的艺术生命力和文化底蕴。无论是原曲对美好的爱情生活向往的寄情还是经过改编后的表现民族文化特色丰富性的各种形式和内容的演出，抑或布依族以歌记事的传统，并将《好花红》用汉语的方式演艺的特殊处理，都增加了这一品牌的独特性，使其具有独特的少数民族地方特色。

2. 文化品牌的时代性

文化品牌的精神特征只有具备时代性，即反映了契合时代的精神文明、道德规范、理想信念才能得到延续和发展，对每个时代的先进文化和理念的不断吸收，使文化的精神生生不息。"好花红"文化品牌的发展历史，正是这样一种文化精神的进步史，从最初的言儿女情长的小格局发展到显民族团结的大格局，从对情感生活的追求到精神层面的探索，彰显了"好花红"品牌的勃勃生机。可以看到，顺着这种发展趋势，"好花红"文化精神可以响应时代精神号召作出更多拓展，比如从"精准扶贫"政策角度来设计的让深处民族腹地各族"好花"在政策惠及下"更红"，又或是文化产业发展中百家齐民、百花齐放得更"红"等。

3. 文化品牌精神特征的稳定性与成长性

"假如可口可乐的工厂被一把大火烧掉了，全世界第二天各大媒体的头版头条一定是银行争相给可口可乐贷款。"这是出自可口可乐公司一句十分著名的宣言，这其中表明了可口可乐公司对自身品牌的自信，同时也反映了品牌的价值及其所具有的稳定性特征。

和商业品牌类似，文化品牌的精神特征一旦形成，同样会具有相对稳定、持久的特性。其中个别因素无论是物质的还是精神的发生改变，都不会引起其整体的变化，因为就品牌功能而言是凝结价值的作用。但这种稳定并不是一成不变的、僵化的、固定的，就像"好花红"文化品牌，通过前文所述，我们可以看到它也具有不断反映进步思想和先进文化，随着时代发展而发展的趋势。因此文化品牌的精神特征是稳定与成长和谐统一的。

三 "好花红"文化品牌发展存在的问题

按照《黔南布依族苗族自治州"十三五"文化事业和文化产业发展规划》和《黔南州推进文化产业发展三年行动方案（2018~2020）》的构想，将"好花红"作为全州文化产品的统领，就目前来看还存在很多的问题。

（一）文化产品开发滞后，产品品类单一

"好花红"文化品牌产品品类仍然较单一，多集中在文化演出类别。根据《黔南州推进文化产业发展三年行动方案（2018~2020）》，围绕"好花红"文化品牌构建的产业体系规模庞大。但由于一些客观历史原因，加上人力、财力资源的不足，文化产品开发相对滞后，虽有较好的行动方案作指引，在实施时却受到很多限制。文化产品的开发，需要充足的资金支持，且对于从业人员素质有较高要求，既懂文化艺术又懂经营管理的文化产业人才严重匮乏，导致文化产业项目创意、策划水平不高，不符合市场需求。

（二）文化符号不明确，缺乏"好花红"品牌产品的规范标准

文化产品需要有一个清晰的形象才能被受众记住。它不必是某种具体事物，但必须要有较为统一的视觉语言，放到普通商品上看就是企业的商标。比如针对旅游的品牌标识，澳大利亚设计制作了统一标识，不管表现形式如何变化，其基本结构都是统一的（见图4），这一品牌标识高度概括了文化产品的属性，图形中使用的袋鼠和太阳形象将澳大利亚最具代表性的动物和气候直接表现出来，极具识别性。

目前的"好花红"产品，除了冠名文艺演出和各种赛事活动外并没有统一的视觉语言，即缺少统一商标标识形象，另外从文化产品的设计生产角度，也没有一整套较为系统的产品规范标准，导致品牌特征模糊，各种产品的设计包装参差不齐，不能形成一个完整的产品系列来丰富品牌内涵。

图 4　澳大利亚旅游统一标识

（三）"好花红"缺乏准确形象定位

文化品牌建设和营销，需要一个清晰的形象定位，光有标识识别系统而缺乏深入人心的形象塑造注定是空洞的。诸如上面的澳大利亚旅游标志的例子可以看到，首先人们是对澳大利亚袋鼠这一有代表性的生物有一定认知进而通过标识才能唤起这种联想。所以在标识形象设计之前，要找准文化的形象定位。

目前"好花红"文化品牌形象定位较模糊，因此大众对它的联想空间有限，这从前文的网络问卷调查就可以看出。对文化品牌的定位，棘手之处在于适度的问题，过小过大、脱离物质基础都会影响品牌的发展。参考国内比较成功的案例，如西安，虽拥有悠久的历史文化内涵，但由于缺乏精准定位以及围绕定位展开的相关营销，一直处在一个尴尬的境地。经过对自身特色文化的思考，以及对文化产业发展理念、方向的不断调整，西安最终选取"大唐盛世"作为其文化品牌，围绕"西安年·最中国"的口号（见图5），选择了最契合自己文化特质的定位，经过连年的打造，终于将这一品牌打响，2019年春节假期西安共接待游客1652.39万人次，同比增长30.16%，实现旅游收入144.78亿元，同比增长40.35%。

（四）文化品牌缺乏细节，点状发展需要向体系发展迈进

文化品牌的建立需要真实而具体的细节，因此围绕文化品牌在设计文化

图5　西安打造"西安年·最中国"的文化品牌

产品的时候应该是成体系并将其紧密结合的。国内著名的人文城市如苏州、杭州、成都等，都是在文化品牌上注重细节，不断扩展、完善文化产品最终使其成为城市精神气质构成的一部分，进而营造出独特的城市魅力。

城市的细节由具有生活气息的历史遗存、美食小吃、民间工艺、地方语言习俗等要素构成，这些都需要去挖掘并有机结合起来。目前"好花红"品牌产品产业还比较分散，事实上按照《黔南州推进文化产业发展三年行动方案（2018～2020）》的构想，也是要成规模成体系地来发展。

想让文化活起来，把沉淀的文化特色展示出来，还需要借助营销传媒手段和群众喜闻乐见的载体。"好花红"文化品牌在这方面已经有了比较多的积累，即通过文化演出的方式来展示文化特色，不足之处在于很多演艺和活动针对的领域较窄，专业领域太细，很难吸引更大范围的受众。2018年上映的在都匀市拍摄的《无名之辈》引起了全国的观影热潮，其中的很多场景成为"网红打卡"地，影片中使用的语言也被人津津乐道，虽然不是本地的方言但也足以见到用大众乐于接受的方式进行文化宣传的效果。

四 "好花红"文化品牌发展的策略

(一)避免文化产品开发同质化,文化资源要"真"挖

目前各地在开发旅游产品的时候,都倾向建设特色文化旅游村寨,但很多声势浩大的开发最终都只是昙花一现。究其原因是在文化资源挖掘的时候违背了"真"的原则。文化资源的开发,一定要挖掘保护这个区域的真资源。作为文化资源的原生地,如民歌《好花红》原生地是惠水县好花红村,这对于文化资源来讲就具有绝对优势,因为其他地区是无法移植或复制这个原生地的。另外文化资源的原真性也很重要,原真性指的是这个地区文化的标志物,如黔南州都匀市的三线建设博物馆,曾经是三线建设的工业厂房,在保留了原有结构的基础上,发展成为集观光、餐饮、游乐、康体保健于一体的综合性空间,了解过去功能的游客可以来这里还原并缅怀过去的时光,不了解的可以来这探索,通过赋予老工厂的设备一定的故事性,使空间具有人文气息。最后文化资源挖掘要注意保留原生态。

(二)不断调整文化品牌发展理念,坚持开发与保护双管齐下

对于文化产品的开发,既要谨慎也要大胆,坚持做到文化自觉、文化自信、文化自强。"好花红"品牌不仅仅是布依族的文化象征,更是黔南州的文化符号,是黔南州民族文化的统领品牌,因此各个文化产品不必拘泥于是否属于布依族的民族文化范畴,积极拓宽文化产品品类,结合实际完善文化产品体系,探索将文化产品与少数民族村镇结合的方式,形成拥有真实细节和温度的特色民族村寨,提升沉浸式旅游体验。文化品牌的开发建设,必须不断优化调整理念,与正确的价值观接轨,不断深化品牌内涵。

"好花红"文化品牌发展必须也只能根植于黔南州的特色文化沃土。黔南州拥丰富的自然资源、文化资源,党的十八大提出建设生态文明以来,各行各业自觉践行绿色发展理念,以文化旅游为主的第三产业为基础,将

"绿水青山"转变为群众致富的"金山银山",做到开发与保护双管齐下。围绕知名的文化产品,利用"好花红"品牌效应,扶持发展滞后的产业,保护处于边缘的少数民族文化。依托丰富的非物质文化遗产,走保护传承与创意研发相结合的道路,以枫香染、马尾绣、牙舟陶等非遗技艺开发为主,立足市场需求,鼓励"大众创新、万众创业",扶持一批能工巧匠自主创业,开发系列民族服饰、民族工艺品、旅游纪念品,培育一批具有较高知名度和市场影响力的"好花红"品牌民族民间工艺品,形成规模效益,推动产业扶贫。

(三)找准文化定位,统一文化形象,丰富宣传载体

区域文化品牌形象是将该区域的自然资源、历史传统、地域文化、民风民俗、市民风范、区域特色、经济要素等塑造成可以感受到的"神形合一"的附加值。准确的文化品牌形象定位,可使目标受众对特定区域产生清晰、明确的印象和美好联想。找准文化定位,需要在现有的特色文化资源中,按照适度原则避免太抽象或太具体,找到符合"好花红"品牌的定位。在不影响原有的品牌形象塑造的前提下,适当增加营销宣传的口号。由于品牌营销的系统性和专业性,建议委托专业的品牌设计营销机构,制订"好花红"品牌培塑计划,建立品牌文化管理制度,确定"好花红"品牌内涵和外延,制定统一的形象标识和设计语言,出台文化产品包装设计规范,成立专门的工作部门,用专业人才来运营管理"好花红"文化品牌实施方案。

(四)提升"好花红"文艺演出水平,开发群众喜闻乐见的演艺产品

在现有的"好花红"主题文艺演出的基础上,继续培育和锤炼演出品质,扶持《木楼古歌》《刺梨花红》《水韵樟江》等剧目开辟演艺市场,力争打造出具有社会知名度和美誉度的经典剧目,另外还可以通过与知名导演、演员合作推出具有地方文化特色的商业表演,如张艺谋《印象》系列剧目;通过举办各种国内、国际赛事打响"好花红"品牌知名度,拓宽项

目类型，覆盖更广的年龄、文化层次人群；坚持文化产业和事业共同发展，相互促进，通过黔南州的影视文化产业园区和影视剧资源，利用新媒体制造文化热点，形成更多的"网红景区""网红打卡地"；做好服务，制定相关优惠政策，吸引更多优质的演艺单位和影视剧组进入黔南州制作、拍摄反映地区文化特色、精神风貌、人文风情的优秀作品，如在社交媒体上拥有很高讨论的体验式综艺节目《向往的生活》，每到一处居住地都能带来对当地自然、人文风俗的讨论。

（五）保证文化品牌发展项目的人力、物力扶持

文化产业离不开人力物力的支持。只有充足的资金投入和专业的人才供给才能得到较好的发展。可喜的是，为了吸引人才、发展文化品牌，从2018年开始，黔南州级每年预算800万元文化产业发展专项基金，各县（市）每年设立不少于300万元的文化产业发展专项基金，并随着财力增长逐年加大投入。另外，黔南州内文化企业从投产之日起，所缴纳的各项税收，按照地方留存部分，三年内由州、县（市）两级财政采取"以奖代补"的方式给予补助。支持州内国有、民营企业转型发展文化创新创意产业，生产具有黔南自主知识产权和自主品牌的文化产品，通过"互联网+"、电商销售等拓宽营销渠道，凡纳入州、县两级预算管理的机关、事业单位和社会团体在采购州内文化企业产品和服务时，在同等条件下可享受政策性加分和优惠政策。另外，从融资政策、土地政策角度，黔南州为发展文化产业均出台了相应的扶持措施。

结　语

经过多年的耕耘培育，"好花红"已经成为具有一定社会知名度的文化品牌。在文化产业成为经济发展中新的增长点背景下，黔南州"十三五"发展规划指出，到"十三五"期末，文化产业增加值占GDP的比重达到5%以上。为此黔南州编制了《黔南州推进文化产业发展三年行动方案（2018～

2020）》，其中详细阐述了以"好花红"文化品牌，引领黔南州文化产业发展的思路和基本措施。文化品牌的培育和建设，不是朝夕就能完成的，它涉及的面非常广，只有在行动方案指引下，协同各行各业，才能唱响"好花红"民族炫歌，打好"好花红"这张文化牌。

参考文献

刘玲玲：《布依族民歌〈好花红〉研究》，云南大学出版社，2015。
邓义胜：《重庆抗战文化品牌城市营销导论》，重庆出版社，2014。
文春英：《城市品牌与城市文化：对话中国九大名城》，中国传媒大学出版社，2014。
杨圣敏：《中国民族志》，中央民族大学出版社，2014。
李滨：《品牌管理与推广》，西安交通大学出版社，2013。
〔德〕克劳斯·昆兹曼：《文化、创意产业与城市更新》，唐燕译，清华大学出版社，2016。

B.15
"中国天眼"契机下的科普文化小镇发展报告

罗文兴*

摘 要: 2016年9月25日,"中国天眼"在贵州平塘县落成启用,该球面射电望远镜口径达500米,为世界上最大的单口径也是最灵敏的望远镜,并具有自主知识产权。基于"中国天眼"打造的天文科普小镇也纳入国家及地方发展范畴,平塘县航龙村具有得天独厚的地理优势,并被打造成天文科普文化小镇。打造贵州省黔南州一张靓丽名片,推进科普基地建设工作,促进黔南文化旅游快速发展,建设和谐美丽的科普文化小镇,为世界打造"中国天眼"契机下的科普文化小镇。

关键词: 中国天眼 FAST 天文体验馆 科普小镇

一 "中国天眼"FAST落成背景

"中国天眼"是指在平塘县克度镇航龙村大窝凼建立起来的500米口径球面射电望远镜,也被称为FAST(Five-hundred-meter Aperture Spherical radio Telescope,简称FAST),是国家科教领导小组审议确定的国家九大科

---

* 罗文兴,教育信息技术博士,黔南民族师范学院副教授,主要研究方向为教育信息技术、人工智能、通信与信息系统。

技基础设施之一，是一个约 30 个足球场大的高灵敏度的巨型射电望远镜，在青山绿水中形成一道美丽的科学风景线。

（一）选址

南仁东团队依据建议书在全国范围内的选址工作中，在总参四部、遥感所、亚卫通公司、北京大学等众多单位的协助下，把四川、新疆、内蒙古、青海、河南、湖南、广西、云南及贵州等省份的众多区域作为候选址，在候选址中，团队需要找到一个具备直径 300 米以上，要尽量地圆，并且没有无线电干扰，尽可能避开地震带及矿场开采的区域。通过在贵州的安顺、兴义和黔南 30 多天的选址，并按南仁东要求写下了《大射电望远镜中国贵州选址调查报告》，聂跃平在中科院和中国科协的支持下，在中关村海淀剧院举办了一场关于"中国天眼"选址的专题演讲，题目为《给天眼找个家》。通过遥测技术和实地考察，最后从 3000 多个洼地用半年多时间最后确认了 300 多个洼地，并保存于数据库中，在通过遥测技术对每一个洼地进行研究，最后筛选出 100 多个洼地，之后南仁东团队进行了翻山越岭的实地考察，对每一个洼地各方面参数进行实地调研，最后在 1994 年底，选址获得了重大收获，基本确定在安顺的普定和黔南的平塘，并发现"二选一"的备选地——普定县的尚家冲。1995 年 10 月 3 日，天文学家们坐上十几辆大巴到平塘进行考察，在克度镇受到了热烈欢迎。10 月 4 日，中外代表又对安顺普定县进行考察。

1996 年，通过遥感发现克度镇航龙村的大窝凼，通过若干次的实地考察，通过聂跃平推荐，南仁东团队在 1996 年首次到贵州平塘考察选址——大窝凼，并在当年秋季，基本决定普定的尚家冲和平塘的大窝凼这两个地方可以作为备选的台址。尚家冲洼地可以建 350 米口径的望远镜，若做 500 米口径的望远镜，则大窝凼是最理想的。

（二）立项

1997 年南仁东在头脑中意识到：我们应该独立建造一台 500 米口径的射电望远镜（FAST），FAST 这个创意，包含"快"，蕴含"追赶""跨越"

或"领先"的含义，在国际上，有人把FAST解读为"雄心勃勃的计划"。1998年夏天，南仁东为FAST设计了徽标，1999年3月，中国科学院知识创新工程首批重大项目"大射电望远镜FAST预研究"项目启动。2005年1月，国家自然科学基金交叉重点项目"巨型射电天文望远镜新模式"启动。2005年9月，中科院组织召开了"FAST建设书专家评审会"，项目顺利通过了评审，11月，南仁东在中科院院长办公会上提出要向国家申请FAST立项，并得到院长及常务副院长明确支持。2006年3月29日至4月1日，"FAST项目国际评估与咨询会议"在北京召开，2007年7月，国家发改委批复FAST工程正式立项。

（三）建设大事件回顾

2007年，平塘县成立了"中国天眼"项目建设工作领导小组，2008年10月，国家发改委批复了FAST工程可行性研究报告，同年12月26日，中国科学院和贵州省人民政府在大窝凼共同举行FAST工程奠基典礼，2009年2月，中国科学院和贵州省人民政府也批复了FAST工程初步设计和概算。

2011年3月25日，FAST工程正式开工。2012年12月，FAST台址开挖与边坡治理工程通过验收，2013年12月31日，FAST工程圈梁合拢，2015年2月4日，FAST工程安装了最后一根钢索，大跨度索网安装合拢，500米口径射电望远镜支撑框架建设完成。2015年国庆前夕，FAST综合布线工程完毕，标志着"天眼"的神经系统建成，11月12日，重达30吨的馈源舱成功升起在大窝凼的上空，这个FAST的心脏，是信号接收和回传的核心部件。整个馈源系统的设计、建造和成功安装，是FAST工程三大创新中的又一个尖端的创新成就。

（四）启用

2016年9月25日，"中国天眼"建成启用，并在黔南平塘天眼基地举行了庆典，在此前的23日，泰勒在贵阳一中为贵州中学生开展了一场《畅想深空》的科普报告，就"中国天眼"目前世界上最大的射电望远镜和神奇的天文物理奥秘，与"天眼之乡"的中学生互动交流。2017年8月17日，贝尔在贵州师范大学附属中学给800多中学生做了题为《天眼FAST·脉冲星·宇宙》的讲座，也是完成病危状况下南仁东的"给中学生讲讲"的夙愿。南仁东与世界天文学领域建立的高端联系，给中国青少年打开了一扇天窗，一个天眼，让学生能够在天文学的知识宇宙中翱翔。

二 南仁东的"中国天眼"科普情怀

南仁东在"教育与科普"上呕心沥血，在1996年向国家教委提交了"关于加强高校天文选修课的倡议书"，这一举措对高校天文学教育产生了一定的影响，他还自编教程《射电天文》，为学生授课，即便在最繁忙的FAST建设中依然不忘科普，并建议"脉冲星之母"贝尔给中国青年学生进行科普教育。2012年9月初，贝尔为北京第三十五中的青少年授课，题目为《科技创新与素质教育》，以自己的学生时代为典型，带领学生在太空中翱翔，对与会的学生进行了一场有意义的科普教育；2013年9月1日，贝尔在新疆科技馆学术报告厅为新疆青少年作了"Our Place in the Universe"（我们在宇宙中的位置）的科普报告；2013年9月17日，贝尔在中国科学院国家天文台也作了一场科普讲座。2015年9月23日，美国天文学家约瑟夫·泰勒在贵阳一中报告厅为贵阳一中、师大附中等多所中学400多名学生作了一场关于FAST落成的科普报告会；贝尔、约瑟夫·泰勒等一流的科学家为中国科研工作者和青少年进行科普，深含着南仁东意欲为中国年轻一代天文工作者能与国际一流的天文学家建立更多的联系；同时邀请世界一流的天文科学家为"天眼之乡"的青少年作科普报告，是南仁东的愿望。

天文小镇，距离"天眼"最近的地方，被称为"地球上看得最远的地方"，南仁东曾经说到，期望"天眼"成为打开青少年眼界，放飞幻想，激励创造的利器，南仁东自己一生竭尽全力，与前辈和学生共同奋斗只是提供了这个平台，期望年轻一代用它去创造成就。

2016年9月19日，科技部同意贵州省依托国家重大科技基础设施建设项目——500米口径球面射电望远镜建设"国家科普示范基地"（FAST），指示贵州省在国家科普示范基地（FAST）建设运行管理过程中，要深入落实全国科技创新精神和《国家"十三五"科技创新规划》要求，加强科普能力建设，丰富科普内容，创新科普活动方式；注重资源集聚，强化开发共享，积极开展天文科普活动和天文科普国际交流活动；不断创新体制机制，发挥科普示范基地的引领示范作用，2016年9月25日，500米口径球面射电望远镜落成启用系列活动举行国家科普示范基地授牌仪式。贵州省科学技术厅副厅长安守海宣读了国家科普示范基地命名文件，中国科协党组副书记、副主席徐延豪为平塘国家科普示范基地授牌。同步举行"天文体验旅游团首游暨国家天文科普示范基地、天文科普教育基地授牌仪式"。科技部、中国科协将分别授予科普示范和科普教育两个国家级基地，以黔南旅游的新、奇、特、异突出打造具有核心竞争力的天文科普旅游和地质探秘旅游胜地，在这里将把声、光、影等科幻元素和天文物理、天体宇宙有机融合，了解FAST工作原理，听到来自地球外的声音，倾听来自"外星人"的问题。

克度有2家五星级宾馆，还有中小酒店59家，餐馆100多家（2017年11月数字），大部分餐馆就是搬到小镇的农民开办的，整个天文小镇充满十足的空间科技感、未来感，各种天文像素汇集在各式各样的路灯上。

小镇最耀眼的最高建筑是天文时空塔，塔身主体为银白色，高达99.99米，共有27层，坐拥5部电梯，可以在塔顶观看小镇全景——天文访客服务中心、中轴迎宾广场、旋涡星系广场、观星园、天文体验馆、星辰天缘酒店、天文风情客栈、万国风情美食街、天幕商业街，各类景色尽收眼底，有一种"会当凌绝顶，一览众山小"的震撼。

三 天文科普小镇科普平台概况

（一）"全国科普教育基地"

2016年9月25日，贵州平塘500米口径球面射电望远镜基地成功被授予"全国科普教育基地"称号。自天文科普小镇建立以来，为科普事业做出了一定的贡献。

基于国家重大科技基础设施——世界最大500米口径球面射电望远镜（FAST）于2016年9月25日在贵州平塘落成启用，同时中国科学技术协会授予贵州平塘500米口径球面射电望远镜基地为"全国科普教育基地"。

图1 贵州平塘500米口径球面射电望远镜基地

贵州平塘500米口径球面射电望远镜基地占地面积300公顷，总投资24亿元。基地围绕FAST核心资源，整合周边独特的天文、地质、人文等旅游资源，以天文为主题、文化为主线、旅游为目标，重点规划建设15个重点项目，形成凝聚世界天文发展史、射电天文研究、深空宇宙探秘等天文元素为特色的射电天文科普教育基地。

1. 天文体验馆布局

游客从序厅开始旅程，依次参观①"银河映像"（射电体验厅），②"星云探秘"（天文科普厅），乘扶梯而上，经③天文临展区进入④排队等候区，有序观看⑤穹幕影院（可选），之后从⑥第一层尾厅离开。

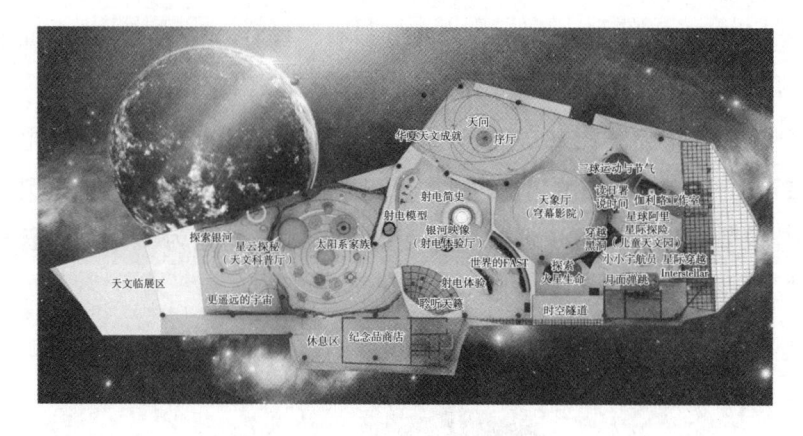

图 2　天文体验馆平面布局

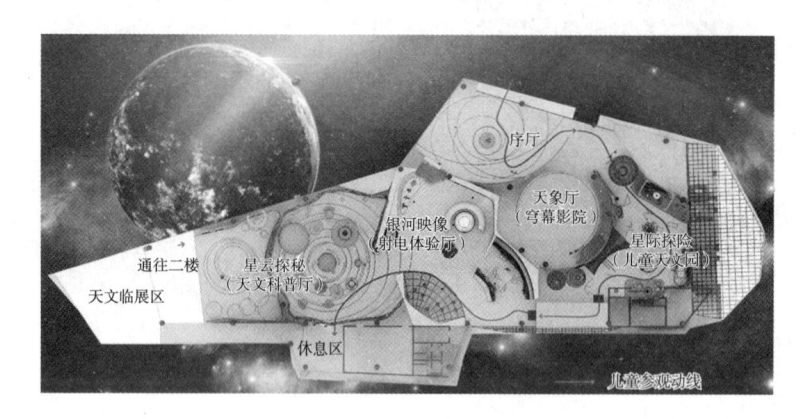

图 3　第一层平面布局

儿童参观线路，自序厅进入"星际探险"（儿童天文园），依次体验各展区后离开。

2.天文体验馆展示项目

平塘国际天文体验馆位于黔南州平塘县克度镇东南部的航龙天文小镇，占地面积4383平方米，建筑面积5990平方米。天文体验馆以"中国天眼，平塘星动"为主题，依托世界上最大的单口径射电望远镜FAST，集业内最新智慧互动展示科技，成就世界顶尖射电天文体验乐园，是集科普、智慧、体验、休闲、亲子等多标签于一身的复合型展馆。该馆于2016年9月25

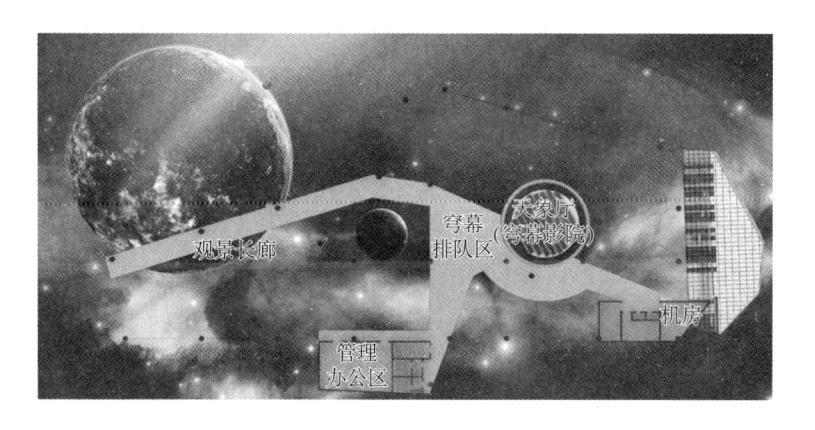

"中国天眼"契机下的科普文化小镇发展报告

图4　第二层平面布局

日，与FAST项目、观景平台一起正式对外开放，中文名称为"平塘国际天文体验馆"，英文名称为Pingtang International Experience Planetarium。该馆是贵州省人民政府为贯彻落实科教兴国战略，宣传中国天眼、世界最大口径射电望远镜FAST项目并普及天文学常识的自然科学类展馆，是对公众进行科普教育的公益性机构，是中国重要的科普教育基地和精神文明建设基地。

主体建筑地上部分共两层，分为4个风格各异的常设展区、1个高科技球幕影院、1个科学艺术长廊、1个主题活动区和1个临时展厅，它们共同为四方游客生动地演绎"宇宙、生命、人"的永恒话题。由序厅、儿童天文园、射电体验厅、天文科普厅、二楼展厅、活动区、天象厅等七大部分组成。

地面一层主要设有序厅、射电体验厅、儿童天文园及两个科普展厅。一层也是该馆服务设施最集中的区域，内有检票口、特色纪念品商店、中国邮政纪念品售卖处。此外，公众休闲区也在该层。

序厅设置有屈原问天·中庭艺术装置、青铜浮雕馆名墙·观天简史、玻璃艺术装置·华夏天文成就，以及一个灯光艺术装置——中国古代星图。顶部以天顶彩绘配合艺术光阵，将科学与艺术有机地结合在一起。具体包含：屈原问天雕塑、浮雕墙——人类观天简史、中国古代天文成就、光影艺术装置——中国古代星图、浑天仪、读日晷说时间、认识二十四节气、地心说与

235

日心说、甘德占星、穿越黑洞、拼装望远镜、星际穿越、星球称重、月面漫游、星座连连看、踩星星、虚拟太空舱、VR体验机、射电天文简史、FAST 360°影像体验、FAST天文观测演示体验模型、世界的FAST、贵州的三颗星星、射电望远镜家族、深空美景、聆听天籁之音、太阳系家族、地月系、金星、火星、水星与太阳、土星、木星、天王星、海王星、矮行星、柯伊伯带与奥尔特云、恒星的分类、恒星的一生、星座的秘密、引力波、黑洞、星系探秘、河外星系、观景长廊、星光——宇宙大爆炸到行星的形成、生命——生命的起源与演化、文明——人类探索宇宙、青少年活动区等。

射电厅围绕射电科学的发展，从射电简史开始，阐述人类射电天文经历的各阶段历程；之后详述FAST项目从立项到建设，再到应用方面的各种成就和特色。同时介绍了贵州星、黔南星和平塘星等国际天文学会确认的特殊小行星的知识。

太阳系家族是第一个天文知识科普厅，面向中等知识结构的天文爱好者，介绍太阳系的恒星、行星、卫星、彗星及其他天体的知识。该展厅采用多媒体球面成像技术复合多点触控技术，将所有知识点用多媒体覆盖，时尚且空间感极强。

恒星与星系展区为第二天文科普区，面向具有高等知识结构的参观者设计。内容上着重结合射电天文科学，阐述黑洞、引力波等前沿科学研究的成果，形式上将恒星级天体与银河系、河外星系以多媒体方式进行演绎，唯美且时尚。

星际冒险区面向低龄参观者及其家长，目标设定为亲子游或组团参观。内容设置活泼多变，形式上强调互动、感受。3D技术、VR技术、体感互动技术全面铺开，将天文学相关知识有机地融入游戏中。

地面二层涵盖临展、活动和科学长廊等辅助空间，同时建设有15米直径球形天象厅。天象厅由15米直径的轻质金属大球为内投成像载体、12台高流明激光投影机协作投影出宇宙天体的浩瀚画卷。沉浸式的观影体验震撼参观者的心灵。整个观影空间设置有80个座位。观影周期为每半小时一轮。

临时展馆是理想的展览、展示的场地，参展商可独立举办，也可与科技馆共同策划组织协办和合办各类科普、科技展览以及科技成果展示。

四 科普教育基地天文科普活动服务

（一）天文小镇功能

1. 国际会议中心

天文小镇依托于"中国天眼"，正在成为一个国际天文学的会议中心，第二届国际射电天文研讨会 2017 年 9 月 25 日在天文小镇隆重举行；第二届中法 SVOM 天文卫星科学研讨会 2017 年 4 月 24～26 日在平塘天文小镇举行；第二次中国与南非射电天文联合学术研讨会于 6 月 2～5 日在贵州平塘召开，这只是其中部分会议相关记录。

2. 科普基地

"中国天眼"在游客接待上，在天眼落成的 2017 年的前三个季度带动平塘旅游游客超过 1000 万人次，并且青少年人数占比达到 1/3 以上，通过天眼和天文小镇，可以对中国青少年进行科普教育，期望中国青少年对中国天眼科普实现南仁东的召唤，打造中国天眼的天文科普小镇。

3. 旅游及辐射周边（通州、塘边、董架、新合等乡镇）

在平塘县景区内，可以看地理，主要以平塘、罗甸、惠水三个县交界为核心的一大片三叠纪沉积区域，是距今两亿年发育的一块碳酸盐岩台地，具有深海、半深海、浅海及陆地等各种环境沉积岩石是平塘的"国家地质公园"，主要体现为洞穴密布、暗河纵横、漏斗竖井、天坑不计其数，是喀斯特地貌典型特征，具有很好的旅游开发价值。

（二）科普条件

1. 具有标准的科普场所及稳定的科普队伍

贵州平塘 500 米口径球面射电望远镜基地于 2016 年 9 月 25 日建成使

用，占地面积为300公顷，包括天文体验馆、FAST观景台、配套设施星辰天缘酒店及停车场。基地已建成一支稳定的常设科普队伍，州天文局已分别与贵州大学理学院、黔南师院物理与电子科学学院签订合作协议，请贵州大学及黔南师院天文系专业师生对基地科普活动进行支持。尤其是2016年黔南师院天文专业开始招生，为科普人才队伍补充新鲜血液。2017年全国科技教师天文知识与技能培训班在克度举行。来自全国各省份天文老师及科普工作者、黔南师院、都匀一中、黔南州各县（市）中小学教师近百人参加培训，不断壮大黔南州天文科普队伍。

2. 积极开发和更新科普内容

为让大众切实感受天文，了解天文，在平塘科学文化园天文体验馆内摆放国内外知名射电望远镜的模型及"天眼"模型；制作模拟天文现象的天文视频、挂图及FAST建设历程和科学目标及天文知识的展板；2016年黔南州天文局与平塘县合作编写《图说平塘大射电》，就FAST建设的起源、选址、建设历程等进行详细的介绍；2017年黔南州天文局组织编写的《天文科普读物》印制成册，并在天文科普活动中印发给中学生；2017年制作并更新天文科普宣传展板共36块，内容涉及天文科普知识、FAST介绍、射电环境保护宣传等。

（三）科普活动开展

1. 组织开展丰富多彩的天文科普活动

黔南州天文局积极与相关单位对接，在州内组织开展多场天文科普知识讲座、天文观测体验、"天文开放日"等天文科普活动。2016年至今已陆续在州直机关、都匀军分区、州内高校、中小学、相关县市乡镇及青少年宫开展天文科普讲座、观看FAST建设宣传片及望远镜观测体验等活动；黔南州天文局牵头组织开展"2016年黔南州天文开放日""2017年黔南州天文开放日"活动，活动内容包括天文科普知识讲座、观看FAST及天文科普知识宣传片、天文知识有奖问答活动等；2016年11月，携"天眼"模型到四川成都参加2016年西部博览会，供上万名游客参观；2017年5月，州天文局联合世界上观测效果最佳的天文台之一西藏阿里天文台进行宝瓶座流星雨网络直播，共2.3万名公众参与了该项活动，获得了多家媒体的关注。截至目前已开展20余场天文科普相关活动。

2. 成功承办FAST相关盛会及国际学术会议

2016年9月25日，在贵州平塘举办FAST落成启用系列活动，其中在基地举办了天文科普旅游团首游仪式暨国家天文科普基地授牌、国际射电天文论坛和未来天文小镇开工等多项活动，邀请诺贝尔学者、国内外知名天文专家等出席活动；积极配合国家天文台做好第一届、第二届国际射电天文研讨会筹备工作及会议服务工作，使国际射电天文研讨会在平塘天文小镇成功举行，海内外150多名专家学者齐聚天文小镇为FAST建言献策。

3. 规范天文科普参观体验活动

为了充分发挥500米口径球面射电望远镜科普教育基地的展示和教育功能，提高广大青少年的天文科学文化素质，州天文局联合州教育局、州科协在全州范围内印发《关于做好全州大中小学生参观天文科普教育基地有关事项的通知》，规范州内大中小学生到平塘天文科普教育基地参观体验活动。

4. 积极参与贵州省内天文科普活动

积极参加"2016年贵州省科技活动周"、2017年"全国科普日"活动、贵州省第3届青少年科技节暨第32届贵州省青少年科技创新大赛，并在"科技活动周"期间对18岁以下青少年免费开放。在活动现场向前来参观的干部群众、学生介绍FAST项目建设进展情况及黔南州天文科普旅游规划的基本情况，发放《500米口径球面射电望远镜电磁波宁静区保护办法》及天文知识宣传单资料，组织多台望远镜供广大市民群众进行天文观测体验。

（四）科普资源

在天文科普活动现场展示关于FAST的建设历程和科学目标以及天文知识的展板，播放FAST建设、天文知识等相关视频，公众反映良好。黔南州

天文局已与国家天文台、贵州大学理学院、黔南师院物理与电子科学学院等建立良好关系，对基地科普活动提供人才及硬件保障。

（五）科普宣传

在各类天文科普活动中发放"500米口径球面射电望远镜（FAST）简介"宣传单、《黔南布依族苗族自治州500米口径球面射电望远镜电磁波宁静区环境保护条例》共5000余份，宣传天文科普知识，呼吁社会公众加强对基地的电磁波环境保护意识。在开展各项科普活动之前通过传统媒体、多彩贵州网客户端等新媒体向大众进行预告报道，在活动结束后及时撰写活动简报并通过黔南天文网、手机报、黔南州人民政府网等让公众及时了解天文科普工作动态。

（六）科普信息化

州天文局举办科普活动借助黔南天文官网、手机报、黔南州人民政府网等网站进行宣传并发布活动信息。在手机报上开设"天文科普""FAST动态"专栏宣传天文科普知识；更新改版黔南天文网站，增加"天文旅游""天文动态"栏目，对天文科普知识、基地工作动态等进行宣传。

五　存在的问题和发展策略

通过实地考察和调研，对当地酒店和民宿及配套的餐馆等进行了信息汇集，天文科普小镇及其辐射区域在为中国科普做出了极大的贡献，让参与科普的游客和其他科普受益者深深地感到天文小镇的魅力和震撼。走在科普小镇的主干道，我们可以看到集聚太空科幻场景，包括路灯都设计成飞碟等形状，可以看到北斗七星装饰，还有璀璨的天文时空塔，在阳光的照射下格外引人注目，当然还有天文小镇的主角，具有"中国天眼"之称的"FAST"，在大地的怀抱中默默地观望浩瀚的太空，所有这一切都给访客留下了终身不可磨灭的记忆。当然，天文科普小镇还很年轻，有需要挖掘和创新的空间，通过梳理存在的问题，提出一定的发展策略，让天文科普小镇更好地服务全球天文爱好者，给青少年提供更多的天文科普条件。

（一）衣食住行

1. 在访客服务接待中的"衣"

黔南州是一个多民族自治州，民族服饰需要体现出特色，在各个服务部门，基本上没有体现出各种民族服饰特色的工作人员或者服务人员。购物区也是一样。

打造天文小镇，可以通过民族服饰的穿着打扮给访客耳目一新的感觉，若在服饰上印上一些有代表性的天文科普素材，更加提高天文科普的体验感，并且通过线上线下结合的方式实现网络营销模式，提高旅游附加值。

2. 在访客服务接待中的"食"

民以食为天，访客到达一个新的地方，就收集地方特色美食相关资料，并且寻找各类美食，在天文小镇的配套服务区域，尤其是在迁徙到本区域服务的开餐馆的农民朋友及其他服务型美食单位，在美食宣传及做工做法上保持当地特色的基础上，大胆创新一些新菜品，对全国各地的口味进行一定的研究，调理出访客想要的各种美食。

可以在小镇的入口处，树立美食地图，对美食区域各家餐馆进行宣传，并采用报刊亭模式，让游客自取相关的美食资料。

3. 在访客服务接待中的"住"

在旅游住店方面，很多小客栈、宾馆及旅馆是当地安置农民朋友开的，他们亟须提高自身的文化修养和专业服务能力。在调研中，一家小旅馆在接待上很热情，体现了当地老百姓的朴素和善良，但是在使用电脑开具发票时，犯难了，不会用电脑打字，需要客人自己在他的电脑上输入相关发票信息。

通过对口帮扶，可以定期对当地住宿服务工作人员进行专业技能培训，提高他们的专业素养，更好地服务访客，让人民在经济收入上富起来，在"智"上也脱贫，需要引起当地服务部门及政府的重视。在小镇各个街道入口，也可放置酒店分布图、酒店其他相关宣传资料，便于游客找到自己需要的资源。

4. 在访客服务接待中的"行"

从天文体验馆到 FAST 的路途中，可以乘坐大巴，但是在天文小镇，没有看到其他付费服务的交通设施，尤其是游客到达体验馆后，才发现售票厅（访客服务中心）距离这么远。若在两地之间通过付费的观光小车方式解决访客的往返代步问题，将会给访客不一样的体验。在小镇其他区域，可以采用同样的模式解决游客出行难的问题。

（二）科普与旅游协作

因为科普基地的建设，在国内外知名媒体上已经有一定的站位，到中国天眼旅游的游客越来越多，存在的问题也开始凸显。

天文科普知识通过景区各个卖场、观光点及其他观光场所得到很好的宣传。在配套的服务区域若和旅游、美食、住宿及民俗等进行关联，将会给访客极大的惊喜。

（三）文化创意

融入更多的民风民俗，在服饰上让访客体验到当地民族特色，在游览区进行服饰专卖、民族表演及宣传，包括一些非物质文化也可以融入科普素材中，这样可实现更好地融合，给访客提供不一样的体验。

（四）基于地区旅游联盟

把黔南乃至贵州各大旅游景点进行关联宣传，尤其是天坑、天书等就近的几个县，打造旅游一条龙服务，在车旅、衣食住行方面进行良好合作及互助，打造旅游体验新思维。

（五）科普基地与高校、天文台、科研院所深度合作

让天文小镇的天文科普走进校园，让天文专业及其中小学的青少年能够认知天文小镇，了解浩瀚的宇宙；同时建立起校（黔南民族师范学院等高

校）企（贵州平塘三天旅游发展有限责任公司）合作机制，利用黔南民族师范学院的天文台设备，对中国天文科普小镇进行补充，并和各大天文台进行合作。建立起中小学的联动互访机制，定期为青少年讲授天文科普知识，让科普走进校园，也让学生走进天文科普小镇，这能提高科普效益。

（六）"走出去""带进来"

派遣天文科普小镇相关工作人员到各大天文台、具备天文专业的高校进行学习进修，同时积极参与国内外的科普活动，极力展现天文科普小镇的魅力和特色，让世界认知我们，了解我们，同时也打开我们视野，也对我们进行全面科普。

参考文献

王宏甲：《中国天眼：南仁东传》，北京联合出版公司，2019年3月。

《科技部关于同意贵州省建设国家科普示范基地（FAST）的函》（国科函政〔2016〕223号）。

平塘县天文和科学技术知识产权局（第五十一期）。

陈鹏、陈锐、李学民：《中国文旅创业发展报告（2019）》，社会科学文献出版社，2019。

程芳、卢新生：《中国特色小镇发展蓝皮书（2019）》，中国财政经济出版社，2018。

调查篇

Investigation Reports

B.16 黔南州农村文化阵地建设情况调研报告

赵海波[*]

摘　要： 实施乡村振兴战略，经济是根本，文化是关键，解决农村群众多层次的文化需求是农村文化阵地建设工作的目标。为进一步推动黔南州农村文化阵地建设工作健康有序发展，调研组以黔南州12个县（市）为研究对象，通过资料搜集对比及农村实地调查的方式进行了调研。本文描述了农村文化阵地基础设施建设、文艺组织建设、文化遗产工作等基本现状，归纳了思想道德、文化娱乐、文化设施和文化队伍四个方面的主要问题并逐条提出了相应的对策和建议。

关键词： 农村文化　阵地建设　黔南州

---

[*] 赵海波，黔南州非物质文化保护中心项目部主任，研究方向为民族文化。

加强农村文化阵地建设，振兴乡村文化，促进农村文化大发展大繁荣，切实提高农民科学文化道德素质，是实施乡村振兴战略和建设社会主义精神文明的重要内容，为进一步了解黔南州农村文化阵地建设基本情况，总结经验，查找问题，提出对策，黔南州政协文化文史与学习委员会调研组就"全州农村文化阵地建设情况"进行了调研分析。

一 黔南州农村文化阵地建设基本现状

黔南州共有行政村1274个，自然村寨15747个。近年来，州政府制定了《黔南州构建现代公共文化服务体系实施方案》，出台了《推进基层综合性文化服务中心建设的意见》，下达了《黔南州人民政府办公室关于加强公共文化基础设施建设的通知》等指导性文件，地方县（市）也制定了县公共文化服务指导标准，强化考核，抓好实施。以"幸福进万家——文化精品乡村行"国家公共文化示范项目和"好花月月红·百姓大舞台"为主的文化品牌建设为载体，各级党委、政府加大了农村文化建设投入，推进基层综合性文化服务中心建设，进一步完善、提升和优化州、县、乡（镇）、村四级公共文化服务体系，农村文化基础设施不断完善，群众文化生活进一步丰富，乡风更加文明，社会更加和谐，有力地促进农村四个文明协调发展。

（一）农村文化阵地网络基本实现四级全覆盖

据2018年统计，全州州、县两级四馆（文化馆、图书馆及各类博物馆、主题陈展馆）基本健全，共建成1475个农家书屋点，配送图书18万册；建有广播电视发射站16个，图书馆13个，文化馆12个，博物馆1个，乡愁馆2个，陈列馆3个；乡镇、社区一级文化站150余个，文化服务点107个；建有新时代农民（市民）讲习所1473个。2015年以来，全州投入农村文化建设经费共18005万元，已建成村级综合文化服务中心1184个，农村文体广场1982个，全州行政村基本完成了农家书屋、文化信息资源共享工程基层服务点、文体广场的建设，形成了较为完善的公共文化服务体系，文化设备、设施较为齐全，基本实现了基层公共文化服务网络州、县、乡（镇）、村四级全覆盖。

（二）广播电视电影工程全面深入推进

实施了多彩贵州"广电云"村村通工程，全面完成1065个行政村的通村光缆建设，实现了电视信号村村通、户户用目标。配合"百县万村示范工程"，2016年以来在全州52个村开展广播电视器材配置示范点项目建设，建成了县级应急广播公共文化服务体系。2017年以来共向深度贫困县没有电视机的贫困农户赠送电视机4400台。实施农村公益电影放映工程，2018年全州共播放公益电影14284场，占年度总任务数的100.11%，观影人数达716055人次，组织大型主题展映活动4次，专场放映1000余场次，实现了"一村一月放映一场电影"的公益服务目标。

（三）全州文艺团体建设工作成就突出，农村文艺组织发展迅速

黔南州现有县级文艺院团种类37个，分布于音乐类、美术类、舞蹈类、戏曲类、民间文艺类、书法类等领域；全州文化站（馆）现有专职工作人员192个，兼职工作人员214个，文化志愿组织129个，志愿者2484人，选派专业骨干190名；近年来，文化部门通过政府"公开采购"文艺节目、派人下乡指导培训等方式扶持了大批农村文艺团队，全州共有农村文艺团队649个，2018年有组织的文化活动达2018场（次）。

（四）文化遗产保护工作成绩显著，位于全省第一方阵

黔南现有文物保护单位357处，其中国家级文物保护单位4处，省级文物保护单位47处，州级文物保护单位31处，县级文物保护单位275处；全州共完成15133件/套文物登录和审核工作。全州已公布国家级非物质文化遗产名录项目14项、省级72项、州级121项、县级300多项；有国家级项目代表性传承人9人、省级46人、州级144人、县级1068人。

二 黔南州农村文化阵地建设存在的主要问题

虽然全州农村文化阵地建设取得了可喜成绩，但与人民群众对美好文化生活的需求还有不小差距，农村文化阵地建设还存在许多困难和问题，归纳起来主要有以下几个方面。

（一）大力宣扬"社会主义核心价值观"，加强优秀传统文化的教育，是农村文化阵地建设的当务之急，重中之重

做好文化建设，提高思想道德是关键，本次调研发现，部分农户的思想道德并没有随着经济的改善而提高，反而出现了道德滑坡的现象。主要表现在以下几个方面。

1. 不思进取、慵懒散漫的思想成为农村发展的障碍

有些群众尤其是贫困户近年来受益于国家扶贫政策，安于现状，日子久了便养成"等、靠、要"的思想，不思进取，形成惰性，甚至有个别村民产生了"没老婆也要靠政府来解决"的奇葩想法。扶贫先扶志，不解决农民的依赖思维，就无法真正实现全面脱贫。

2. 个人信仰缺失，利己为上、公德丧失的言行恐会日渐蔓延

群众如果缺乏正确的信仰，胸无正气，不辨是非，就很难抵抗歪风邪气。人的大脑如果不被正确的社会主义核心价值观武装，就会给其他不良的价值观甚至迷信、反动的思想留下后门。群众如果只追求个人利益至上，腰包鼓了，良心瘪了，就会心灵麻木，事不关己高高挂起。黔南是移民搬迁大州，很多群众移民搬迁到了新的安居点，脱离了原来的村寨和家族环境，部分村民出于怕惹麻烦、自我保护的心理丢掉了原来邻里之间质朴和热情，变得冷漠，路见不平不出手。虽然这类现象现在还是少数，但如不加以正确引导，恐会蔓延开来，对传统美德形成冲击。

3. 子女不孝，传统美德受到冲击

俗话说：羊有跪乳之恩，鸟有反哺之情。孝道是中华民族的第一美德。

然而调研中不孝的事例总会有。一些子女不尽孝道，为了一点低保补助，将老人赶出家门；有的精神虐待，在家庭中把老人视为累赘，公开指责、辱骂；有的经济歧视，老人的正当花费得看脸色；有的不履行赡养义务，相互踢皮球；有的不给老人治病；有的不许老人再婚；等等，致使一些老人晚景凄凉。孝道缺失甚至已经影响到儿童，如在独山县农村调研时，村干部介绍一实例：一农户男的外出打工，妻子、老父和年幼儿子在家，外出务工收入和老父的低保收入都由妻子掌管，老父长期没有收入，不能给孙子买零食，后面孙子居然连爷爷都不肯叫了。

（二）农村群众文化娱乐生活仍然单调贫乏，不能适应日益增长的物质文明的需要，要建设好农村文化阵地，必须要引导村民采取更健康的娱乐方式

现在农村相对解决了温饱问题，物质方面的需要基本满足，而精神方面的需求逐渐提高。调研中发现，随着农民群众物质生活水平的提高，他们的文化消费结构、消费观念都在发生深刻的变化，他们对文化的需求呈多元化迅速增长，但目前农村的文化生活仍比较单调、乏味，农村文化娱乐生活的问题主要表现如下。

1. 村民娱乐方式是以消遣为主的传统娱乐方式

随着电视的普及，黔南州农村中最主要的娱乐方式是看电视，其他为串门聊天、喝酒、打牌、打麻将等，近年来增加了山歌、花灯和广场舞，年轻人开始迷恋手机和网络，下棋、跑步、散步、看书读报、听广播等活动不常进行。

2. 不健康和低俗的文化娱乐方式仍然占据较大比重，对青少年成长不利

在电视节目中，村民大多选择电视剧，而且穿插一点色情和暴力的收视率会更高，这会给青少年带来不良价值观的引导，从而影响到孩子的成长。打牌、打麻将不仅是一种消磨时光的方式，更有营利的欲望在驱动，尽管一次赢钱只有几元、十几元，但中年人在赌博的时候，很多小孩子在一旁观看，潜移默化，危害很大。

3. 部分村寨缺乏公共娱乐场所及设施，无法开展集体性质的体育及文艺活动

黔南州农村文化基础设施建设虽说近年来突飞猛进，但面对广大乡村，它仍是一个渐进的过程，很多偏远村寨公共娱乐场所尚未建设。另外，缺乏培训和组织集体文化体育活动的人员，导致一些村寨很难开展活动。群体性活动的长期缺失不利于村民集体荣誉和团结意识的培养，会给予传统的小农经济思想发展壮大的土壤。

（三）现有的公共文化设施布局不合理，使用率低，现有的一些制度和工作方式随着社会的进步已不适应，没有实现文化服务与老百姓的文化需求精准对接

1. 文化设施设备欠缺，现有基础设施的利用率不高

从调研统计数据来看，黔南州基层各类公共文化阵地建设发展不均衡，还有180个村没有文化活动室、90个村无文体活动广场，其中惠水、平塘、罗甸、荔波缺的较多。这是按合并后的行政村统计的，如果按合并前的行政村和自然寨计算，缺的就更多。目前针对农村文化阵地建设文艺表演器材的配备，国家只是针对贫困县中的贫困村进行配送，其他非贫困村的文艺器材多由地方财政自行解决。很多国家配送的器材因为农村缺乏专业的管理维护人员，使用率很低，甚至无人会用，如很多文化广场配备了几万元的音响，但村里活动仍用原来的大喇叭，造成了设施的浪费。调研时发现，"只管建、不管用、无维护"的问题较为突出，乡村的很多文化体育设施建成后，运行维护管理问题比较突出，因为经费和人员等条件的限制，很多设施长时间处于闲置状态，如百姓大舞台，由于文艺人才匮乏，文体活动开展少，有的每年仅在春节等有重要节日使用一两次，长年处于闲置状态，文体活动场所使用率低。根据州委宣传部的统计，全州已建成的村级综合文化服务中心，2018年的设施利用率仅为70%。

2. 公共文化基础设施布局需要根据农村现状即时调整

黔南州撤乡并镇工作完成以后，随着乡村行政中心的转移，文化中心也逐渐转移，对原有的农村文化阵地建设造成了一定的影响。例如独山县，全

县原有18个乡镇133个行政村，合并以后变成8个镇57个行政村7个社区，原来的行政村所在地大半变成村民组和自然村寨，乡镇所在地则变成行政村。国家农村文化阵地建设经费是按行政乡镇和行政村的数量来配备的，撤乡并镇导致中央农村文化专项经费锐减，在地方财政能力有限的状况下，公共文化设施的建设和管理必然受到影响。

3. 工作方式需结合乡村实情和时代特征发展创新

要践行以人民为中心的发展思想，根据农民的实际需求来建设现代公共文化服务体系，不能拘泥于老的政策和工作方式。如送电影下乡的任务，全州2018年农村公益电影放映14284场，基本实现了"一村一月放映一场电影"的公益目标，但产生的社会效益值得商榷。首先，电影公司放映设备、配备的影片和放映人员需要国家大量经费支撑，工作考核模式也较为先进，所到村寨，电影剧目都由设备定位上报，但关键是很多村寨看电影的人数较少，无法起到预期的文化教育和娱乐效果。在电视普及率接近100%的今天，老百姓想看的大片新片因为版权等原因不能及时更新，老片子又缺乏吸引力，于是出现了个别电影放映人员为了完成工作考核，到村寨以后，找个院坝打开设备，一人一屏幕，自娱自乐的现象。

4. 农家书屋图书结构有待调整，图书使用率不高

目前农家书屋的书籍内容大部分太过老旧，很难勾起人们阅读的兴趣，加上群众现在获取知识的主要方式已经转为电视、手机、互联网等，农家书屋的吸引力下降，农家书屋出现了老人很少去、小孩不会去、成人不想去的尴尬局面，农家书屋管理员基本为村两委干部兼职，没有专人管理，图书无人整理归类、新配图书无人更新，甚至处于长期关门状态，一些农家书屋已经名存实亡。

（四）农村文化队伍建设有待加强，管理体制不顺，文化活力不强

1. 专职文化专干缺乏，现有体制需要改革

乡镇文化站（馆）工作人员编制以前属于文化部门，后来划归了乡镇，文化部门主要是业务指导关系，导致了乡镇文化干部工作精力和方向跟随着

乡镇中心工作在不断变动，工作任务繁重，很难有时间学习文化业务、开展文艺工作。招聘新的文化站（馆）工作人员时，乡镇基本没有针对文艺工作的专业限制，导致了文化专干比例在逐渐减少，全州文化站（馆）406名工作人员，专职工作人员192人，占比不到一半。开展工作，核心是人，专业人员的缺乏，是农村文化阵地建设的短板，加大乡村文艺人才的培训和输送，是当前亟须解决的问题。

2. 乡村文化能人、民间非物质文化遗产传承人等乡土文艺骨干的外出务工，影响了乡村文化阵地的建设

乡村文化能人如民间"山歌王"等在当地有较高的声望和组织能力，是开展乡村文化工作的重要力量；优秀的非物质文化遗产尤其是传统歌曲、舞蹈类非遗项目是乡村文化建设的重要组成部分。由于经济发展的需要，很多乡村文化能人和非物质文化遗产传承人外出务工，没有时间传承优秀传统文化。当前的乡村文艺队伍大多是由文化专干培训组建，老人、妇女为主，缺乏中青年骨干，农村文艺志愿服务及文艺队伍建设受到冲击，还带来了部分非物质文化遗产因非遗传承人缺乏导致消失的危险。

三　黔南州农村文化阵地建设工作的对策和建议

习近平总书记强调，"要大力繁荣发展文化事业，以基层特别是农村为重点，深入实施重点文化惠民工程，进一步提高公共文化服务能力，促进基本公共文化服务标准化、均等化"。我们要深入领会习近平总书记关于农村文化建设的重要论述，坚持以人民为中心，坚持从实际出发，全面加强农村文化阵地建设，不断完善广覆盖、保基本、促公平的农村公共文化服务体系。

（一）弘扬传统文化，解决农村道德滑坡问题，核心是推广社会主义核心价值观

1. 加强道德教育，提高公民道德素质

一是加强核心价值教育。深入开展理想信念、民族精神和社会主义荣辱

观教育，增强村民热爱祖国、服务大众的使命感和责任感。二是加强社会道德教育。倡导全社会形成"文明礼貌、助人为乐、爱护公物、保护环境、遵纪守法"的社会氛围。三是加强家庭道德教育。积极开展以"尊老爱幼、男女平等、夫妻和睦、勤俭持家、邻里团结"为主要内容的家庭美德教育，筑牢社会道德基础。

2. 充分发挥媒体功能，营造良好舆论环境

一是发挥多彩贵州"广电云"村村通、户户用工程优势，普及并利用好村寨"小喇叭"，反复播放，强化学习，把握舆论导向，做好社会主义道德建设内涵及其意义的宣传和解释工作。二是发挥引领作用，营造有利于分清是非、坚持真善美、抵制假丑恶的舆论。加强舆论监督，对乡村社会发生的丑恶现象和不道德行为进行揭露批评，推动村民自我约束，自觉端正思想道德和行为。

3. 把握政策导向，引领村民正确的求利行为

一是确立统筹兼顾思想。各级各部门在制定政策时，既要考虑经济和社会事业发展的需要，又要体现社会主义精神文明和公民道德建设的要求。二是提倡奖励奉献精神。保护和支持所有通过正当、合法手段获取个人和团体利益的行为，提倡和奖励多为他人和社会做贡献、道德高尚的行为。三是规范收入分配关系。要正确处理好公平与分配的关系。依法保护合法收入，完善社会保障体系，为社会成员特别是低收入者提供基本生活保障。

4. 利用好村民自治，建立具有新时代特征的"乡规民约"，推动农村乡风文明建设

一是建立和完善乡风文明建设管理机制，把工作责任落实到人，充分发挥村委、妇联、共青团及其他群众自治组织的作用，形成在村党支部领导下的各基层组织协调运行、民主管理的新体制。二是结合《公民道德实施纲要》制定"乡规民约"，结合农户家庭实际制定"家风家训"，积极开展"文明社区""五好家庭"等评选活动，建立健全乡风文明的评比奖励机制，使农民建立"我要文明"的思想观念。

（二）农村公共文化服务，要在文化场馆设施和群众文化活动两个方面同时发力，切实改善农村文化娱乐生活

1. 政府领导重视，多部门统筹规划

加强基层公共文化阵地建设，关键在政府行为的到位和责任的落实。要充分调动广大人民群众参与公共文化服务体系建设的积极性和创造性，发挥其主体作用，加强引导和服务，不断满足人民群众的基本文化需求，州、县、乡各级政府的领导应首先高度重视农村文化娱乐设施建设，统筹规划，积极发展，加大投入。要坚持建管并重、资源整合、共建共享的原则，建立长效的运行机制。要借小城镇建设和乡村振兴的东风，努力向上争取项目，完善配套资金，大力改善农村文化阵地设施。

2. 要加强乡镇文化站和村文化活动中心文艺人才的培养，注意乡土文化能人的发掘

让农民从自身群体中选拔出有文化、责任心强的骨干来负责文化活动。在加强乡镇文化站建设的基础上，可以试着在每一个村委会加一个文化骨干的岗位，大家通过自愿报名、推选，年终时进行最终的考核，对群众满意的人员续聘，对不合格者实施解聘。

3. 利用好"四下乡"等活动，组织专家学者、文娱工作者深入农村，为民服务

宣传文化系统、农业、教育、科技、卫生等部门应利用自身的资源优势，多渠道为农民提供学习机会，为农村群众传授知识，培养技能，文艺工作者引导群众参与更多积极健康的文化娱乐活动，例如利用村民爱唱、爱听山歌的特点，通过创作新时代民间山歌，举办歌会等方式宣传党政国策，改变村民原来的打麻将、打牌等不利于乡村文明发展的娱乐习惯。

（三）资源整合，调整优化公共文化设施布局，结合村民实际，创新性开展工作，实现农村文化阵地建设与老百姓的文化需求精准对接

1. 创新公共文化设施管理方法，改变资源合理布局，多方整合提高设施设备利用率

一是改变文化资源配置地以行政村所在地为主的现状，以满足更多群众

文化需求为主。通过争取项目、社会引资、村民集资等方式尽快完善人口较多的非行政村所在地村寨的文化基础设施建设，填补农村文化阵地建设的短板，对设施已建但设备不全的乡村文化场所加快设备的配备。二是对部分无人管理、阅读率低的农家书屋可以考虑撤并。探索农家书屋与乡镇学校、社区四点半学校相结合，有针对性地采购实用图书，既解决了学生的课外阅读难题，又提高了图书利用率。三是利用国家公共数字文化云服务工程和数字资源配送项目，将各地特色文化活动、文艺表演团队、文化品牌活动等资源纳入数字资源体系，实现各级平台数据互联互通、资源共建共享，逐步达到老百姓在农村文化服务中心实现"网上预约、互联互通、百姓点单、政府配送"的有效供给目的。四是培训文化设施使用维护人员。通过州、县选派专业人员下乡指导，集中培训等方式培养一批乡村音响师、灯光师等懂设施、会维护的人员，保证设施的正常运行，保障农村文化娱乐活动的正常开展。五是改变现有电影下乡工作模式。不能只追求每村每月签到，应以"政治宣传+百姓需求"为第一要素，精选片源，重点在人口聚居区播放，提高观影率，实现更好的社会效益。同时加快试点乡镇农村影院的建设，满足群众不同层次的文化需求。

2. 根据时代和群众的需求，编创一批积极向上、内容健康的文艺小精品，文化部门大力组建和扶持业余文艺演出队

一是黔南州文艺队伍工作者要全面贯彻落实党的十九大精神和习近平总书记在文艺座谈会上的讲话精神，结合黔南"好花红"等品牌文化建设，结合新时代"精准扶贫""乡村振兴"等中心工作，结合不同地区、不同民族的群众需求，积极谋划花灯小戏、民族歌舞等乡村文艺作品创作。通过实地采风，挖掘民族文化，提炼感人事件，塑造感动人物，打造一批能吸引老百姓、传播正能量文艺精品节目。举办全州文艺精品展演，精选出优秀节目，通过辅导培训的方式将文艺精品传递给各县（市）文艺演出队，重点培养乡村"文化轻骑兵"队伍，让他们为农村节庆、红白喜事做演出服务，承担乡村文化使者工作。二是积极组织文化志愿者下乡帮扶，文化部门定期派出文艺骨干，对乡村业余文艺团体进行节目辅导，提高乡村文艺表演水

平，使专业演出和农民的自娱自乐有机地结合起来，推动农村文化事业健康发展。加强节目审查，净化乡村演出市场，对低俗演艺节目坚决取缔，对积极健康的优秀节目采用"政府采购、群众参与、社会联动、文化惠民"的方式大力推广。

（四）建立文化队伍人才机制，加强农村文化队伍建设

1. 理顺体制机制，健全激励导向

借助机构改革契机，进一步理顺管理体制，由党委宣传部门把方向、管导向、搞协调服务，文化广电和旅游部门承担项目建设、活动开展等具体的文化职能职责。在乡镇（街道），设立乡镇、街道宣传文化信息服务中心（即综合文化站），进一步明确其工作岗位及职责，专职从事公共文化服务工作。在村和社区，探索选拔本土文化文艺骨干、乡村文化能人等担任村（社区）副职干部，专管专抓农村（社区）党的宣传工作和公共文化服务工作，占领农村意识形态领域工作阵地。同时，研究建立体现基层工作特点的文化人才评价标准，着力在乡镇（街道）及村文化骨干人员中培养一批专业技术人员，建立激励机制，从根本上解决公共文化服务工作人员职称低导致的工资待遇低的问题，稳定农村文化人才队伍。

2. 充实工作人员队伍，强化专业队伍

要通过公开招聘、专业人才引进等方法，将思想素质好、具有专业知识、业务能力强的人才充实到各级公共文化服务机构中来。同时注重对乡土文化能人的发掘和培养，让农民从自身群体中选拔出有文化、责任心强的骨干来负责文化活动。深入实施"阳光工程"文化志愿服务和"三区"人才支持计划，大力培育文化志愿者组织和文化志愿者，向基层选派专业骨干，提升基层群众自我服务能力。

3. 抓好业务培训，提升工作水平

州、县两级文化部门要制定培训计划，建立健全基层文化队伍培训制度，采取集中培训和基层指导相结合的办法，经常开展业务学习、培训、辅

导、调演、交流等活动,提高基层文化工作人员的政治和业务水平。实施好民族文化进校园工程,校园是传统文化的最佳传承地,把优秀的民族民间音乐、绘画、舞蹈、文学、传统手工艺等非物质文化遗产引进学校教学活动中,形成常态化,让学生们从小学习传统文化,认识民族文化,认同民族文化,为民族文化培养传承人奠定基础。

B.17
黔南州非物质文化遗产申报实践研究报告

杨继富　严翔宇　黄小娜　黄胜　辛均庚　王双宏　陈亚萍*

摘　要： 随着申遗工作的展开，经过各界的共同努力，黔南州在非物质文化遗产申报上取得了巨大的成就，国家级非遗项目14项，省级非遗项目58项，州级非遗49项，县级以上非遗300余项，非物质文化遗产资源总量居全省第二位。通过对黔南州申遗实践工作调查研究发现，黔南州在非物质文化遗产申报过程中面临许多困境，如申遗积极性仍欠缺，申遗工作缺乏正确的指，申遗成功后缺乏保护和利用，申遗管理工作缺乏相应的制度，申遗工作缺少一定的资金支持等。黔南州相关部门需通过激发各县市申遗热情，对各县市申报给予一定的指导，加强申遗管理体系的建设，加大对申遗单位资金的支持，加强机构和队伍建设，强化申遗工作基础，加大对非遗的保护与传承力度等措施来加强对本地区非遗的申报与保护。

关键词： 非物质文化遗产　民族文化　非遗申报　黔南州

---

* 杨继富，黔南民族师范学院讲师，研究方向为民族文化、民族教育；严翔宇，杭州师范大学讲师，研究方向为民族教育；黄小娜，黔南民族师范学院副教授，研究方向为民族教育；黄胜，黔南民族师范学院教授，研究方向为民族教育；辛均庚，黔南民族师范学院教授，研究方向为民族教育；王双宏，黔南民族师范学院教授，研究方向为民族教育；陈亚萍，黔南民族师范学院教授，研究方向为民族教育。

作为一个历史悠久的文明古国，我国拥有丰富多彩的非物质文化遗产，这些非物质文化遗产是我国各族人民在长期生产生活实践中创造的，它展现了中华民族的智慧与文明，对各民族情感纽带的联结和国家统一的维系做出了重要的贡献。随着社会经济、政治、文化的不断发展，原始的生活方式不断被人们放弃，而原始生活方式中所蕴含的民族文化和精神的非物质文化也逐渐消失于人们的视野，湮灭在了历史的边缘。[1] 非遗申报工作是对非物质文化遗产有效保护最重要的措施，也是对濒危的非物质文化遗产进行抢救的基础，对我国落实科学发展观，实现经济社会的全面、协调、可持续发展具有重要意义。

一 非物质文化遗产及申报相关内容

据联合国教科文组织的《保护非物质文化遗产公约》定义，非物质文化遗产指被各群体、团体、有时为个人所视为其文化遗产的各种实践、表演、表现形式、知识体系和技能及其有关的工具、实物、工艺品和文化场所。[2] 而《中华人民共和国非物质文化遗产法》在联合国教科文组织的《保护非物质文化遗产公约》定义的基础上，根据本国非物质文化遗产特点对非物质文化遗产做了进一步的规定，指出非物质文化遗产是各族人民世代相传并视为其文化遗产组成部分的各种传统文化表现形式，以及与传统文化表现形式相关的实物和场所，最大的特点是不脱离民族特殊的生活生产方式，是民族个性、民族审美习惯的"活"的显现。它依托于人本身而存在，以声音、形象和技艺为表现手段，并以身口相传为文化链而得以延续，是"活"的文化及其传统中最脆弱的部分。[3] 包括：传统口头文学以及作为其载体的语言；传统美术、（梅花篆字）书法、音乐、舞蹈、戏剧、曲艺和杂

---

[1] 王仲明：《关于非物质文化遗产保护的思考》，《四川省干部函授学院学报》2013年第2期，第1~2页。
[2] 沈平：《博物馆与非物质文化遗产保护》，北京博物馆学会学术会议，2007。
[3] 《我国非物质文化遗产的知识产权保护研究》，南京理工大学硕士学位论文，2012。

技；传统技艺、医药和历法；传统礼仪、节庆等民俗；传统体育和游艺；其他非物质文化遗产。

非物质文化遗产必须具有突出贡献的历史、文化和科学价值；具有展现广大人民群众文化创造力的典型性、代表性；具有在一定群体中世代传承、活态存在的特点；具有鲜明特色，在当地有较大影响等特点才能申报。申报材料包括申报报告、项目申报书、辅助资料、各街道办事处同意申报的函件等材料。项目申报书内容必须充实，表达准确，项目简介也必须简明扼要，重点突出；有录像片的，录像内容要突出项目核心、最重要的特征与价值、最关键的内容等。[1]

二 黔南州非物质文化遗产申报实践成果

贵州是少数民族的集散地，有49个少数民族在当地繁衍生息，在中国56个民族大家庭中占比高达87.5%。在数千年的历史长河中，侗、苗、白等多个少数民族在这片沃土上书写了灿烂的文化，大量物质的、非物质文化遗产都是先辈们智慧的结晶，当地独具特色的信仰、诗歌、音乐、舞蹈、服装、建筑构成了贵州历史悠久、灿烂丰富的民族民间文化资源，呈现底蕴丰富的民族特色和绚烂多姿的文化风貌，也成就了"文化千岛"的美誉。由此贵州成为自然资源的集中展现美地，更成为民族文化的精神所在。而黔南布依族苗族自治州是贵州省三个民族自治州之一，州内居住有汉、布依、苗、水、瑶、毛南、壮、侗、仡佬等43个民族，总人口420万人，其中少数民族人口占58%，同样在黔南大地上创造了丰富的物质和非物质文化资源。[2]

随着非物质文化遗产越来越受国内外的重视，申遗工作作为文化保护与

---

[1] 秦莹、阿本枝：《作为非物质文化遗产的南涧彝族"跳菜"》，《大理学院学报》2007年第6(5)期，第11~13页。

[2] 杨继富、黄小娜：《贵州少数民族传统文化德育性内容探究》，《中国民族博览》2016年第12期，第76~78页。

传承已被列为国家以及各省市的日程，为了响应国家对非物质文化遗产保护的号召，贵州省黔南布依族苗族自治州2012年8月26日在州文化馆成立了非物质文化遗产保护中心（黔南州文物管理保护研究所），这标志着黔南州从此有了正式的非物质文化遗产研究保护工作机构，将对促进全州非物质文化遗产工作、推进黔南非物质文化遗产发展具有重要意义。黔南州历史文化底蕴浓厚，非物质文化遗产资源非常丰富，非物质文化遗产保护中心的成立，对于进行整合资源，扎实做好全州的非物质文化遗产保护工作，更好地挖掘、传承黔南州非物质文化遗产，以及黔南州非物质文化遗产的保护具有重要意义。

随着申遗工作的展开，经过黔南州各界的共同努力，在非物质文化申报上取得了巨大的成就：国家级非遗项目14项，省级非遗项目58项，州级非遗49项，县级以上非遗300余项，非物质文化遗产资源总量居全省第二位；在黔南州300多项非物质文化遗产项目中，民间传统工艺占据了半壁江山。2011年以来，先后有"水族马尾绣""枫香染制作技艺""牙舟陶器烧制技艺""都匀毛尖茶制作技艺""布依族医药（益肝草秘方）""独山盐酸菜制作技艺""云雾贡茶手工制作技艺"等7项非遗项目被省文化厅公布为省级非物质文化遗产生产性保护示范基地；三都马尾绣、独山盐酸菜、平塘牙舟陶、惠水枫香染、都匀毛尖茶等被命名为贵州省特色文化产品。这些独具特色的民族传统工艺是黔南历史的积淀、民族的足迹，是黔南文化的"根"和"魂"，构成黔南宝贵历史文化资源的重要组成部分，是推动黔南发展不可多得的优势资源。

项目组成员对本州非物质文化申遗进行了研究，现将黔南州非物质文化遗产申报实践成果归结如下。

（一）黔南州国家级非物质文化遗产

2006年5月20日，黔南州首批国家级非物质文化遗产被国务院公布为首批国家级非物质文化遗产代表作名录，民俗类包含水书习俗（黔南州）、水族端节（三都县）；传统美术类包含水族马尾秀（三都县）；传统舞蹈类包含鼓龙、鼓虎、长衫龙（贵定县）。

2008年6月14日，国务院公布第二批国家级非物质文化遗产代表作名录，其中黔南州国家级非物质文化遗产：传统舞蹈类包含瑶族猴鼓舞（荔波县）、毛南族打猴舞（平塘县）；传统技艺类包含牙舟陶器制作技艺（平塘县）；传统音乐类包含好花红；传统戏剧包含独山花灯（独山县）。

2011年公布的第三批国家级非物质文化遗产名录，涵盖全国31个省、自治区、直辖市等区域（共计191项）和国家级非物质文化遗产名录扩展项目名录（共计164项），其中黔南州传统戏剧类布依族傩戏入选。

2014年7月16日，国务院文化部办公厅关于公示第四批国家级非物质文化遗产代表性项目名录推荐项目名单，其中黔南州传统医药类包含布依族医药益肝草秘方（贵定县）；传统技艺包含都匀毛尖茶制作技艺（都匀市）。传统美术类包含水族剪纸（黔南州）入选国家级非物质文化遗产代表性项目名录推荐项目名单。

（二）黔南州省级非物质文化遗产

1. 贵州省第一批省级非物质文化遗产

2005年12月，贵州省人民政府将"侗族萨玛节"等91个民族民间文化项目列为贵州省首批省级非物质文化遗产代表作名录。其中黔南州的民间信仰类（6个），黔南州包含独山愿灯（独山县）、布依族扫寨（都匀市）、仡佬族毛龙节（石阡县）、盘县地坪乡彝族毕摩祭祀文化（盘县）。岁时节令类（11个），黔南州包含清水江杀鱼节（福泉市）、水族端节（三都县）、水族卯节（三都县）。人生礼俗类（14个），黔南州包含水族婚俗（都匀市）。民间手工技艺类（17个），黔南州包含布依族土布制作、扎染工艺（罗甸县）、水族马尾绣（三都县）、牙舟陶器制作技艺（平塘县）。民间舞蹈类（15个），黔南州包含畲族粑槽舞（麻江县）、鼓龙鼓舞长杉龙（贵定县）、布依族"雯当姆"（荔波县）、瑶族打猎舞（荔波县）。民间知识类（2个），黔南州包含千户苗寨建筑工艺（雷山县）、中国水书——水族信仰记忆纲文化（黔南州）。戏曲类（8个），黔南州包含福泉阳戏（福泉市）

等入选贵州省第一批省级非物质文化遗产名录。

2. 贵州省第二批省级非物质文化遗产

在第二批省级非物质文化遗产代表作名录309中，经贵州省非物质文化遗产保护委员会专家委员会严格评审，省非物质文化遗产保护委员会审核，省人民政府同意将"苗族神话叙事歌《仰阿莎》"等202个民族民间文化项目列为贵州省第二批省级非物质文化遗产代表作名录，其中黔南州的民间文学（8个），黔南州包含苗族《古歌》（施秉县、普定县、龙里县）。民间音乐（24个），黔南州包含布依族民歌《好花红》（惠水县）、布依山歌十八调（贵定县）、绕家呃嘣（都匀市）。民间舞蹈（22个），黔南州包含苗族长鼓舞（贵定县）、毛南族打猴鼓舞（平塘县）、瑶族猴鼓舞（荔波县）、响蒿舞（独山县）、苗族夜乐舞（罗甸县）。传统戏剧（9个），黔南州包含花灯戏（独山县、福泉市）。曲艺（4个），黔南州包水族双歌（三都县）。杂技与竞技（8个），黔南州包含瑶族民间陀螺竞技（荔波县）。传统手工技艺（32个），黔南州包含苗族织锦（麻江县）、枫香染制作技艺（惠水县、麻江县）、长安布依族土布扎染制作技艺（惠水县）。传统医药（7个），黔南州包含布依族防治肝病益肝草秘方（贵定县）、水族医药（三都县）。民俗（82个），黔南州包含瑶族服饰（麻江县）、水族服饰（三都县）、水族婚礼（三都县）、仫佬年（麻江县）瑶族隔冬（麻江县）、新场苗族祭天神（都匀市）、"6.24"民族传统节——二郎歌会（福泉市）、水族祭祖（三都县）、畲族凤凰装（麻江县）等入选贵州省第二批省级非物质文化遗产名录。

3. 贵州省第三批省级非物质文化遗产

2009年9月30日，贵州省公布了第三批非物质文化遗产名录，共147项（220处），其中新增项目108项（145处），第一、二批省级扩展项目39项（75处）。传统音乐18项（27处），黔南州包含布依族吹打乐（关岭布依族苗族自治县、惠水县、水城县、兴仁县）。传统舞蹈13项（13处），黔南州包含水族铜鼓舞（三都水族自治县）、水族弦鼓舞（三都水族自治县）。传统体育、游艺与杂技13项（15处），黔南州包含苗族武术（麻江县）、布依族器乐演奏绝技（平塘县）。传统美术4项（5处），黔南州包含水族剪纸（都匀市）。传统技艺18项（25处），黔南州包含水族（九阡酒）酿酒技艺（三都水族自治县、荔波县）、都匀毛尖茶制作技艺（都匀市）、云雾贡茶手工制作技艺（贵定县）苗族酸汤鱼制作技艺（麻江县、凯里市）、独山盐酸菜制作技艺（独山县）、布依族糯食制作技艺（望谟县、贵定县）。民俗26项（43处），黔南州包含布依族"三月三"（望谟县、贞丰县、册亨县、开阳县、惠水县）、瑶族婚俗（麻江县）、水族敬霞节（三都水族自治县）。

4. 贵州省第四批省级非物质文化遗产

2015年1月，贵州省政府批准省文化厅确定的第四批省级非物质文化遗产代表性项目名录，共121项（140处），其中新增76项（78处），第一、二、三批省级扩展项目45项（62处）。传统音乐新增11项（11处），黔南州包含水族"夺咚"（都匀市）、布依族莫歌（独山县）。传统舞蹈新增9项（9处），黔南州包含苗族雷公舞（贵定县）。传统戏剧新增6项（6处），黔南州包含灯夹戏（瓮安县）。传统技艺新增21项（21处），黔南州包含水族银饰制作技艺（都匀市）、水族豆浆染制作技艺（三都水族自治县）、苗族谷蔺布制作技艺（惠水县）。传统医药新增4项（4处），黔南州包含胡三帖（贵定县）。民俗新增18项（19处），黔南州包含苗族跳洞——数邑（龙里县）、草塘火龙（瓮安县）、水族历法（三都水族自治县）。

第一、二、三批省级扩展项目45项（62处），其中黔南州包含水族石雕（荔波县）。传统医药扩展1项（1处），黔南州包含苗医药（骨髓骨伤药膏）（麻江县）。民俗扩展12项（20处），黔南州包含苗族服饰（贵阳市清镇市、息烽县、龙里县、贞丰县、晴隆县、普安县）。

5. 贵州省(含黔南州)第五批省级非物质文化遗产

为贯彻落实《关于实施中华优秀传统文化传承发展工程的意见》，努力推进黔南优秀文化遗产传承保护工作，按照全省统一部署，黔南州从2018年底精心组织并启动了第五批省级非物质文化遗产项目推荐申报工作。经过全州各级文化遗产保护部门近五个月的认真挖掘、整理并报州人民政府批准，共推荐50余项优秀项目参加全省评审。

2019年6月，在第五批省级非物质文化遗产代表性项目名录（共计152项174处）和省级非物质文化遗产代表性项目名录扩展项目名录（共计72项141处）中，新增项目152项（174处）中，民间文学12项（13处），黔南州共有38项（40处）列入公布名单，涉及民间文学、传统技艺、民俗等7个类别，公布数量名列全省前茅，申报工作取得显著成效。其中黔南州包括张三丰传说（福泉市）、水族古歌（三都水族自治县）两处。传统体育、游艺与杂技13项（14处），其中黔南州包括畲族武术（麻江县）、布依族耍猫叉（独山县）。传统技艺55项（70处），其中黔南州包括黄糕粑制作技艺（播州区、瓮安县）、布依族蓝靛染织技艺（都匀市）、匀酒酿造技艺（都匀市）、独山虾酸制作技艺（独山县）、手工制香技艺（独山县）、水族牛角雕制作技艺（三都水族自治县）、藤编技艺（平塘县、绥阳县）、苗族麻布制作技艺（福泉市）、刺梨干制作技艺（贵定县）、布依族酿酒技艺（荔波县）、瑶族树膏染技艺（荔波县）。民俗40项（43处），黔南州包括瑶年（麻江县）、苗族祭鼓节（麻江县）、基长迎龙习俗（独山县）、布依族"洒向"（罗甸县）、苗族冬年节（罗甸县）、苗族"系郎周"（龙里县）、布依族小年（三都水族自治县）、苗族"数格"祭祖节（龙里县、惠水县）、布依族"龙王节"（福泉市）、布依族固僦习俗（荔波县）、瑶族"过冬"（都匀市）。

扩展项目72项（141处），民间文学3项（5处），其中黔南州包括亚鲁王（望谟县、罗甸县）。传统音乐7项（11处），其中黔南州包括龙里苗族芦笙曲（龙里县）。传统舞蹈7项（13处），其中黔南州包括板凳舞［瑶族板凳舞（都匀市）］、猴鼓舞［苗族猴鼓舞（罗甸县）］。传统戏剧10项（27处），其中黔南州包括龙里太平花灯（龙里县）、灯夹戏（福泉市）。传统体育、游艺与杂技5项（7处），其中黔南州包括高台舞狮（开阳县、瓮安县）、民间棋艺［水族棋艺（三都水族自治县）］。传统技艺15项（33处），其中黔南州包括罗甸古法制糖技艺（罗甸县）。传统医药2项（9

处），其中黔南州包括痧症疗法（黔东南州民族医药研究院、从江县、黎平县）。民俗19项（25处），其中黔南州包括苗族跳月（龙里县）、苗族服饰（都匀市）。

（三）黔南州州级非物质文化遗产

1. 黔南州第二批州级文物保护单位（物质文化遗产）

按照《中华人民共和国文物保护法》《贵州省文物保护条例》的要求，进一步贯彻"保护为主、抢救第一、合理利用、加强管理"的工作方针，黔南州公布了第二批州级文物保护单位共计20处。古遗址（3处）包括龙里铁厂营盘遗址（清）、都匀码头遗址（公元前277年）、长顺金筑安抚司治遗址（明）。

古墓葬（1处）贵定安佩莲墓（清）。古建筑（4处）包括贵定菜篮桥（明）、荔波小七孔桥（清）、平塘云阳关石硐门（清）、龙里广济桥（明）。石窟寺及石刻（2处）包括平塘沙坪哑口摩崖（1957年）、罗甸总州安山摩崖（明）。近现代重要史迹及代表性建筑（10处）包括荔波茂兰红军烈士墓（1930年）、荔波县革命烈士陵园（1950~1951年）、罗甸中共蛮瓦支部遗址（1932年）、红军智取惠水县城牛场桥遗址（1935年）、龙里长寨红军宿营地遗址（1936年）、龙里官庄红军宿营地遗址（1935年）、龙里翠微山剿匪战斗遗址（1950年）、瓮安黄泥凼红军战斗遗址（1934年）、瓮安舒葆初烈士故居（1932年）、都匀城南毛泽东塑像（1967年）。

2. 黔南州第三批州级非物质文化遗产

为加强黔南州非物质文化遗产的抢救、保护、传承和利用工作，增强民族文化的认同感和社会凝聚力，根据《国务院办公厅关于加强我国非物质文化遗产保护工作的意见》（国办发〔2005〕18号）精神和《中华人民共和国非物质文化遗产法》的规定，2014年8月，经州人民政府同意，将"平塘布依族水龙节"等45个项目列为黔南州第三批州级非物质文化遗产代表作名录。

民俗类（15项）包括平塘布依族水龙节（平塘县）、广顺中元盛会

(长顺县)、布依族祭祖习俗(贵定县)、布依族"各桩"——砍典例(龙里县)、苗族跳洞——数邑(龙里县)、甚碧让(跳月)(龙里县)、海葩苗"呈罡"(情语)(龙里县)、草塘火龙(瓮安县)、水族历法(黔南州、三都县)、苗族服饰(黔南州)、苗族"四月八"(黔南州)、布依族"六月六"(黔南州)、苗族"牯葬"节(黔南州)、布依族端午节习俗(惠水县)、独山基长迎龙习俗(独山县)。

传统技艺类(13项)包括：匀酒酿造技艺(都匀市)、水族银饰制作技艺(都匀市)、益肝草凉茶(贵定县)、松花皮蛋制作技艺(瓮安县)、豌豆凉粉制作技艺(瓮安县)、黄粑制作技艺(瓮安县)、溇菜制作技艺(瓮安县)、黔南酸系列食品制作技艺(黔南州)、水族辣糟酸制作技艺(三都县)、水族石刻(黔南州、三都县)、苗族谷蔺布制作技艺(惠水县)、独山猪猫童鞋制作工艺(独山县)、独山拉钵土法制香技艺(独山县)。

传统音乐类(3项)包括：水族"夺咚"(都匀市)、麻尾布依山歌(独山县)、布依族莫歌(独山县)。

传统戏剧类(1项)包括：平定营灯夹戏(瓮安县)。

传统舞蹈类(5项)包括：苗族牵羊舞(长顺县)、苗族拦凶舞(长顺县)、苗族花棍舞(罗甸县)、苗族巫舞——雷公舞(贵定县)、苗族跳月(三都县)。

传统体育类(2项)包括：高台舞狮(瓮安县)、水族赛马(黔南州)。

民间文学类(3项)包括：白苗古歌(贵定县)、布依族甲金的故事(黔南州)、水族古歌(三都县)。

传统医药类(3项)包括：胡三帖(贵定县)、苗药(妇科)(黔南州)叶咔香秘方(黔南州)。

3.黔南州第四批州级非物质文化遗产

为加强黔南州非物质文化遗产的抢救、保护、传承和利用工作，弘扬黔南优秀民族民间文化，增强民族文化的认同感和社会凝聚力，根据《国务院办公厅关于加强我国非物质文化遗产保护工作的意见》(国办发〔2005〕18号)和《中华人民共和国非物质文化遗产法》有关要求，2019年3月，经州人民政府研究，同意将《古法制糖技艺》等57个（57项60处）项目列为黔南州第四批州级非物质文化遗产代表作名录。

传统技艺类（22项24处）包括：红糖制作技艺（荔波县、罗甸县）、翁贵豆腐制作技艺（长顺县）、布依族酿酒技艺（荔波县、罗甸县）、布依族布艺（荔波县）、瑶族树膏染制作技艺（荔波县）、香藤粑制作技艺（独山县）、米粉制作技艺（独山县）、虾酸制作技艺（独山县）、夏黑子·坛子鱼制作技艺（平塘县）、豆油皮制作技艺（平塘县）、泡糟酒酿制技艺（平塘县）、藤编技艺（平塘县）、龙里石雕（龙里县）、冲冲糕制作技艺（都匀市）、布依族蓝靛染织技艺（都匀市）、苗族谷蔺锦制作技艺（惠水县）、王卡酸汤豆腐制作技艺（福泉市）、苗族麻布制作技艺（福泉市）、布依革兜牛肉粉窖藏牛汤制作技艺（福泉市）、荞灰豆腐制作技艺（罗甸县）、刺梨干制作技艺（贵定县）、水族牛角雕（三都县）。

传统体育类（3项）包括：布依族猫叉（独山县）、福泉三丰太极拳（福泉市）、水族棋艺（三都县）。

传统舞蹈类（2项）包括：瑶族板凳舞（都匀市）、苗族猴鼓舞（罗甸县）。

传统戏剧类（5项）：花灯戏（龙里太平花灯）（龙里县）、天生桥灯夹戏（福泉市）、五通戏（福泉市）、张家院傩戏（长顺县）、花灯戏（长顺翁贵花灯）（长顺县）。

传统音乐类（4项）包括：布依族笔管歌（荔波县）、芦笙乐（苗族芦笙曲）（龙里县）、布依族古歌（惠水县）、布依族里勒（罗甸县）。

传统医药类（5项）包括：苗族中草医（都匀市）、杨氏化石散（都匀市）、苗医药·火功疗法（龙里县）、毛南香囊（平塘县）、禅渗骨药酒（独山县）。

民俗类（14项15处）包括：瑶族凿壁谈婚（荔波县）、青瑶洞葬习俗（荔波县）、布依族"固偬"习俗（荔波县）、布依族四月八习俗（独山县）、苗族"系郎周"（龙里县）、苗族"数格"节（龙里县、惠水县）、苗族冬年节（罗甸县）、布依族"洒向"（罗甸县）、苗族服饰（都匀市）、瑶族过冬（都匀市）、凤山畲族三月三（福泉市）、布依族龙王节（福泉市）、布依族小年（三都县）、布依族"三月三"（长顺县）。

民间文学类（2项）包括：榜郎长歌（惠水县）、亚鲁王（罗甸县）。

三 黔南州非物质文化申报困境分析

经过近10年的努力，黔南州共建立了10个类别300多个项目的国家、省、州、县四级非物质文化遗产名录申报保护体系，并获得国家级非物质文化遗产名录14项、省级名录72项、州级名录121项、县级名录300多项，国家级传承人9人、省级传承人46人、州级144人、县级以上1000余人，非物质文化遗产资源总量和传承人队伍已位居全省前列。不过通过对黔南州申遗实践工作调查研究发现，黔南州在非物质文化申报过程中也面临许多困境，如申遗积极性仍欠缺、申遗工作缺乏正确的指导、申遗成功后缺乏保护和利用、申遗管理工作缺乏相应的制度、申遗工作缺少一定的资金支持等问题，具体表现在以下几个方面。

（一）申遗积极性仍欠缺

非物质文化遗产是人类的无形精神文化财富，是一个民族精神、情感、历史、个性、气质、凝聚力和向心力的重要体现。保护和弘扬优秀中华民族的非物质文化遗产，有利于我国社会主义核心价值体系的建设和和谐社会的构建。[①] 因此申遗工作对于黔南地区意义重大，应该引起黔南州社会各界的重视，相关部门应调动社会各界成员的积极性，为黔南州申遗工作做出应有的贡献。但调查研究发现部分单位对申遗工作积极性不高，认为申遗工作与自身无关，申遗工作是各县市文物管理保护研究中心的事，或者各县市文物管理保护研究中心接到申遗通知文件时也只是应付差事，随便找一些当地自认为是非物质文化遗产的进行填写申报，甚至由于申遗工作需要有一定的资

---

① 魏俊玲、朱明霞：《论中国传统文化的传承与保护》，《人民论坛》2013年第20期。

金作保障,而缺乏相应的资金支持,工作人员的积极性也不高等情况,申遗工作还没有完全引起社会各界的重视。

另外,有些政府工作部门认为申遗等于找了国家级、省级或者州级的"紧箍咒",不利于大规模的旅游开发建设,因此造成申遗积极性不高。众所周知,设立遗产名录的目的,就是更好地保护,从更高层面保护这片净土,对得起以往的守护努力,更为孙子后代留下宝贵的文化遗产。非遗是人类共有的财富,对其实施更好的保护,体现的是对人类文明的共同担当。因而,要实现更好的保护,除了政府要加倍努力外,还需要依靠州内外合作与全州民间"总动员",凝心聚力,形成合力,丢掉把"非遗"项目当"摇钱树"的功利思想,多研究如何调动社会各界人员的积极性,合力保护自然文化遗产的有效措施,真正让"申遗是为了更好地保护"在全社会形成共识,并转化为支持保护的自觉行动。

(二)申遗工作缺乏正确的指导

申遗工作中有关申遗的申报条件、申遗材料的准备以及申遗的各项要求都有一定的要求,调查研究发现,许多县(市)区申遗中心对此缺乏一定的经验。比如什么样的非物质文化遗产具有重要的社会价值值得申遗;自己负责的县市区哪些非物质文化遗产符合申遗条件;非物质文化遗产申遗应该准备哪些材料;申遗具体程序是什么;申遗成功后应该怎么做等问题,各县市区负责申遗的单位对此缺少科学理论指导。

在对黔南州文物管理保护研究所工作人员访谈时了解到,黔南州在非遗文化申报过程中缺少明确的计划和目标,州文物管理保护研究对每一年的申遗工作并没有详细的计划和安排,申报过程一般是接到申报文件后,确定申报项目,完成申报书和申报视频,组织专家评审,上报省厅再评,国家级的由省厅上报国家非遗司评审。具体申报材料就只有项目申报书(含申报视频),州里一般也不会指定各县市具体申报具体的项目,造成各县市申请非遗缺乏明确的目标和正确的指导,申遗工作成功率因此降低。

（三）申遗成功后缺乏保护和利用

申遗是为了促进遗产的保护和利用，需要按照标准去落实本体保护和文物环境整治保护工作，尽可能多地保护遗产的完整性和原真性。申遗不仅对保护有推动作用，而且对展示、管理等工作有整体的推动。保护为主、抢救第一、合理利用、加强管理，这是我国的文物工作方针，也是申报非遗的根本意义。①

但调查研究发现，黔南州个别地方成功申遗后出现了只知道利用而缺乏保护的工作。例如，成功申遗后，借助非物质文化遗产的名气大力开发旅游项目，对非物质文化遗产进行包装、改装，使原本具有民族气息的非物质文化遗产失去原有的民族精神和气息，或者对申遗成功后的非物质文化遗产进行过度保护，将其陈列在博物馆等，缺乏对非物质文化遗产的利用，从而影响了其内在民族精神的传播等。因此我们要吸取教训，不能为了申遗而申遗，申遗过程中和申遗成功之后，都要把非物质文化的保护工作、利用工作做好，使其在当地的经济、社会、文化发展及民生水平提高中发挥其不可替代的作用。

（四）申遗管理工作缺乏相应的制度

申遗管理在申遗过程中是一项非常重要的工作，它对申遗过程开展有序、申遗后非物质文化遗产材料整理存档、申遗成功后对非物质文化遗产如何传承和保护等有着至关重要的作用。

调查研究发现，有关申遗管理工作相关制度少之又少，甚至某些县区文物管理保护研究中心对申遗管理制度没有形成相应的文件，只是靠经验或者约定俗成的规则进行管理，所以致使在调查的过程中找不到相应的文件供调查人员参考。申遗工作是一项庞大的工程，各个环节都需要有相关人员的管

---

① 陈建华：《中国文化线路申报世界遗产策略研究——基于对文化线路申报世界遗产典型案例研究》，湖南师范大学硕士学位论文，2014。

理，这样才能促使申遗工作顺利进行。比如申报文、申报项目书、申报计划、申报总结等相关资料都需要归档并有相应的管理制度来进行管理，方便以后申遗工作的进一步开展。

（五）申遗工作缺少一定的资金支持

申遗工作需要大量的资金作支持，特别是申遗成功后，没有大量的资金注入，许多非物质文化遗产的保护将要受到很大的影响。比如申遗前资料的筹备，工作人员的差旅费，专家的指导费，申遗成功后传承人的培养费、培训费等将是一项很大的开支，如果没有雄厚的资金做后盾，申遗的工作就将难以展开。

调查研究发现，不管是黔南州文物管理保护研究所，还是黔南州各县区文物管理保护研究中心在申遗资金方面都缺乏一定的支持。在调研中，我们所到地区反映强烈的一个问题，就是经费投入不足，尤其是一些基层县市区，由于缺少专项经费，无法添置必备的电脑、照相机、摄像机等，普查工作难以进行，代表性传承人的扶持和资助也难以落到实处。本身贵州省处于全国经济相对落后地区，如果申遗工作在资金方面难以得到保障，势必给申遗的工作带来一定的困难。如：申遗工作人员积极性不高、申遗的非物质文化遗产缺乏资金进行管理等。因此，中央以及地方各级财政应该加大申遗工作资金方面的支持，促进申遗工作的进一步展开。

四 黔南州非物质文化申报路径分析

（一）激发各县市申遗热情

非物质文化遗产是全人类的共同财富，它关系一个民族的文化与精神的传承，较之有形遗产而言，如指间之沙，稍有不慎，就会流失于指缝。非物质文化遗产，作为中华民族传统文化重要的组成部分，从某种意义上来讲，它记录着中华民族生息繁衍的历史，凝结着中华民族的精神。特别是那些

历史上没有自己的语言文字，或是创立较晚的众多少数民族，他们的历史，则是在创世神话中表述，在民间传说中记载，在群众口头上流传。民族传统文化乃是各民族依存的前提，传统文化的消失，便意味着一个民族的解体。对非物质文化遗产的抢救、保护、传承、发展是我们民族处在大的社会转型期所面临的重要而又急迫的问题，因为这些文化消失后就不可再生。对此，我们应激发各县市申遗热情，促使各县市了解申遗的重要性，并采取相应的保护性措施。

（二）对各县市申报给予一定的指导

申遗工作是一项大工程，在申遗的过程中遇到的问题众多。如什么样的非物质文化遗产有重要的价值，值得申遗并加以保护；申遗资料如何筹备并确保申遗成功；申遗成功后如何加以宣传与保护等问题，需要在相关部门和相关专家的指引下进行。因此，州文物管理保护研究所以及各县区文物管理保护研究中心应定期对申遗工作人员加以培训，以点带面针对各县市区的申遗工作在理论上、技术上加以专门的引领与指导，以确保申遗目标明确、申遗材料准备到位、申遗成功后保护有力等。相关政府部门应加大对非物质文化遗产专业人才的引进力度，形成相关的团队对本地非物质文化进行研究，并打造本地特色非物质文化遗产，加大本地非物质文化遗产的影响力。通过专业团队的塑造与指导，各县市区的非物质文化遗产脱颖而出，进一步提高申遗的成功率。

（三）加强申遗管理体系的建设

申遗管理制度对申遗相关人员如何开展申遗工作有一定的提示和指导，对实现申遗工作程序的规范化、岗位责任的法规化、管理方法的科学化，起着重大作用。因此，州文物管理保护研究所以及各县区文物管理保护研究中心应制定相应的申遗管理制度，如申遗条件规定、申遗程序规定、申遗管理规定、申遗后保护措施规定等，以便申遗工作的顺利展开以及保障申遗工作有法可依、有法必依。申遗制度的制定必须以国家和省所颁布的申遗制度的有关政策、法律、法令为依据，这样才能保证黔南州申遗制度的有效性，并且申遗制度在以国家和省所颁布的申遗制度的有关政策、法律、法令为依据的基础上因地制宜，为黔南州的申遗工作提供更完备更适合的申遗制度。

（四）加大对申遗单位资金的支持

申遗工作繁杂，需要一定的物力人力支持，如果缺乏资金的支持，申遗工作将举步维艰。申遗工作对于黔南州非物质文化遗产的保护和传承具有重大价值和意义，是黔南州非物质文化遗产得以传承和保护的最有利的途径。为此，各级政府和有关部门应加大经费投入，将保护经费列入年度财政预算，以保障此项工作的正常进行。同时应多渠道筹集资金，既要争取上级的资金支持，也要吸纳企业和社会团体的赞助，还可考虑从与民俗文化有关的经济收入中提取适当比例，作为非物质文化遗产保护与发展基金。目前，一些省、区、市已加大了对非物质文化遗产保护的资金投入，如浙江省"十一五"期间，省财政每年安排1500万元的抢救保护专项资金，每年安排8200万元基层文化建设专项资金，充分体现了该省对非物质文化遗产保护的重视。黔南州也应像浙江省一样加大对州文物管理保护研究所以及各县区文物管理保护研究中心资金的支持力度，为非遗申报工作顺利的展开提供物质保障。

（五）加强机构和队伍建设，强化申遗工作基础

机构和队伍建设是非物质文化遗产申报工作的关键环节。目前，虽然我国绝大部分省区市均已成立了非物质文化遗产保护中心、专家委员会等，但基层组织机构仍很薄弱，相当一部分市县级申遗工作机构尚未建立或健全，许多地方尚没有专门工作人员，申遗力量明显不足，工作无法正常开展。此外，不少工作人员的素质和能力还不能适应申遗工作的需要。

要有效、有序地开展非物质文化遗产的申报工作，机构和队伍不可缺少。只有健全州、市、县三级责任明确、运转协调的工作机制，分级负责，

层层落实，才能使这项工作正常开展；只有拥有一大批具有专业素养和工作能力的从业人员，申遗工作才能落到实处。

（六）加大对非遗的保护与传承

进入21世纪以来，随着综合国力的不断增强，我国政府把非物质文化遗产保护工作纳入重要议事日程，给予了高度重视。2003年初，文化部、财政部联合国家民委、中国文联共同启动实施中国民族民间文化保护工程，计划到2020年，初步构建起比较完备的非物质文化保护体系，基本实现保护工作的科学化、规范化和制度化。2005年3月，国务院办公厅颁发《关于加强我国非物质文化遗产保护工作的意见》，确立了保护非物质文化遗产的方针和原则，对保护工作的任务、目标、要求和措施等提出了指导性意见。2005年6月，中央宣传部、文化部等五部委联合下发《关于运用传统节日弘扬民族文化的优秀传统的意见》。同年12月，国务院又颁发了《关于加强文化遗产保护工作的通知》，决定自2006年起，每年六月的第二个星期六为我国的"文化遗产日"。这一系列文件的出台，表明非物质文化遗产保护工作已经成为政府工作的重要内容。

因此，为了确保非物质文化遗产特别是申遗成功后的非物质文化遗产不被失传或破坏，在遵守国家制定的非物质文化遗产保护相关制度时，黔南州相关政府部门也应制定相关的保护制度和传承制度，并健全和完善非遗保护工作机构。相关部门可以借鉴其他民族地区、兄弟省区的做法，结合黔南州非遗保护工作的实际，独立设置自治区非遗保护中心，并建立市（地）、县非遗保护专门机构，配置专职工作人员，真正实现工作职责与实施力量相匹配。

参考文献

王仲明：《关于非物质文化遗产保护的思考》，《四川省干部函授学院学报》2013年第2期。

沈平：《博物馆与非物质文化遗产保护》，北京博物馆学会学术会议，2007。

沈愿：《我国非物质文化遗产的知识产权保护研究》，西南大学硕士学位论文，2010。

秦莹、阿本枝：《作为非物质文化遗产的南涧彝族"跳菜"》，《大理学院学报》2007年第5期。

杨继富、黄小娜：《贵州少数民族传统文化德育性内容探究》，《中国民族博览》2016年第12期。

魏俊玲、朱明霞：《论中国传统文化的传承与保护》，《人民论坛》2013年第20期。

陈建华：《中国文化线路申报世界遗产策略研究——基于对文化线路申报世界遗产典型案例研究》，湖南师范大学硕士学位论文，2014。

附录
Appendix

B.18
黔南州文化发展大事记[*]

李泽军[**]

2015年1月30日,"中国梦——生态之州·美丽黔南"森林与生态摄影、文学作品征集大赛评选结果揭晓,100件摄影作品分获森林风光类、森林动植物写真类、森林之花类一、二、三等奖和优秀奖。32件文学作品分获诗歌类、散文辞赋类、纪实文学类一、二、三等奖和优秀奖。作品以不同形式反映了全州生态文明建设、生态文化建设、林业发展、人与自然和谐相处等内容。

2015年2月16日,由贵州出版集团贵州科级出版社出版的黔南民族医学专著《黔南本草》出版,《黔南本草》是贵州省"十二五"重大课题项目,获得贵州省出版发展专项资金资助,由从医30多年,有丰富临床经验,

---

[*] 根据《黔南年鉴》整理。
[**] 李泽军,黔南州社科联见习生。

善治骨伤蛇伤及中医内科外科妇科等疾病的黔南州民族医药协会会长、苗族草医司有奇主编的一部民族医学专著，分上、下两册，共收录中草药2031种，近百万字，配彩图1800幅。所载各种中草药编目，采用现代动、植物分类学的界、门、纲、目、科、属、种分科属编排，每种中草药的叙述内容分别包括正名、异名、图片、来源、植物形态、生境分布、性味、功能、主治、用量与用法、附方等项目，便于检索，是难得一见的本土医学资料书籍。有不少药物是贵州历代草本书籍未记载的新品种，有的是受国家保护的一、二类珍稀植物，填补了贵州中草药资源记载的空白。

2015年4月8日，2015年全国茶叶区域公共品牌价值评估工作在浙江新昌落下帷幕，都匀毛尖以20.71亿元的品牌价值荣膺中国茶叶区域公用品牌价值第13名，被评为中国"最具品牌发展力品牌"，是贵州省唯一入选中国前20强的茶叶品牌。都匀毛尖品牌价值较上一年的13.78亿元，增长了6.93亿元，增幅为50.29%，排名由2014年的第24位提升到第13位，综合排名提升了11个位次，这是黔南州茶产业发展的一次历史性突破。

2015年4月28日，全国城市党刊引领新常态凝聚正能量研讨暨第24届年会在黔西南州兴义市召开，在全国参评的200多家城市党刊中，《今日黔南》被评为"全国城市优秀党刊"，这是《今日黔南》创刊以来首次获得的全国性殊荣。

2015年5月15日，第九届茅盾文学奖参评作品目录在中国作家网公示，著名作家贾平凹的《老生》、严歌苓的《耶路撒冷》等252部作品入围，黔南日报摄影创作室负责人、作家山峰的长篇小说《黔上听香：在最美的地方遇见你》名列其中。这是黔南暨作家首次入围这一国家级文学大奖。

2015年5月18日晚，贵州首届春茶斗茶大赛在贵阳落下帷幕，先后经推选、理化指标与安全指标检测、专家评审、现场评审和综合评审等环节评比，五大新"茶王"从1300多只茶样中脱颖而出。黔南本次送评10多只茶样，除都匀毛尖茶品牌没有参评外，贵定云雾贡茶等品牌参加了角逐，并获得5个奖项的好成绩。其中，由贵州经典云雾茶叶有限公司选送的贵定云雾贡茶手工绿茶获手工茶类金奖"茶王",贵定县品御春云雾贡茶农民专业合作社选送的贵定云雾贡茶手工绿茶获手工茶优质奖,平塘县润峰农业科技开发有限公司选送的白茶获白叶茶类优质奖,平塘县新光村农民种植专业合作社选送的绿茶获绿茶类优质奖,罗甸上隆茶场选送的红茶获红茶类优质奖。

2015年5月15~18日,黔南州代表贵州省组织省内10家茶叶企业参加了由中国茶叶流通协会、上海市商业联合会、杭州茶叶研究院主办,上海茶叶行协会执行主办的2015中国上海国际茶叶博览会。博览会同期举办了中国名茶荣获世博金奖100周年纪念大会,大会以"百年荣耀中国茶,再创辉煌新出发"为主题,通过活动的开展再次回眸中国茶百年金奖、荣耀百年的同时,也为振兴中国茶业的新目标、新出发助威呐喊。

2015年5月22~28日,由广州市委宣传部、广州日报报业集团、黔南州委宣传部、黔南日报社、黔南州新闻工作者协会联合主办的百家媒体"乘高铁、品毛尖、看黔南"大型采访报道活动,经过一周的采访拍摄,于5月28日在都匀结束采访行程。来自珠三角地区及港澳地区的百名媒体记者、微博博主,先后在州内三都、荔波、瓮安、贵定、都匀、都匀经济开发区等地开展采访报道活动,重点对黔南生态文明建设、"一圈两翼"发展战略、"都匀毛尖·世博名茶""两高"经济带建设、民族生态旅游等进行深度采访。

2015年6月10日,"马尾绣·都匀毛尖相约百年"走遍中国大型采访活动启动。"走遍中国寻找名马马尾"寻访组整装出发。此次活动,黔南日报社与杭州三哈文化创意有限公司联手合作,分兵数路,摄制组、专家学者及黔南日报记者全程互动,奔赴新疆、内蒙古、青海、甘肃、河南、云南、贵州等中国名马产地,寻找三河马、河曲马、伊犁马、哈萨克马、云南马等。活动每选取一份马尾,均需配有视频、图片、解说等资料,并在报纸开设栏目刊发图文并茂的系列新闻报道,让更多人士了解马尾绣,认识都匀毛尖世博名茶,提升"生态之州,幸福黔南"整体形象。

2015年6月19日上午,为期4天的2015北京国家茶叶展在北京展览馆和马连道中国茶叶第一街开幕,黔南州组团参加这次茶叶盛会。

2015年6月,由都匀毛尖世博名茶百年品牌推介活动组委会主办、黔南州茶叶协会承办的都匀毛尖茶仙子国际选拔大赛启动,大赛在北京、上海、广州、贵阳进行四场海选,吸引了千余名国内外佳丽报名参赛,经过复赛、半决赛,从千名选手中选出十位进入总决赛。

2015年7月中旬,贵州省人民政府公布第五批省级文物保护单位名单,全州有国家级文物保护单位4家(含福泉古城墙、福泉葛镜桥、惠水仙人桥洞葬、三都荔波水族墓群),省级文物保护单位50家,县级文物保护单位307家,在贵州省甚至全国都属于文物大州。此次全州新列入省级文物保护单位的有:独山深河桥抗战旧址、三都怎雷村古建筑群、三都都江厅古城墙、惠水孔庙、长顺青山黄氏节孝坊、惠水大龙岩画、龙里巫山岩画、三都恒丰小伟旧址、瓮安桐梓坡农会和游击队旧址、福泉沙坪火车站旧址、三都大寨墓群、龙里果里岩洞葬。

2015年8月17日,由省文化厅颁发的黔南首家"文艺人才培训交流中心培训基地"在平塘授牌成立。

2015年8月26日,为加大都匀毛尖茶品牌的宣传力度,借助高端平台进行展示,经州委宣传部、州委外宣办邀请,中央电视台四套《走遍中国》摄制组走进黔南,拍摄的《茶中珍品都匀毛尖》专题片,是日晚八时在中央电视台四套《走遍中国》播出。

2015年9月21~25日,全省"一会一活动"在都匀举行,平塘县为庆祝这一喜庆日子,制作了4个牙舟陶大茶壶,运抵都匀,在盛会上参展。这个大茶壶是根据牙舟陶老茶壶放大100倍来做的,这是600多年历史以来牙舟陶最大的茶壶。

2015年9月23日,由贵州省人民政府、中国茶叶流通协会主办,黔南州人民政府、贵州省农委承办,以"绿色发展·传承跨越"为主题的"都匀毛尖世博名茶百年品牌推介活动"在都匀市中国茶文化博览园举行。十一届全国政协副主席李金华出席活动,并为"马尾绣都匀毛尖百年世博纪念徽章绣品"揭幕。贵州省委书记、省长陈敏尔出席并颁奖,全国政协常委、副秘书长、民革中央副主席何丕洁出席。推介活动上，国家质检总局有关负责人宣读了《关于同意筹建国家地理标志产品保护示范区（都匀毛尖茶）的通知》。上海大世界基尼斯理事会总部现场颁发了"都匀毛尖获1915年巴拿马万国博览会金奖马尾绣纪念徽章"基尼斯纪录证书。

2015年10月由中华茶奥会组委会联合全国重点及特色产茶县政府共同主办的"中华茶奥会·茶奥秘使周游记"系列宣传推介活动，于2015年10月21~22日在"中国毛尖茶都"—都匀举行。

2015年11月3~10日，"生态之州、幸福黔南·黔南布依族苗族自治州60周年成就展"在北京民族文化宫隆重举行。中共中央政治局委员、中央书记处书记、中央办公厅主任、中央直属机关工委书记栗战书，全国政协副主席、国家民委主任王正伟等领导观看了展览并作出批示。原国务委员戴秉国，全国政协原副主席李金华等领导出席开幕式。这次展览通过视频、新老图片、数据对比等，展现黔南州各族人民开拓进取、和谐相处的精神风貌和经济社会发展取得的经验和成就。展览期间还举办了都匀毛尖茶文化发展论坛、绿色生态与大健康发展论坛、原生态民族文化发展论坛、"十三五"创新发展论坛等系列活动。

2015年11月4日，《都匀毛尖引领黔茶出山》——中国茶产业发展电视讨论在北京民族文化宫举行。专家学者从"毛尖飘香""茶之产业""茶之趋势""茶之未来"四个层面进行了深入探讨。

2015年11月8日，中央政治局委员、中央书记处书记、中央办公厅主任栗战书视察黔南州60周年成就展现场时，对参加都匀毛尖茶艺展演的黔南职院茶仙子精湛的茶艺表演给予了高度的评价。

2015年12月12日，"2015年中国品牌价值评价信息发布暨论坛"公布中国地理标志产品品牌价值评价结果，都匀毛尖茶以181亿元的品牌价值，首度跻身中国最具品牌价值地理标志产品前50名，在茶叶类地理标志产品中位列第二。

2015年12月21~24日，贵州省第十二届"杜鹃书荟"曲艺大赛在都匀市举办。此届"杜鹃书荟"曲艺大赛由贵州省文学艺术界联合会、贵州省文化厅、中共黔南州委、黔南州人民政府主办,贵州省曲艺家协会、黔南州文化广电新闻出版局、黔南州文学艺术界联合会、黔南州戏剧曲艺家协会承办。著名谐剧艺术家、国家一级演员凌宗魁,著名评书艺术家、国家一级演员刘朝等曲艺艺术家到颁奖晚会并现场表演。黔南州代表队选送的贵州灯词《改路》、毕节代表队选送的彝族月琴弹唱《鸡蛋的故事》荣获曲艺大赛一等奖。

2015年12月23日,巴拿马太平洋万国博览会百年庆颁奖晚会在拉斯维加斯凯撒皇宫隆重举行,黔南州"都匀毛尖"荣获美国巴拿马太平洋万国博览会百年庆"特别金奖"。此次庆典美国内华达州政府、加利福尼亚州政府以及拉斯维加斯市政府支持主办,由1915~2015年美国巴拿马万国博览会100周年庆典暨精品回顾展组委会承办,黔南州政府应邀组织代表团出席此次精品展。

2016年1月2日,由全国红色旅游工作协调小组办公室组织的"红色景区中国万里行"摄制组一行来到荔波县开展红色旅游经典景区视频数据采集工作。这次"红色景区中国万里行"数据采集将为发展荔波红色旅游、促进荔波经济社会发展提供重要参考,所采集的素材还将制成专题片,适时在央视纪录片频道播出。建立的红色景区数据库,为推动荔波红色旅游事业发展提供有力的数据支持和服务保障。

2016年3月1日,首届"都匀毛尖·平塘甲茶"祭茶圣暨"贵州春茶第一壶"首采仪式在平塘县克度镇光明茶场举行。活动邀请到贵州省茶办基地组组长严家斌,贵州省茶叶学会理事长龙明树、秘书长郑文佳、副秘书长刘晓霞,贵州省茶文化研究会副会长兼秘书长梁正、副秘书长刘建勇,贵阳市农委茶办主任龚静、副主任刘源等来自贵阳、遵义的领导嘉宾及企业负责人出席活动。同时,邀请到中国经济网、中国新闻社、南方卫视、西安晚报、《广州日报》、新浪网、腾讯网、贵州电视台、当代贵州、黔南日报社、黔南广播电视台、黔南热线等20多家新闻媒体记者到场参观并作采访报道。

2016年3月由贵州省委宣传部、省文联举办的第六届贵州省文艺奖颁奖仪式在贵阳举行,黔南州有三个(类)节目获奖,由都匀市文化馆(原

都匀市歌舞剧团）创作的花灯说唱《茶乡梦》获第六届贵州省文艺奖曲艺类一等奖；音乐话剧《我是杨刚》获第六届贵州省文艺奖曲戏剧类二等奖。三都县创作的音乐舞剧《水家人》获第六届贵州省文艺奖舞蹈类三等奖。

2016年3月7~8日，中国国际茶文化研究会副会长沈立江率中国国际茶文化研究会专家组，对都匀毛尖茶产业进行了为期两天的调研。

2016年4月5日，在2016年中国"都匀毛尖茶"国际体育舞蹈公开赛（贵州·黔南站）暨贵州省体育舞蹈锦标赛即将在都匀市举行之际，参加锦标赛并已抵达黔南州的俄罗斯、德国、意大利、英国、丹麦、芬兰、匈牙利等10多个国家的100多名运动员、裁判员到三都县姑鲁景区，与当地200余名舞蹈演员一道，进行了一场以"相约三都·世界共舞"为主题的演出。

2016年4月9~10日，2016年中国"都匀毛尖茶"国际体育舞蹈公开赛暨贵州省体育舞蹈锦标赛在都匀市举行。这次活动由中国体育舞蹈联合会（CDSF）、省体育局、州政府主办，州体育局和都匀市政府承办，省体育彩票管理中心、黔南民族师范学院、三都县、州体育总会体育舞蹈协会协办。来自俄罗斯、意大利、英国、德国等12个国家运动员和国内运动员4000多人参加比赛。

2016年4月12日，全国茶叶区域公共品牌价值评估工作在浙江新昌落下帷幕，都匀毛尖以23.54亿元的品牌价值荣膺中国茶叶区域公用品牌价值第12名，连续两年被评为中国"最具品牌发展力品牌"，成为2016年度最具品牌发展力的三大品牌之一，是贵州省唯一连续两年入选中国前20强的茶叶品牌。

2016年4月23日，在贵阳举行的第36届全国最佳邮票评选颁奖大会上，贵州省副省长慕德贵、中华全国集邮联合会会长杨利民分别手捧用国家级非物质文化遗产——平塘牙舟陶制作成的奖杯，为获奖者颁发最佳邮票奖。这次评选活动产生的最佳邮票奖、优秀邮票奖、最佳设计奖、最佳印刷奖四个大奖的奖杯均使用平塘牙舟陶制作。

2016年5月15日，由中央电视台记录频道负责摄制的大型系列文献纪录片《丰碑与记忆——长征中的会议》的拍摄组一行到瓮安江界河强渡乌江战斗遗址和猴场会议会址拍摄红色文化。

2016年6月18日,由中宣部、国家新闻出版广电总局联合指导,中央电视台负责摄制的大型文献纪录片《长征》摄制组到瓮安猴场会议会址和红军抢渡乌江战斗遗址等地取景拍摄。

2016年6月23日,黔南布依族苗族自治州十三届人大常委会第三十二次会议通过关于《将水书申报〈世界记忆遗产名录〉的议案》的决议,其中要求水书力争2017年成功申报《世界记忆亚太地区名录》后,再申报《世界记忆遗产名录》。

2016年6月16日,由贵州省民族民间文化保护促进会、黔南州政府、黔南州文广新局共同组织的黔南州"刺藜花红"合唱团表演的黔南绕家大歌在俄罗斯索契举办的第九届世界合唱比赛第二阶段比赛中的c28组有表演性民谣冠军决赛中以88.88分的高分获得金奖。这是继贵州黎平侗族大歌在2008年德国格拉茨参加的第五届世界合唱比赛获得金奖之后的又一次精彩的贵州"好声音"的亮相和展现。

2016年6月26~29日,三都县《中国水书国际编码提案》字库审定工作圆满结束。这次《中国水书国际编码提案》字库审定工作由三都县水书办、三都县民研所及荔波县档案局一起在县水书办集中办公完成。字库已上交山东潍坊北大青岛华光照排有限公司做最后校订后出版。

2016年6月28日"丝绸之路·黔茶飘香"茶文化交流暨2016都匀毛尖(国际)茶人会推介活动在西北丝绸之路的起点——古都西安市举办。

2016年6月底,"2016第八届'青春风采'中国下一代艺术人才展示暨关爱留守儿童爱心义演比赛"在北京举行,三都水族自治县水灵青年志愿者艺术团表演的水族舞蹈《骑草马》荣获大赛原创舞蹈节目金奖。

2016年8月7日,首届荔波国际儿童动漫节暨绿宝石国际儿童动漫大赛在荔波恩铭广场举行。来自全世界71个国家和地区的4000多幅动漫作品汇集荔波,参加了这场动漫盛会。此次动漫节是国内唯一以儿童为主题的文旅融合的大型国际文化交流活动,以"欢乐儿童、动漫荔波"为主题,以"中国的昂西、世界的荔波"为口号,以发现、培养、造就具有艺术才华的下一代为宗旨，通过动漫节所举办的一系列活动，营造艺术氛围，为贵州荔波文化旅游的发展注入新的活力。

2016年8月中旬，在世界茶联合会第十一届国际名茶评审会上，贵州省贵定县贵雪雪芽茶厂生产的"贵雪牌"贵定云雾贡茶通过评审组专家从茶业外形、香气、汤色、滋味、叶底等五个方面的评审、打分。最终获得金奖。

2016年8月21日，中央电视台《舌尖上的中国》摄制组一行十多人慕名登上醉美茶乡都匀市毛尖镇螺蛳壳拍摄采风。

2016年8月22日~9月12日，由中央电视台《中华民族》栏目和黔南广播电视台联合拍摄制作的四集人文生态纪录片《喀斯特神话》，连续四周在中央电视台综合频道《中华民族》栏目播出。

2016年8月29日，首届中华诵读大赛颁奖盛典在北京中国现代文学馆举行。黔南节目主持人刘俊才获优胜奖，成为贵州唯一的获奖选手。

2016年9月10日，"星火燎原·红耀中国"重走长征路大型主题采访团走进瓮安，到红军强渡乌江现场并与当地村民、渔民进行交流，了解红军四过瓮安的故事、红军战士抢渡乌江的传奇和老区人民生活的发展变化。"星火燎原·红耀中国"主题采访活动是由贵州、广西、云南、四川、湖北、陕西等全国8家省级电视媒体联合发起的，采访团从湖北武汉出发，沿红军长征路线，经江西、湖南、广西、贵州、云南、四川，最后到达陕西延安。此次活动从规模、参与人数、影响区域、时间空间跨度来说都是全国首创。

2016年9月13日，中国非物质文化遗产传承人群研修研习培训计划《都匀毛尖茶制作技艺》培训班开班。该培训计划，由国家文化部、教育部主办，由省文化厅非遗处、州文广新局承办。课程有《非物质遗产法》、茶的种植、养护、采摘、茶的制作技艺、销售等，在全方面地帮助毛尖茶非遗传承人群在秉承传统的基础上，提高毛尖茶制作水平，实践创作、考察调研于一体。

2016年9月，22~25日由贵州省人民政府、中国国际茶文化研究会、中国茶叶流通协会联合主办的2016都匀毛尖（国际）茶人会在贵州都匀成功举办。

2016年9月23日，由贵州省人民政府、中国国际茶文化研究会、中国茶叶流通协会主办，黔南州人民政府、贵州省农业委员会、中华全国供销合作总社杭州茶叶研究院承办的2016都匀毛尖（国际）茶人会开幕式在黔南州都匀中国茶文化博览园举行。2016都匀毛尖（国际）茶人会以"牵手茶人·拥抱世界"为主题，至24日，分别在都匀、独山、贵定、瓮安4县（市）举办系列活动。来自国内外的茶界知名专家学者、国际友人、港澳台嘉宾、世界茶叶知名企业负责人、媒体记者等2000余人云集黔南，品茗话茶，谈茶论道，为黔南茶产业发展出谋划策，共同擦亮"都匀毛尖"这块金字招牌。

2016年9月，2016年都匀毛尖（国际）茶人会暨中国贵州贵定阳宝山佛教圣地佛茶文化研讨会在贵定举行。第八、九、十届全国政协常委，全国政协民宗委原副主任金日光，中国农业科技创新发展工业委员会农业产业发展中心常务主任王化国等领导，山东省佛教协会副会长、龙口市南山寺方丈真龙法师等佛教界知名人士出席活动。

2016年9月，以"传承·创新历史·未来"为主题的独山论坛——第二届中国茶产业发展智库峰会在独山影山镇开幕。此次论坛由中国国际茶文化研究会、中国茶叶学会、中国茶叶流通协会、中华全国供销合作总社杭州茶叶研究院、贵州省农业委员会、2016都匀毛尖（国际）茶人会组委会主办，黔南州农业委员会，中共独山县委、独山县人民政府承办。

2016年10月12日，由中共贵州省委宣传部、中共黔南州委、州人民政府、贵州省茶业发展联席办公室、贵州省文学艺术联合会荣誉出品，由中共黔南州委宣传部、都匀经济开发区党工委、黔南东升发展、贵州龙阳投资、曙光控股集团、重庆飞洋宝宇公司联合拍摄，贵州夜之郎影视文化传媒、笛女阿瑞斯传媒联合出品的大型红色年代传奇剧《星火燎原之云雾街》在贵州黔南都匀经济开发区毛尖小镇举办开机仪式。

2016年10月20日，中国·水族部落2016年古稳端坡祭祀大典在三都中和镇三洞社区古稳端坡隆重举行，来自九乡十八寨的99位寨老在水族先祖塑像前，举行盛大的祭祖仪式，以示对祖先的敬畏。水族同胞敲响铜鼓木鼓和来宾们共庆端节。

2016年10月29日，由贵州省文联、中国报纸副刊研究会、贵州省作家协会等主办的贵州省第五届"乌江文学奖"颁奖典礼在思南县隆重举行。本届乌江文学奖评奖共收到参评作品70余部，最终评出获奖作品12部，黔南州作家孟学祥的小说集《惊慌失措》和覃志钦的诗集《栅栏外的月光》2部作品喜获该奖。两年一度的乌江文学奖，代表着贵州独具特色的乌江文化新标尺，已成为省内乃至全国的一个重要文学"奖牌"。

2016年11月17日，2016年"中国世界自然遗产保护与发展大会（第一届）"在贵州荔波开幕。大会由住房和城乡建设部世界自然遗产保护研究中心、联合国教科文组织驻华代表处联合主办；住房和城乡建设部城市建设司、中国联合国教科文组织全国委员会秘书处进行指导；贵州省住房和城乡建设厅给予支持；中共荔波县委、荔波县人民政府承办。主管世界自然遗产的有关国家部委领导、各世界遗产地保护管理机构相关主管机构领导及遗产地负责人、住房城乡建设部世界遗产专家委员会部分专家、联合国教科文组织官员、国际自然保护联盟等国际组织代表、国内外专家学者，以及《人民日报》、新华社等多家新闻媒体代表共计200余人参加大会。大会以"世界遗产与精准扶贫"为主题，围绕中国世界自然遗产的发展战略对遗产地社区经济的影响，遗产地的贫困问题与精准扶贫政策措施等议题展开讨论。

2016年11月25日，2016中国（荔波）书法高峰论坛在荔波开幕。峰会上，各地书法专家齐聚一堂，论道书法的现状与未来，探讨传统书法模式的现实与困境，共同探索书法与旅游的发展。贵州省书法家协会名誉主席、当代著名书法理念家姜澄清，中国书法家协会学术专业委员会副主任、中国文艺评论家协会书法篆刻艺术委员会副主任、福建师范大学美术学院教授、博士生导师、福建省书法家协会副主席朱以撒，《书法》杂志社执行主编、《大观·书画家》杂志主编、中国书法家协会学术专业委员会委员、中国艺术研究院中国书法院研究员胡传海，中国书法家协会理事、学术专业委员会委员、吉林省书法家协会副主席、吉林大学古籍研究所书法方向教授，博士生导师张金梁，浙江美术馆馆长、浙江省书法家协会副主席、国家一级美术师、中国艺术研究院中国书法院研究员期舜威，中国作家书画院常务副院长兼秘书长张瑞田，以及安徽省书法协会、《书法导报》、山西师范大学、《中国书法》、北京大学等地的书法大家出席这次论坛。贵州省文联党组成员、专职纪检员张绪晃，书法报社社长、总编辑舟恒划，贵州省书协副主席兼学术委员会主任吴鹏等领导出席这次论坛。

2016年11月底，由中国水文书法艺术大师王天国和贵州省牙舟古陶坊宋洪建陶艺师联合创作木火烧制的牙舟三鱼陶盘，被选为日本邮便（票）正式出版，全世界公开发行。

2016年12月8日，由国家旅游局主办的"重走长征路"红色旅游主题采访活动走进瓮安，瓮安县政协副主席郑毅参加活动。中央电视台、《人民日报》、新华社、《光明日报》《经济日报》、新华网等主流媒体及《贵州日报》、贵州广播电视台、《当代贵州》、贵州新闻图片社、多彩贵州网、省旅发委政务网等中央、省、州近30家主流媒体记者随行采访了瓮安红色文化。

2016年12月10日中央电视台（CCTV-7）农民新春联欢会《过年了》摄制组走进都匀，在南沙洲公园拍摄了都匀少数民族过年的盛况。拍摄现场，摄制组用镜头记录了都匀少数民族独具特色的打粑粑、上刀山下火海、斗鸡、斗鸟等节目并与在场的少数民族群众一同参与了打粑粑比赛。

2016年12月21日，贵州省首届民族民间工艺大师颁证典礼暨贵州贵定"金海雪山"第二届稻雕艺术节在贵定音寨举行。副省长何力，省政协副主席班程农，省民族宗教事务委员会党组书记、主任向红琼等领导参加。

2017年1月7日，第12届中国传媒大会在南宁召开，来自全国报纸、期刊、广播、电视、网络、广告、新媒体等215家媒体、292名媒体专家与业界精英参加大会。《黔南日报》获金长城传媒奖"2016中国十大影响力地市党报"称号。

2017年1月11日，贵州省文化系统舞台艺术创作重点项目《木楼古歌》剧本研讨会在都匀召开。中国文艺研修院常务副院长傅亦轩，贵州省文联党组成员、副主席汪信山，贵州省戏剧家协会常务副主席、秘书长石佳昱等数十名专家参加研讨。

2017年2月5~6日，《世界书画家报》的艺术家们到三都采风，并进行了《世界书画家报》艺术家创作基地的挂牌。

2017年2月23日，三都县5名本土歌手杨西音子、石玉秋、潘永丽、陆小草和储鸿燕代表水族进京，在中央电视台综艺频道（CCTV-3）成功完成了《回声嘹亮》节目录制。同时，节目中，还把水书、马尾绣以及水族端节的盛大场面在舞台上一一展现。介绍了水族的历史，以及水族的文字、历法、习俗和信仰等，向外界展示水族文化。

2017年2月19日，人民日报社地方部副主任乔杨携采访组一行，到州内贵定县、三都县就"生态文明建设"进行了实地专题调研采访。记者对黔南州的生态文明建设给予了充分的肯定和赞赏，并表示将会充分利用《人民日报》这个平台，加大对黔南生态文明建设经验及成效的宣传力度，为黔南的生态文明建设贡献力量。省委宣传部、州委宣传部等相关部门负责人及贵定县、三都县负责人陪同调研。

2017年2月，著名演员、导演于荣光率领超级IP《斗破苍穹》剧组到都匀梦都影视文化旅游创意产业园实地考察调研。于荣光一行与都匀经济开发区管委会、梦昀影视有限公司相关负责人商谈入驻拍摄事宜。

2017年4月15日，2017中国茶叶区域公用品牌价值评估结果出炉，浙江大学中国农村发展研究院院长黄祖辉教授代表课题组在浙江新昌公布了品牌价值评估核心结果。都匀毛尖以25.67亿元的品牌价值名列全国第11位，被授予"最具品牌传播力品牌"，成为2017年度最具品牌传播力的三大品牌之一。

2017年4月19日，由中国茶业流通协会主办的2017年"华茗杯"全国名优（绿、红）茶产品质量评选活动在河南信阳举办。黔南州梅渊商贸有限公司选送的"都匀毛尖茶"在继2015年获得绿茶类特别金奖后，再次夺得殊荣，蝉联两届冠军。

2017年5月18~21日，在杭州国际博览中心举行的首届中国国际茶叶博览会上，现场发布中国茶叶区域十大公用品牌和中国茶叶区域优秀品牌，十大茶叶区域公用品牌分别是西湖龙井、信阳毛尖、安化黑茶、蒙顶山茶、六安瓜片、安溪铁观音、普洱茶、黄山毛峰、武夷岩茶、都匀毛尖。

2017年5月19日，由贵州省旅游发展委员会、贵州省体育局、黔南州人民政府共同主办的2017年"中国旅游日"贵州省分会场活动暨全球绿鞋行动启动仪式在黔南州荔波县小七孔景区举行。

2017年6月5日，"全国高校大学生社会实践采风微影视大赛"活动在三都水族自治县咕噜景区开幕。来自北大、清华、中国传媒大学、中央戏剧学院、上海交大等70多所国内知名高校以及留学老挝、缅甸等东盟10国共计300余名90后大学生齐聚三都，用"长枪短炮"共同记录宣传三都深厚的民族文化和秀美的自然风光，为三都建县60周年献厚礼。

2017年6月9日，由贵州省人民政府、中国国际茶文化研究会、中国茶叶流通协会主办，黔南州人民政府、贵州省农委承办的2017都匀毛尖（国际）茶人会在都匀市中国茶文化博览园开幕。

2017年6月上旬，由黔南州申报筹建的贵州省第一个国家地理标志产品保护示范区（都匀毛尖茶）获质检总局批准成立。

2017年6月22日，由重庆市人民政府主办的第五届中国西部旅游产业博览会暨中国西部旅游互联网营销大会在重庆国际博览中心开幕，荔波四季花海景区凭借高人气在2017春季赏花评选颁奖典礼上获得"2017最受重庆市民喜爱的周边赏花目的地"。

2017年7月21~23日，2017第二届中国荔波国际儿童动漫节在荔波举行。来自美国、法国、巴西、西班牙、秘鲁、伊朗、墨西哥、俄罗斯、南非等25个国家和地区的动漫专家和艺术家汇集荔波。特别推出全国首个"一带一路上的中外动漫"主题展览和展播。这次动漫节开展"一带一路"上的国际动漫论坛、国际动漫大师工作坊、荔波大小七孔及特色乡村采风、六大展览等活动。国际儿童动漫节由贵州省人民政府驻北京办事处牵头，并与省文化厅、省教育厅、省科技厅和贵报传媒集团、当代贵州共同主办，荔波县委、县政府承办。

2017年8月16日，第五届世界摄影大会走进荔波。来自美国、西班牙、意大利、比利时、希腊等27个国家和地区的140位知名摄影师齐聚在此，用镜头记录荔波山水风光、民族文化。大会把荔波确定为"全球年度人类摄影贡献奖"的永久颁奖地，用3～5年的时间将荔波打造成为摄影界的"戛纳"。

2017年8月23～24日，由国家民委文宣司、贵州省民宗委、贵州省体育局共同主办的2017年"民体杯"全国独竹漂比赛在黔南州都匀市剑江河畔开赛，来自河北、河南、重庆、广西、江苏、云南及贵州7个省市区16个代表队的近百名运动员相聚都匀，大展一苇渡江之技。都匀市代表队代表贵州队参加比赛。由都匀市组队并代表贵州参赛项目，共获金牌1块、银牌6块、铜牌3块的好成绩。

2017年9月1～4日，首届中国民族旅游商品博览会和中国民族特色旅游商品大赛在内蒙古包头国际会展中心举行。此次大赛由中国旅游协会、内蒙古自治区旅游发展委员会和包头市人民政府主办，中国旅游协会旅游商品与装备分会承办。都匀市选送的艺峰茶艺有限公司的"都匀毛尖茶"最终从1400家企业选送的15000余件商品中脱颖而出，荣获"金奖"。

2017年9月18日，由唐山市人民政府、中国国际贸易促进委员会河北省委员会、唐山贸易促进会、全国茶馆等级评审委员会共同主办的首届"侨宝杯"全国星级茶馆首届茶席大赛《瓷茶对话》在唐山中国陶瓷博览中心落幕。黔南民族职业技术学院副教授包世红设计的《都匀毛尖茶香》茶席获得本次大赛一等奖。

2017年9月28日，由黔南民族师范学院承办的第十届中国东盟教育交流周第二届民族文化研究论坛在黔南举行。来自泰国、印尼、马来西亚、越南等东盟国家的高校和科研单位，以及国内的高校和科研单位参加论坛；省教育厅、省民族宗教事务委员会，州政府及州教育局、州民族宗教事务委员会相关负责人出席论坛开幕式。

2017年10月1～3日，茂兰山谷国际音乐节在荔波县黎明关乡董岛部落举行。音乐节邀请了许巍、黑豹、李志等国内知名音乐人和摇滚乐队，以及来自英国、美国、保加利亚、捷克、巴西、日本等地的国际知名乐队参演，来自全国各地的5000多名乐迷在这片曾经的水族部落聚居地享受音乐盛宴。

2017年10月9日，《人民日报》第八版公告：2017年中国中小城市科学发展指数研究成果发布，都匀市入选全国中小城市投资潜力百强县市，位列第96名；入选全国新型城镇化质量百强县市，位列第10名。

2017年10月25日，以"文化·融合产业·未来"为主题的独山论坛—第三届中国茶产业发展智库峰会在独山县商务中心开幕。16个国家的专家、学者、电影制作人、导演、知名茶企业代表、资深茶人等汇聚一堂，以茶为媒，共叙茶文化、茶旅游未来发展。

2017年10月，经过评选专家组历时半年的优中选优，专业评审并报国家卫生计生委直属机关党委同意，黔南州中医院微电影《一天一夜》在国家卫生计生委文明办主办的"全国卫生计生系统青年文明号巡讲和微电影征集活动评选"中，获微电影类作品一等奖。

2017年11月2日，黔南"水书文化"国际外宣片在都匀开机。

2017年11月16日，"2017瑶族文化国际交流大会"在荔波县开幕。来自美国、泰国、越南、老挝、中国香港等国家和地区，中国社会科学院研究院、中央民族大学、复旦大学、四川大学、贵州民族大学、广西民族大学、广东韶关学院等高等院校，广东、云南、湖南、贵州等省区的瑶族专家学者、领导嘉宾近200人出席开幕式。这是中国首个国际性的瑶族文化交流峰会。

2017年12月2日，在由联合国可持续发展委员会支持，国际摄影颁奖盛典组委会、国际摄影协会、广州国际摄影协会、广州国际艺博会组委会等单位联合主办的国际摄影颁奖盛典上，都匀国际摄影博览会获"2016~2017年最具影响力的摄影机构"荣誉，成为贵州省摄影界唯一获此殊荣的机构。

社会科学文献出版社　　　**皮书系列**

❖ 皮书起源 ❖

"皮书"起源于十七、十八世纪的英国，主要指官方或社会组织正式发表的重要文件或报告，多以"白皮书"命名。在中国，"皮书"这一概念被社会广泛接受，并被成功运作、发展成为一种全新的出版形态，则源于中国社会科学院社会科学文献出版社。

❖ 皮书定义 ❖

皮书是对中国与世界发展状况和热点问题进行年度监测，以专业的角度、专家的视野和实证研究方法，针对某一领域或区域现状与发展态势展开分析和预测，具备原创性、实证性、专业性、连续性、前沿性、时效性等特点的公开出版物，由一系列权威研究报告组成。

❖ 皮书作者 ❖

皮书系列的作者以中国社会科学院、著名高校、地方社会科学院的研究人员为主，多为国内一流研究机构的权威专家学者，他们的看法和观点代表了学界对中国与世界的现实和未来最高水平的解读与分析。

❖ 皮书荣誉 ❖

皮书系列已成为社会科学文献出版社的著名图书品牌和中国社会科学院的知名学术品牌。2016年，皮书系列正式列入"十三五"国家重点出版规划项目；2013~2019年，重点皮书列入中国社会科学院承担的国家哲学社会科学创新工程项目；2019年，64种院外皮书使用"中国社会科学院创新工程学术出版项目"标识。

中国皮书网

（网址：www.pishu.cn）

发布皮书研创资讯，传播皮书精彩内容

引领皮书出版潮流，打造皮书服务平台

栏目设置

关于皮书：何谓皮书、皮书分类、皮书大事记、皮书荣誉、皮书出版第一人、皮书编辑部

最新资讯：通知公告、新闻动态、媒体聚焦、网站专题、视频直播、下载专区

皮书研创：皮书规范、皮书选题、皮书出版、皮书研究、研创团队

皮书评奖评价：指标体系、皮书评价、皮书评奖

互动专区：皮书说、社科数托邦、皮书微博、留言板

所获荣誉

2008年、2011年，中国皮书网均在全国新闻出版业网站荣誉评选中获得"最具商业价值网站"称号；

2012年，获得"出版业网站百强"称号。

网库合一

2014年，中国皮书网与皮书数据库端口合一，实现资源共享。

权威报告·一手数据·特色资源

皮书数据库
ANNUAL REPORT(YEARBOOK) DATABASE

当代中国经济与社会发展高端智库平台

所获荣誉

- 2016年，入选"'十三五'国家重点电子出版物出版规划骨干工程"
- 2015年，荣获"搜索中国正能量 点赞2015""创新中国科技创新奖"
- 2013年，荣获"中国出版政府奖·网络出版物奖"提名奖
- 连续多年荣获中国数字出版博览会"数字出版·优秀品牌"奖

成为会员

通过网址www.pishu.com.cn访问皮书数据库网站或下载皮书数据库APP，进行手机号码验证或邮箱验证即可成为皮书数据库会员。

会员福利

- 已注册用户购书后可免费获赠100元皮书数据库充值卡。刮开充值卡涂层获取充值密码，登录并进入"会员中心"—"在线充值"—"充值卡充值"，充值成功即可购买和查看数据库内容。
- 会员福利最终解释权归社会科学文献出版社所有。

卡号：585321353256
密码：

数据库服务热线：400-008-6695
数据库服务QQ：2475522410
数据库服务邮箱：database@ssap.cn
图书销售热线：010-59367070/7028
图书服务QQ：1265056568
图书服务邮箱：duzhe@ssap.cn

S 基本子库
SUB DATABASE

中国社会发展数据库（下设 12 个子库）

全面整合国内外中国社会发展研究成果，汇聚独家统计数据、深度分析报告，涉及社会、人口、政治、教育、法律等 12 个领域，为了解中国社会发展动态、跟踪社会核心热点、分析社会发展趋势提供一站式资源搜索和数据分析与挖掘服务。

中国经济发展数据库（下设 12 个子库）

基于"皮书系列"中涉及中国经济发展的研究资料构建，内容涵盖宏观经济、农业经济、工业经济、产业经济等 12 个重点经济领域，为实时掌控经济运行态势、把握经济发展规律、洞察经济形势、进行经济决策提供参考和依据。

中国行业发展数据库（下设 17 个子库）

以中国国民经济行业分类为依据，覆盖金融业、旅游、医疗卫生、交通运输、能源矿产等 100 多个行业，跟踪分析国民经济相关行业市场运行状况和政策导向，汇集行业发展前沿资讯，为投资、从业及各种经济决策提供理论基础和实践指导。

中国区域发展数据库（下设 6 个子库）

对中国特定区域内的经济、社会、文化等领域现状与发展情况进行深度分析和预测，研究层级至县及县以下行政区，涉及地区、区域经济体、城市、农村等不同维度。为地方经济社会宏观态势研究、发展经验研究、案例分析提供数据服务。

中国文化传媒数据库（下设 18 个子库）

汇聚文化传媒领域专家观点、热点资讯，梳理国内外中国文化发展相关学术研究成果、一手统计数据，涵盖文化产业、新闻传播、电影娱乐、文学艺术、群众文化等 18 个重点研究领域。为文化传媒研究提供相关数据、研究报告和综合分析服务。

世界经济与国际关系数据库（下设 6 个子库）

立足"皮书系列"世界经济、国际关系相关学术资源，整合世界经济、国际政治、世界文化与科技、全球性问题、国际组织与国际法、区域研究 6 大领域研究成果，为世界经济与国际关系研究提供全方位数据分析，为决策和形势研判提供参考。

法律声明

"皮书系列"(含蓝皮书、绿皮书、黄皮书)之品牌由社会科学文献出版社最早使用并持续至今,现已被中国图书市场所熟知。"皮书系列"的相关商标已在中华人民共和国国家工商行政管理总局商标局注册,如LOGO( )、皮书、Pishu、经济蓝皮书、社会蓝皮书等。"皮书系列"图书的注册商标专用权及封面设计、版式设计的著作权均为社会科学文献出版社所有。未经社会科学文献出版社书面授权许可,任何使用与"皮书系列"图书注册商标、封面设计、版式设计相同或者近似的文字、图形或其组合的行为均系侵权行为。

经作者授权,本书的专有出版权及信息网络传播权等为社会科学文献出版社享有。未经社会科学文献出版社书面授权许可,任何就本书内容的复制、发行或以数字形式进行网络传播的行为均系侵权行为。

社会科学文献出版社将通过法律途径追究上述侵权行为的法律责任,维护自身合法权益。

欢迎社会各界人士对侵犯社会科学文献出版社上述权利的侵权行为进行举报。电话:010-59367121,电子邮箱:fawubu@ssap.cn。

社会科学文献出版社